高等院校"十三五"应用型规划教材

消费心理学

主　编　费　璇　陈　林

南京大学出版社

图书在版编目(CIP)数据

消费心理学 / 费璇,陈林主编. —南京:南京大学出版社,2019.4
 ISBN 978-7-305-21814-9

Ⅰ. ①消… Ⅱ. ①费… ②陈… Ⅲ. ①消费心理学 Ⅳ. ①F713.55

中国版本图书馆 CIP 数据核字(2019)第 054994 号

出版发行　南京大学出版社
社　　址　南京市汉口路 22 号　　　邮编　210093
出 版 人　金鑫荣

书　　名　消费心理学
主　　编　费璇　陈林
责任编辑　黄睿　尤佳　　　编辑热线　025-83592315

照　　排　南京理工大学资产经营有限公司
印　　刷　南京人文印务有限公司
开　　本　787×1092　1/16　印张 13.5　字数 287 千
版　　次　2019 年 4 月第 1 版　2019 年 4 月第 1 次印刷
ISBN　978-7-305-21814-9
定　　价　35.00 元

网　　址:http://www.njupco.com
官方微博:http://weibo.com/njupco
微信服务号:njuyuexue
销售咨询热线:025-83594756

* 版权所有,侵权必究
* 凡购买南大版图书,如有印装质量问题,请与所购
　图书销售部门联系调换

前 言

消费者的个性消费特点随着市场经济的发展越来越突出,从量的消费转变为质的消费后,消费水平不断地攀升,消费模式层出不穷。商家不断挖掘消费者需求,捕捉消费者心理,鼓励消费者参与个性商品的开发。由于消费者存在一定的个性差异,在消费的过程中会表现出不同的心理活动,因此,研究消费心理是企业竞争的需要,是赢得市场占有率的重要环节,洞悉消费者的需求,可以为企业抢占先机,把握消费节奏,稳定目标市场。对于消费者而言,了解消费心理也是掌握消费市场,创造个性消费的重要前提。

《消费心理学》属于心理学的一个重要分支,也是一门综合性较强的学科,涉及多门学科的交叉融合,包括心理学、市场学、营销学、经济学、管理学等。《消费心理学》吸收了心理学与市场营销学的原理,将两者的基本理论相结合,巧妙地将心理学知识运用在市场营销实践活动中。它主要研究消费者的心理活动和行为规律,内容包括消费者消费心理过程、消费者个性消费心理、消费者心理影响因素、营销策略与消费心理等。

由于它是一门交叉融合性较强的学科,在编写本书的过程中,也强调一定的理论应用性,在将几门学科知识体系融合的基础上,结合热点案例,做到与时俱进。考虑到教学需要,在每章都引入大量的案例,知识点结合案例,通俗易懂的同时也容易增加学生的兴趣,学生一方面可以站在企业角度,运用心理学知识分析消费者在消费活动中的心理过程,同时可以站在消费者立场,掌握解决心理问题的方法和技能。

本书由费璇、陈林主编,编者在编写过程中参阅了相关的书籍资料,在此向文献作者致谢。由于条件有限,本书难免存在一些不足,敬请广大读者批评指正。

编 者
2019 年 3 月

目 录

第一章 消费心理学概述 ········· 1
 第一节 消费心理学的起源与发展 ········· 1
 第二节 消费心理学的概念 ········· 4
 第三节 消费心理学的研究对象和内容 ········· 5
 第四节 消费心理学的研究方法 ········· 9

第二章 消费者的心理活动过程 ········· 13
 第一节 消费者心理活动的认识过程 ········· 13
 第二节 消费者心理活动的情感过程 ········· 27
 第三节 消费者心理活动的意志过程 ········· 30

第三章 消费需要与购买动机 ········· 36
 第一节 消费者的需要 ········· 37
 第二节 消费者的动机 ········· 41
 第三节 需要动机理论 ········· 48

第四章 消费者的态度 ········· 55
 第一节 消费者态度概述 ········· 56
 第二节 消费者态度的形成 ········· 58
 第三节 消费者态度与行为的关系 ········· 63
 第四节 消费者态度的改变 ········· 65

第五章 消费决策与购买行为 ········· 71
 第一节 消费决策 ········· 72
 第二节 消费者的购买行为模式 ········· 79
 第三节 消费者购买行为的类型 ········· 82

第六章　消费者心理行为特征 ……………………………………………………… 89
第一节　消费者的个性心理特征 …………………………………………… 90
第二节　消费者的气质、性格与消费行为 ………………………………… 93
第三节　消费者的生活方式 ………………………………………………… 101

第七章　消费群体与消费心理 …………………………………………………… 104
第一节　消费者群体概述 …………………………………………………… 105
第二节　不同性别与消费者行为 …………………………………………… 107
第三节　不同年龄与消费者行为 …………………………………………… 111

第八章　环境因素与消费心理 …………………………………………………… 121
第一节　文化因素与消费行为 ……………………………………………… 122
第二节　社会阶层与消费者行为 …………………………………………… 126
第三节　家庭与消费者行为 ………………………………………………… 130
第四节　参照群体与消费者行为 …………………………………………… 134

第九章　消费习俗、消费流行与消费心理 ……………………………………… 138
第一节　消费习俗与消费行为 ……………………………………………… 139
第二节　消费流行与消费行为 ……………………………………………… 142

第十章　产品与消费心理 ………………………………………………………… 150
第一节　新产品的开发与消费心理 ………………………………………… 150
第二节　商品命名、商标、包装与消费心理 ……………………………… 157

第十一章　价格策略与消费心理 ………………………………………………… 170
第一节　商品价格的一般心理功能 ………………………………………… 171
第二节　消费者价格心理 …………………………………………………… 174
第三节　价格制定的心理策略 ……………………………………………… 177
第四节　商品调价的心理策略 ……………………………………………… 180

第十二章　营销沟通与消费心理 ………………………………………………… 184
第一节　广告与消费心理 …………………………………………………… 185
第二节　商店购物环境与消费心理 ………………………………………… 194
第三节　销售服务与消费心理 ……………………………………………… 198
第四节　电子商务与消费心理 ……………………………………………… 202

参考文献 …………………………………………………………………………… 209

第一章 消费心理学概述

**本章提要**

随着中国市场日趋活跃,中国的消费市场进入一个全新的阶段,商家在"买方市场"竞争博弈,期望赢得一席之地,追求目标市场占有率最大化,因此,把握消费者购买心理活动成了制胜的关键之一。本章内容主要包括消费心理学的研究对象、内容和方法,强调研究消费心理学的重要性等。

**引入案例**

形似耳朵的巧克力

1997年6月28日,泰森在与霍利菲尔德的拳击比赛中,于第3回合咬掉了霍利菲尔德的小半块耳朵。这次违规事件被称为体坛上的"世纪之咬"。赛后第二天,就有被称为"霍利菲尔德之耳"的形似耳朵的巧克力出现在美国各大超市,市民们争相购买,"一咬为快",竟出现供不应求的局面。该巧克力供应商利用轰动新闻,及时开发新产品,美美地赚了一笔。

请思考:试从消费心理角度分析,该巧克力为什么如此受欢迎?

第一节 消费心理学的起源与发展

一、消费心理学的发展阶段

消费心理学是基于心理学、管理学、经济学、市场学、营销学等学科之上的,融合多学科基础理论,致力于系统研究消费者心理的一门应用实践性较强的学科,其在资本主义工业革命后,社会经济得到充分发展,市场竞争日趋激烈,才慢慢形成和发展起来。消费心理学的形成和发展大体可以分为以下三个时期。

(一)萌芽时期

起初人们对于消费心理的认识基本局限于表面,直到19世纪末至20世纪30年代,消费者心理和行为相关的理论研究才开始逐渐出现,得到了初步发展。工业革命之后,西方国家的生产力得到大幅度提高。由于商品生产速度的提高,市场出现了供大于求的现象,造成企业竞争激烈。不少企业为了争夺市场,开始慢慢注重商品的推销方法。在这样的情况下,学者们开始着手研究消费者的需求与商品销售的相关问题。早在1895年,美国明尼苏达大学的盖尔就采用调查问卷的方法,调查消费者对商业广告的态度和建议。1899年,美国社会学家凡勃伦在出版的《有闲阶级论》中提出了广义的消费概念,认为过度消费是人们在炫耀心理支配下激发的。早期的消费心理学研究得到了心理学家和社会学家的高度关注。1901年12月20日,美国著名心理学家斯科特在美国西北大学做报告,首次提出广告应发展成一门学科,心理学在其中可以起到关键作用,要运用心理学原理指导广告宣传。1903年,斯科特汇编了十几篇相关研究论文,出版《广告理论》,这标志着消费心理学的诞生。同时期,盖尔出版了《广告心理学》,对商品广告如何运用心理学原理进行了论述和研究。1912年,德国心理学家闵斯特伯格出版了《工业心理学》,该书指出广告和橱窗陈列对消费心理会造成影响。这一时期的各项研究都从多个侧面探讨消费心理与消费行为的问题。另外,在当时较有影响力的是"行为主义"心理学之父约翰·华生提出的"刺激-反应理论",其研究了消费者接受广告刺激与其行为反应的关系,该理论后来被广泛应用。这一时期的研究为消费心理学的产生奠定了研究基础,但是最初的相关研究重点是促进企业的产品销售,从企业竞争角度出发,而不是关注消费需求的满足,因此,在实践中的应用较有限。

(二)应用时期

从20世纪30年代到60年代,关于消费者行为的研究越来越多,并且研究的理论被广泛地应用于企业的市场营销中,发展迅速。1929—1933年的西方资本主义国家出现世界性经济危机,使得生产力严重过剩,在供大于求的市场形势下,商品销售艰难。在这种情况下,产品更新速度随之加快,消费者的需求发生转变,企业对于消费者的消费心理和行为更加难以把握,企业之间形成激烈的竞争。由于市场变化,企业意识到消费者需求的重要性,开始重视广告和推销,预测消费需求,为消费心理学研究的发展提供了良好的社会条件。例如,1951年,美国心理学家马斯洛提出了影响力较大的需要层次理论;1953年,美国心理学家布朗开展消费者对商标的倾向性的研究;1957年,社会心理学家鲍恩开始着手研究社会参照群体对消费行为的影响。

20世纪60年代,市场需求不再局限于物质产品,开始向精神产品需求发展。1960年,美国正式成立了"消费者心理学会"。这个时期,消费心理学的学科体系也基本萌芽了,意味着消费心理学从此进入了全面应用时期,其对企业营销活动的影响也日趋明显。

(三)变革时期

20世纪70年代到现在,消费心理学的发展进入变革时期,相关的研究得到了较快的发展,不仅参与研究的学者越来越多,研究方法也逐渐变得科学,质量也得到提高。计算机、经济学、社会学、市场营销学、管理学等学科的研究成果广泛地运用于消费行为的研究中。消费心理与消费行为的相关研究论文快速增加,出现了一些较受关注的研究内容,如顾客满意、客户关系管理等。消费心理学的研究随着市场经济的发展而不断深化,涉及的学科门类也逐渐增多,且与市场营销的关系也日益密切。到目前为止,消费心理学已成为人们研究和学习的重要学科之一,成为高校市场营销、管理学和经济类专业的一门必修课,受到社会各界的广泛关注。

二、我国消费心理学的发展阶段

20世纪20年代,我国向西方国家学习和引进了消费心理学这门学科。同时期,国内学者不仅仅开始着手翻译国外有关消费者心理和行为的研究成果,还自己编著了消费心理和行为的研究著作。例如,吴英国译著沃尔特·迪尔·斯科特(Walter·Dill·Scott)《广告心理学》,孙科编著了《广告心理学概论》,潘菽编撰了《心理学概论》等。

1949年新中国成立以后到改革开放之前这一时期,由于国家掌控着大部分的工商企业,商品的供给依然处于紧缺状态,不存在竞争态势,这时候对消费者的消费行为有一定的限制。因此,这期间我国的消费心理学的研究处于空白状态。

1979年改革开放以来,有关经济体制的改革不断深入,另外,社会主义市场经济体制开始初步建立,使得我国消费市场现象出现了较大改变。随着市场经济的变化,商品供应呈现多样化趋势,企业竞争日剧增加。在这样的市场环境下,企业意识到需要通过研究消费者心理与消费行为来提升产品销售能力,从而提高企业在行业的竞争力。一方面出于企业发展的实际需要,另一方面人们思想解放,因此,学者们开始学习和引进国外已有的研究成果,在此基础上进行深入研究。1986年,我国部分省、市先后成立消费者协会。1987年,中国消费者协会成立。1993年10月,中国颁布了第一个关于消费者权利的法律,即《中华人民共和国消费者权益保护法》。目前,已有大量的消费心理学方面的文章、专著和教材被发表和出版。但是,由于我国的消费心理学研究起步相对来说较晚,在研究水平和研究手段上与西方发达国家相比还是有较大的差距,需要投入更多的精力进行研究,将我国消费心理学提升到一个新高度。

第二节　消费心理学的概念

世界经济的全球化,使得消费者越来越多地参与国际经济活动,消费者的购买行为逐渐由单一和被动转化为多样和主动,消费选择范围日趋扩大,消费者的成熟度也日趋提高,使其在经济活动中形成主导地位。因此,在个性消费突出的今天,企业对于消费者心理给予了前所未有的关注度,这也决定了消费心理学研究的中心是消费者的心理现象。那么,究竟什么是消费心理呢?

一、消费的含义

消费是一种行为,是消费主体出于延续和发展自身的目的,有意识地消耗物质资料和非物质资料的能动行为。这样的能动行为也在随着社会发展和人们心理日趋成熟而提高。消费中通常包括三种互相关联的活动过程:第一,需要产生的活动过程;第二,商品购买的活动过程;第三,商品体验的活动过程。

二、消费者的含义

消费者的含义有狭义与广义之分,狭义消费者是指购买、使用各种消费用品的个人、企业、学校、政府机关及其他社会组织。广义消费者是指在不同时空范围内参与消费活动的个人或集团,泛指现实生活中的人们。一般来说,参与消费活动过程的人,可以是同一个人,也可以是不同的人。人们可以以多角色存在于消费过程中,使用者不一定是购买者,购买者也未必是决策者,例如,孩子穿着父母购买的衣服。

三、消费心理的含义

所谓消费心理,指的是消费者在购买、使用、消耗商品过程中的一系列心理活动。除此之外,消费者也会表现出对非物质产品的需要,随着社会发展,消费者对非物质的追求逐渐提高。

四、消费心理的分类

消费者行为并不是单一性活动,一般由需求引起,同时受到内外诸多因素的影响,最终产生一系列行为。总的来说,消费心理可以分为两大类,即本能性消费心理和社会性消费心理。

1. 本能性消费心理

本能性消费心理是指由人的生理因素所决定的、自然状态下的心理需要的反映。它是以消费者的生理因素作为基础和载体进行的一般心理活动,也是人类全部消费活动的基础。人类消费活动从自然状态向复杂行为转变,本能性心理反应的强调取决于个性心理特征。

2. 社会性消费心理

社会性消费心理是指由人所处的社会因素决定的,以某种生理因素为条件、在社会状态下的心理需要反映。它是人所特有的、高级的,具有某种社会意义的心理活动。人类不局限于满足本能的生理需要,由生活需要转变为具有特定意义的社会行为。例如,人们对美、地位、名誉的追求。

本能性消费心理是社会性消费心理的基础和前提,显示了人类心理发展日趋复杂。社会性消费心理相对来说,是高于本能的心理活动,受到社会、文化和经济等因素的影响,两者相互依存、相互联系。

 阅读材料

永安公司的经营宗旨

旧上海有一家永安公司,从事百货经营。该公司老板郭乐的经营宗旨是:在商品的花色品种上迎合市场的需要,在售货方式上千方百计地使顾客满意。在商场的显眼处用霓虹灯打出英文标语:Customers are always right!(顾客永远是对的!)并且将此标语作为每个员工必须遵守的准则。为了留住老客户,公司提供一些增值服务:第一,为重要客户送货上门,这样的服务使得一些富人成了永安公司的忠实客户;第二,公司鼓励销售人员赢得顾客的信任,保持良好的关系,利用高酬劳的方法激励员工;第三,公司抓住有钱人虚荣的心理,采取凭"折子"购货的赊销方式,消费水平高的顾客到永安公司购物,不用付现款,只需到折子上记上账;第四,除了笼络富人顾客,同时也争取把一般市民顾客吸引到商店里来,增加客源。这些增值服务使永安公司成为一家家喻户晓的商店,无论上流社会还是一般市民,只要光顾这里,都能满意而归,生意格外红火。

请思考: 永安公司是如何让顾客满意的呢?

第三节 消费心理学的研究对象和内容

一、消费心理学的研究对象

消费心理学主要研究消费者的心理活动现象,以及消费者在营销活动中的心理问题剖析。具体包括三个方面。

(一)研究消费者在购买行为中的心理活动过程和状态

消费者在消费行为中的心理过程和心理状态是一个发生、发展和完成的过程。这

样的消费心理过程具有普遍性,心理过程和心理状态的作用是激活消费者的目标导向和系统导向,使他们采取某些行为或回避某些行为,直接对最终购买行为产生影响。消费者不同的行为表现与他们的心理发展状态有直接联系。一般来说,对心理过程和心理状态的研究,包括三个方面的具体内容:

1. 消费者对商品或劳务的认识过程、情绪过程和意志过程,以及这三个过程的相互融合和统一。

2. 消费者在购买过程中心理活动的普遍倾向,例如,求廉求便心理、求新猎奇心理等,以及这些心理倾向的表现范围、时空、程度和心理机制等。

3. 消费者的需求动态及消费心理变化趋势。例如,消费者在时代发展和进步的同时,消费心理和购买行为发生了怎么样的转变,对购买目标的要求有了哪些提升等。

(二) 研究消费者个性心理特征对购买行为的影响和制约作用

消费者的心理过程和状态能够展现他们的个性心理特征,而个性心理特征也能影响和制约消费者的行为表现。例如,不同的消费者在面临购买选择时的态度因个体差异而有所区别,面对琳琅满目的商品,有的消费者果断决定购买目标,有的选择观望,有的拒绝购买。这样的行为表现正说明了消费者心理活动存在着明显的差异性。总的来说,消费者个性心理特征对购买行为的影响和制约作用,包括以下三个方面:

1. 消费者自身气质和个性的差异。可以根据消费者个体差异,将他们划分为具有某些购买心理特征的群体。例如,不同消费者具有不同的气质特征,胆汁质、多血质、粘液质、抑郁质等,在消费行为中这些消费者也会表现出不同的心理活动现象。

2. 消费者对商品的评估能力。例如,消费者对目标商品的涉入程度高低,不同性别、不同年龄、不同职业的消费者对商品评价的标准和能力有差别。

3. 时令商品、创新性商品、广告宣传、推售的方式和环境对消费者心理活动和购买行为的影响。例如,消费者对品牌信誉度高的产品往往决策时间较短,付诸购买行为可能性较高,与时俱进的创新性产品能够更加吸引消费者,广告宣传力度和方式激发消费者购买的欲望,销售方式和销售环境符合目标消费群体的气质,赢得青睐等。

(三) 研究消费心理活动过程与市场营销的双向关系

企业制定的营销策略往往会影响消费者购买行为的产生与发展,由于商品的差异化,企业对于目标市场定位也不一样。因此,研究消费品市场和消费心理不能一概而论,不同的目标消费群体对消费品市场有不同的心理要求。同时,企业也需要深入研究消费者的特定需求,所以消费心理与市场营销存在着双向关系。市场营销活动成为关键环节之一,成功的营销策略能够适应消费者的心理需求和购买行为,能够起到引导消费行为的作用。对消费心理活动过程与市场营销的双向关系的研究应具体包括：

1. 社会因素和自然因素对消费心理的影响

例如，消费者的收入水平直接影响和决定着其消费水平；社会文化因素对消费观念和消费流行的影响；教育水平、职业特点对消费者购买选择的影响；性别、年龄和地区差异对消费心理的影响等。

2. 商品设计如何适应消费心理

例如，商品的造型设计是否符合消费者对美的追求，结构设计是否符合人体工学的要求，功能设计是否符合消费者的生理要求，以及商品价格如何能够适应消费者求廉心理要求等。

3. 从心理学的角度开展企业营销中的公共关系活动

例如，销售人员是企业与消费者接触的第一人群，企业需要对其进行心理培训，从而使其在与消费者接触过程中，带来良好印象，提高企业在消费者心中的形象。同时，企业还可以通过改善购物环境来吸引更多的消费者，培养忠实客户。另外，企业需要对消费者的心理做预测分析，针对分析的结果实时调整营销策略等。

总而言之，消费者的心理活动和消费行为现象的表现形式很多，可以体现在各个环节，涉及的领域包括消费者个性心理特征、消费行为特点、群体心理与行为、市场营销策略、社会文化习俗等多方面。通过运用"为什么""做什么""如何做"三个问题，可以对消费者心理和行为展开深入的研究。

二、消费心理学的研究内容

消费心理学作为一门独立的学科，以消费者的心理现象和营销活动中的消费心理问题为主要研究对象，研究的内容涉及其他学科的交叉融合，包括管理学、心理学、经济学、市场学、营销学等，研究的主要内容可被归纳为以下两个方面。

（一）影响消费行为的内在因素

1. 消费者的心理活动过程

消费者心理活动过程包括其认识过程、情感过程和意志过程，消费者的消费心理活动也有其产生、发展和实现的过程。消费者在消费行为中产生的感觉、知觉、情绪、情感、意志等就是消费者的心理活动过程，研究消费心理学，需要把握心理活动过程中的规律性，发现消费行为中的心理共性。例如，消费者的喜好往往受第一印象影响，也就是消费者对商品的感觉。

2. 消费者的个性心理特征

消费者具有不同的个性特征，这样的差异性使得消费者在消费需求、消费习惯、购买能力、购买决策等方面表现出明显的差异性。消费心理学通过研究消费者的消费行为和心理活动规律,了解消费行为差异化的内在原因,掌握消费者购买行为和心理活动的规律,预测消费者的购买倾向。

3. 消费者购买需求因素

心理学研究显示,消费者的行为往往是由动机决定,而动机又是由需要引起的,需求、动机和行为之间存在着决定与被决定的关系。因此,对消费者行为的研究应建立在消费者需求基础之上。

4. 影响购买行为的心理因素

不同消费者具有不同的消费心理特征,消费心理和购买决策的改变,往往受到消费者本身学习、记忆、注意等心理倾向的影响。

(二) 影响消费行为的外在因素

消费者的心理活动过程和消费行为,由消费者自身的特点以及外部环境所决定,消费者所处的环境越接近,表现出来的消费行为的共性就越多。因此,研究消费心理影响因素不仅仅要对个体特征进行研究,还要致力于对消费群体、社会文化、商品因素、市场环境等外部因素的探索。总结影响消费者心理活动及其行为的外部因素主要包括以下几方面内容。

1. 消费者的群体因素

每一个消费者都处于复杂的社会关系中,处于一个以上的群体中,往往受到群体意识和群体规则的影响和约束,社会群体形成的文化对消费者的价值观、消费习惯都有着重要的制约作用,在长期稳定的群体关系中,群体消费心理也会趋于稳定和一致。因此,企业通过研究消费群体和消费心理,来针对目标市场采取相对应的营销策略。

2. 社会环境因素对消费心理的影响

社会环境在长期发展中形成相应的社会消费文化,由特定的价值观、道德规范、行为准则、宗教信仰等内容构成,而消费文化又制约着人们的消费行为。消费心理学研究社会环境对消费心理的影响,经营者可以借此了解消费者的心理活动,从而积极调整企业的营销策略。

3. 商品因素对消费心理的影响

企业产品推广需要借助营销活动、广告宣传等方式实现,成功的商业推广可以引导消费者,激发购买行为,因此,它是消费者产生需求和动机的关键因素,广告宣传往往会唤起消费者的潜在需求,发生购买行为。例如,王老吉广告语选择直接列出产品功能"怕上火喝王老吉",老白金节日期间经典广告语"今年过节不收礼,收礼只收老白金"。商品因素还包括商品品牌、包装、价格等,属于营销策略的内容。消费心理学研究商品因素带来的影响,帮助企业了解自己的商品营销策略与消费心理的关系,从而成功引导消费者。

4. 市场因素对消费心理的影响

市场因素主要包括购物环境以及销售服务等。购物环境不仅代表企业形象,还会直接影响消费者的购物感受,从而影响消费决策,好的设计能够树立起良好的企业形象,使消费者对其销售的产品产生一定的信任与偏爱,激发购买欲望,从而影响其购买行为。另外,销售人员通过向消费者提供服务来给消费者带来直观的购物体验,良好的购物体验可以增加客源,帮助建立起企业与消费者之间的沟通桥梁。

第四节 消费心理学的研究方法

一、消费心理学的研究原则

选择正确的消费心理学研究方法,将达到事半功倍的效果,需要在思想上适应时代的变化,不局限于过去发生的经历和理论知识,挖掘消费者潜在心理活动和行为因素。因此,在进行消费心理学研究的过程中,需要遵循一定的原则,选择适当的方法,所要遵循的原则包括以下四个方面。

1. 客观性原则

消费者的心理活动往往受外界因素影响,心理变化是由客观环境所引起的,一切研究的依据必须是实事求是,摒弃主管想象和随意性的猜测,利用感知、观察,按照消费者真实言行判断他们的心理特征,抓住消费行为中的原始依据。

2. 发展性原则

客观世界的任何事物都在发展变化,消费者的消费观念、消费结构、消费趋向都是不断变化的,所以我们需要用发展的眼光来研究消费心理,应当遵循发展性原则,去不断探索和预测消费者心理变化的趋势,利用已被证实过的心理变化规律,去推测消费者潜在的心理变化可能性。

3. 联系性原则

人存在于极其复杂的社会环境中,人的每一个心理现象的产生都要受到内部和外部诸多因素的影响和制约。同时,影响消费心理内外部的因素是相互联系的,所以消费者是否要付诸购买行为与其当时的心理状态是分不开的。例如,消费者在购买现场的心理活动,要受购物现场环境的影响,而且这些因素在不同时间对同一消费者的影响也会有所差别,所以在研究消费心理时,要将其联系在一起进行分析。

4. 分析-综合原则

在如今瞬息万变的市场环境中,参与市场活动的主体多且复杂,消费者在面对不同的商品、劳务和销售人员服务态度上,会表现出他们不同的心理特征和个性。随着社会经济的发展,消费者的需求出现多层次性和个性化,因此,消费者的个性研究愈加偏向主导地位。每个消费者总是保持独特的气质,例如,老年消费者购物询问多、决策慢,青年消费者倾向个性消费等。研究消费心理需要遵循分析-综合原则,可有助于理解消费者个别心理表现的相互联系。

二、消费心理的研究方法

1. 观察法

所谓观察法,是指在商业经营活动过程中,通过消费者的外部表现(动作、行为、谈话)来了解其心理活动的方法。

这种方法最大的优点就是比较直观,在观察中,消费者往往表现自然、真实,没有被施加任何影响,通过观察所发现的信息,往往也比较符合实际。这种方法的不足之处是如果仅是视觉性的感受,会存在一定的片面性。因此,通过观察所得到的材料需要结合其他资料一起分析,从而区别偶然现象和规律性事实。例如,作为销售人员可以通过三种表现观察消费者:

(1) 步伐紧凑,目光集中,径直走向某个商店;

(2) 步履缓慢,犹豫不决,没有明确方向;

(3) 步态轻松,神色自若,随意浏览。

通过对步态和目光的观察,出现的这三种不同表现可以说明进店顾客大致有三类:买者、可能买者、逛客。但是,仅通过这些观察不能推算出进店顾客实现购物的概率,因为促使购买行为的产生还有许多其他因素。

2. 实验法

所谓实验法,是指有目的地严格控制或建立一定的条件,从而引起某种心理现象,对其进行研究的方法。实验法包括实验室实验法和自然实验法两种不同的形式。

(1) 实验室实验法。这种方法指在实验室里,在一定的条件下,借助各种设施或者仪器进行实验研究。利用这种方法研究出来的结果一般可信度较高。例如,通过在实验室内利用声音、图片、文字等广告媒体,测定消费者的广告记忆效果。但是这种方法对研究复杂的心理现象具有一定的局限性。

(2) 自然实验法。这种方法是指在市场营销环境中,通过有目的地创造某些条件或改变某些条件,给消费者的心理活动施加一定的刺激或诱导,从而了解消费者的心理现象。虽然这种创造出来的条件接近于实际生活,比实验室实验法更能使消费者的行为表现自然流露,但也不属于纯自然的,是一种主动性的行为影响。因此,这种方法往往按照一定的研究目的来取得较为准确的资料,应用范围比较广泛,如企业组织的展销会就是属于自然实验法的应用活动。

3. 调查法

调查法是指在市场营销活动中,采取各种手段获取相关材料,间接地了解消费者心理活动的方法。

根据调查目的的不同,可以有不同的调查方式运用。综合调查法的手段具有多样化的特点,包括消费者座谈会、商品展销会、商品设计意见征询等。在消费心理的研究中,问卷法是采用率最高最普遍的一种调查方法。这种方法主要就是向消费者发出调查问卷,询问关于商品的看法和意见,回收后进行统计、分析的方法。可向被调查者赠送小礼品,从而提高调查问卷的回收率。问卷法带有直接性,答卷者可能由于一些原因,填写的答案可能不是真实想法,因此,一旦选择运用问卷法,需要注意与其他方法结合使用,以便确保调查结果的可信度。

典型案例

海尔洗衣机"无所不洗"

海尔集团创立于1984年,经过20多年的发展,目前已成为享誉海内外的大型国际化企业。1984年,海尔刚成立,当时只生产单一的电冰箱,然而现在它拥有多样化、多功能的家电在内的96大门类15 100多个规格的产品群。海尔的产品出口到世界160多个国家和地区。冰箱、空调、洗衣机等产品属于白色家电。作为在白色家电领域中最具有竞争力的企业之一,海尔有许多令人感慨的营销经历。

1996年,四川成都的一位农民投诉海尔洗衣机排水管总是堵,海尔售后服务人员上门维修时才惊讶地发现,这位农民用洗衣机洗地瓜(南方称为红薯),泥土大,很容易堵塞排水管。服务人员并不推卸自己的责任,而是主动提出解决方案,立即帮助顾客加粗了排水管。顾客感激之余,还表示自己给海尔工作人员添了麻烦,说如果能有洗红薯的洗衣机就好了。这位农民的一句话,被海尔人记在了心上。同时,在海尔调查人员调查四川农民使用洗衣机的状况时发现,在盛产红薯的成都平原,每当红薯大丰收,很多农民卖掉一部分新鲜红薯,除此之外,还要将剩余的红薯洗净后加工成薯条。但红薯上沾带泥土较多,洗起来格外麻烦,于是农民就动用了洗衣机。经过更深入的调查发现,在四川农村有不少洗衣机用过一段时间后,电机转速减弱、电机壳体发烫。向农民一打听,才知道他们一般冬天用洗衣机洗红薯,夏天才用它来洗衣服。这样的调查结果令张瑞敏萌生一个大胆的想法:发明一种洗红薯的洗衣机。1997年海尔为该洗衣机立项,成立以工程师李崇正为组长的4人课题组,1998年4月投入批量生产。洗衣机型号为XPB40-DS,不仅具有一般双桶洗衣机的全部功能,还可以洗地瓜、水果甚至是蛤蜊,在定价上考虑到目标消费者的接受程度选择走亲民路线,售价仅为848元。首次生产了1万台投放农村,立刻被一抢而空,消费者使用后反映良好。

一般来说,每年的6—8月洗衣机销售进入淡季。每到这段时间,很多厂家就把促销员从商场里撤回去了。张瑞敏很是疑惑:难道天气越热,出汗越多,老百姓越不洗衣

裳?通过调查发现,不是老百姓不洗衣裳,而是夏天使用5公斤的洗衣机不实用,既浪费水又浪费电。于是,海尔的科研人员很快设计出一种洗衣量只有1.5公斤的洗衣机——小小神童。小小神童投产后先在上海试销,因为张瑞敏认为上海人消费水平高又挑剔。投入上海市场后,这种被称为"世界上最小的洗衣机"在短时间内得到上海人的认可,很快又风靡全国。在不到两年的时间里,海尔的小小神童在全国卖了100多万台,甚至出口到日本和韩国。通过这件事情,张瑞敏告诫员工说:"只有淡季的思想,没有淡季的市场。"

更令人想不到的是,在西藏,海尔洗衣机甚至可以合格地打酥油。2000年7月,海尔集团研制开发的一种既可洗衣又可打酥油的高原型"小小神童"洗衣机,当时在西藏市场一上市,就受到消费者的青睐,从而开辟出自己独特的市场,赢得市场占有率。这种洗衣机3个小时打制的酥油,相当于一名藏族妇女三天的工作量。藏族同胞购买这种洗衣机后,就可以告别手工打酥油的繁重家务劳动。

请思考:
1. 从本案例中,试分析海尔营销成功的关键是什么?
2. 如何理解"只有淡季的思想,没有淡季的市场"?

讨论与思考

1. 什么是消费心理?如何分类?
2. 阐述消费心理学研究的对象。
3. 影响消费心理和行为的因素有哪些?
4. 研究消费心理时,需要遵循哪些原则,运用什么方法?

第二章 消费者的心理活动过程

本章提要

消费者在消费活动中表现出来的行为特点多种多样,但深入研究会发现,他们有着共通的心理活动特征。一般来说,可以分为三个心理过程,即认识过程、情绪过程和意志过程。三者之间虽然有一定的区别,又有着密切的联系,相互制约,共同构成消费者完整的心理活动过程。本章主要研究和探讨消费者付诸购买行为时的心理活动。

引入案例

电脑的选择

小赵是一名在校大学生,因为学习的需要,想要购买一台笔记本电脑。由于他对电脑不熟悉,于是在购买电脑之前做了一系列准备。他先翻阅了相关的电脑书籍,上网查询了选购电脑的方法和注意事项,并向几位已买电脑的同学、朋友征询意见。同时,他在考察时结合自己目前的经济状况和学习需要,初步确定了购买目标。在电器城,营业员极力向他推荐一款正在促销的电脑,配置高,性能好,而且还有赠品,但是价格较高。小王经过认真对比,认为当初自己想要购买电脑完全是出于学习的目的,偶尔休息时会玩玩较为简单的电脑游戏,因此,对电脑配置要求并不高。除此之外,电脑的更新换代速度较快,毕业后肯定还要更换。最终,小王决定选择一款适合自己的品牌电脑,虽然配置普通,但价格较低,不仅满足了自己的学习需要,又不会对生活造成压力。

请思考:小王购买电脑的过程反映了消费者哪些心理活动过程?

第一节 消费者心理活动的认识过程

消费者往往通过自己的感官留下笼统的印象,从而收集关于目标产品的信息,对获取到的信息进行加工处理、存储,从而形成对商品的认识过程。从心理学角度看,这个过程包括了消费者对商品的感觉、知觉、记忆、注意、想象、思维等心理活动过程。认识过程是消费行为的起点,没有认识过程就不会产生消费行为。其具体分为两个阶段,即消费者认识的形成阶段和认识的发展阶段。

一、消费者认识的形成阶段

消费者对商品认识的形成阶段,是指消费者通过自己的各种感觉器官,获得目标商品的信息及其个别属性资料的综合反映过程,其主要包括感觉和知觉两种心理活动。

(一)消费者的感觉

1. 感觉的概念

所谓感觉是指人脑对直接作用于感觉器官的客观事物个别属性的反映,是最常见的心理现象,属于认识的起点。例如,人们对颜色、声音、气味等的认识就被归类为感觉,一种最初的简单认识。在商业活动中,感觉是指消费者在购买或使用商品的过程中,商品的外部个别属性作用于消费者不同感觉器官而产生的第一印象。例如,消费者能够看到商品的颜色,能嗅到它的气味,能尝到它的味道等,从而产生了对该食品的形状、颜色、气味、味道方面的感觉。这并不代表商品的整体属性,却是一切消费活动心理现象开端,有一定的局限性。

2. 感觉的类别

人的感觉丰富多样,按照刺激作用于不同器官和位置,感觉可以分为外部感觉和内部感觉两个大类。

(1)外部感觉

外部感觉是指机体的外部感觉器官受到来自外界事物的刺激时所引起的感觉,一般包括视觉、嗅觉、味觉、听觉和触觉等。外部感觉按照引起感觉的敏感度来划分,可以被分为距离感受作用和接触感受作用。所谓距离感受作用指的是人体感受器官与刺激物未发生直接接触所产生的感觉,如视觉、嗅觉、听觉这一类尚未接触事物情况下的感官感受。接触感受作用指的是人体感受器官与刺激物已发生直接接触所产生的感觉,如味觉、触觉。

(2)内部感觉

所谓内部感觉,即人体接受机体的内部刺激,从而反映身体位置和运动以及内脏不同状态的感觉。内部感觉主要包括平衡觉、运动觉和内脏觉。平衡觉也被称为位置觉和静觉,它是指反映人体和头部位置的重力方向、运动速度变化引起的感觉,如人身体的上升下降、摇晃的感觉。运动觉又叫动觉,即反映机械力或运动刺激的特性而引起的感觉,如人们能够清楚知道自己身体的位置、运动速度和肌肉的松紧等。内脏觉也被称为机体觉,是人的身体内脏处于不同状态下引起的不同感觉,如人们经常会感觉到的饥饿、口渴、饱腹感觉。

3. 感觉的基本特征

(1) 感受性和感受阈限

感觉的感受性指的是人体感觉器官对外部刺激物的主观感受能力。感觉阈限指的是能在持续的一段时间内引起感觉最小刺激量。感受性的大小是用感觉阈限来衡量的。例如,人的耳朵可听到声音频率、可被感知到的一定强度的亮光。通过刺激物引起感觉后,若刺激物强度发生微小的改变,例如,一台3 890元的电冰箱价格下降10元时,消费者并不一定能有所感觉,但是一包调味料降价0.5元,消费者马上就能感觉到,这些现象其实就是差别阈限在起作用。差别阈限是指刚刚能觉察到刺激量的最小差别量,如电冰箱价格从3 890元降到3 590元时,人们就会有明显的感觉,中间相差的300元就是电冰箱价格的差别阈限。同时,人们把能够感知到事物变化的这种能力叫差别感受性,差别感受性和差别感受阈限之间存在反比关系。

(2) 感觉适应

消费者会因为刺激物对感受器官的持续作用,而使感受性发生逐渐变小的现象,这种现象被称为感觉适应。例如,人们在刚进入环境嘈杂的地方会觉得不舒服,但过一段时间就会慢慢适应,不舒适的感觉会慢慢降低。然而感觉适应性会降低刺激效应,对企业期望能够使消费者长期保持购买欲望是不利的。例如,消费者购买衣服,刚开始觉得新鲜、时尚,满意度较高,但时间一长,产生了感觉适应,它的优点就会被逐渐淡化,随之满意度也会降低。因此,要使消费者一直保持较强的感受性,经营者应该采取一定手段来保持住商品刺激强度,如不断地提高产品的质量、功能、售后服务,保持价格优势等方式来调整产品,避免消费者产生感觉适应。

(3) 感觉关联性

人体的各种器官并不是单一作用的,而是相互影响的,当其中一个器官受到刺激,其他器官也会被影响。因此,所谓感觉关联性,是指某一器官的感受性因其他器官同时也受到刺激而产生变化的现象。通常人们对于一种刺激的感受性,不仅取决于感受器官的机能状态,同时也会受到其他感觉的影响,反而会导致各种不同感觉的感受性在一定条件下出现此消彼长的现象。例如,人的听觉在黑暗的环境中会得到加强,所以盲人的听觉、嗅觉、味觉和触觉等非常敏感正是说明了这一点。除此之外,联觉现象在不同感觉的相互作用中也应引起注意,这种现象是指一种感觉引起另一种感觉的心理过程。例如,当人们看到红色,皮肤就产生温暖的感觉。

(4) 感觉的对比性

感觉的对比性是指不同的刺激物作用于同一感受器官,使得感受性发生变化的现象。根据刺激物作用的时间不同,感觉对比性可以被分为同时对比性和继时对比性。其中,同时对比性指的是不同的刺激物品同时作用于同一感受器官产生的对比现象,如白色在黑暗的背景下会显得亮一些;继时对比性指的是不同刺激物先后作用于同一感受器官时产生的对比现象,如吃了甜食之后吃苹果,会觉得相对较酸。

4. 感觉在消费活动中的运用

(1) 感觉是消费者心理活动的基础

消费者对商品的认识起源于感觉,它是消费者一切复杂心理活动的基础。消费者是否选择某种商品,往往也受第一印象所影响,对商品的初步评价建立在感觉之上,继而发展成对商品的全面认识。因此,企业需要运用好消费者的感觉,将其充分应用在营销活动中,促使消费者形成购买欲望。例如,门店的装饰、橱窗的展示、恰到好处的背景音乐,都可以加强消费者对购物环境的印象。

(2) 适当运用消费者的感觉阈限

一般来说,消费者往往通过个体感受,来认识和评价商品,比起道听途说,消费者更相信自己的直观感受。由于消费者个体之间存在差异性,不仅仅是不同的刺激物对同一个人引起的感觉不一样,相同的刺激物对不同的消费个体所引发的感觉也会不一样。因此,在营销活动中,企业所发出的信号刺激强度往往被消费者的感觉阈限所制约。例如,利用商品降价进行促销,降价幅度对消费者而言就属于客观刺激信号,同时,它必须与消费者的感觉阈限相一致。不然降价幅度过小,刺激信号不强,消费者感受不到实惠;如果降价幅度过大,刺激强度过强,反而会起到反效果,可能会促使消费者抱有怀疑的态度,对企业品牌形象不利。因此,企业必须通过对消费者感觉阈限的研究来把握营销策略的制定。

(二) 消费者的知觉

1. 知觉的概念

人体的感觉器官以感觉的形式对外界事物的个别属性进行直接的反应,然而在现实生活中,事物的各个属性并不能脱离物体本身而独立存在,因此,在分析物体的时候,物体的各个属性与物体本身是结合在一起的。例如图2-1,看起来是由各种图形拼接

图 2-1 个别构成整体

组合起来的,深入观察,会发现这些图形构成一组骑行队。因此,看待事物必须要认识到个别属性的连贯性,才会有意义,这就涉及知觉的内容。知觉是指人脑在感觉的基础上对客观事物的整体反映。感觉和知觉都是周围世界在人脑中的印象,但区别在于感觉是知觉的基础,只能反映事物的个别属性,知觉是感觉的深入,能够认识事物的整体。感觉是以感觉器官感知外来刺激为依据,而知觉是由多种感觉器官联合感知的结果。

2. 知觉的分类

(1) 根据知觉反映不同对象划分,可分为空间知觉、时间知觉和运动知觉。

① 空间知觉

所谓空间知觉,是指人脑对物体空间属性的反映,比如形状、大小、距离等,其主要是通过视觉和听觉来获得相对应的信息。

② 时间知觉

时间知觉是指人脑对客观现象的延续性和顺序性的反映,即对运动过程的先后和长短的知觉。为了产生时间知觉,人们除了可以有意识地利用某种参照物,还可以借助人体内存在的某种计时装置,如生物钟。

③ 运动知觉

运动知觉是人脑对事物空间位移和速度的知觉。利用运动知觉,人们可以很容易分辨出物体是处于静止还是运动状态,以及其运动速度。但是运动知觉取决于人们参照物的选择,例如,汽车等红灯时候,旁边车辆行驶,便会感觉自己所乘坐的汽车也在行驶。

(2) 根据身体器官作用,可分为视知觉、听知觉、触知觉、嗅知觉等。

(3) 错觉

错觉,即在特定条件下产生的对外界客观事物产生某种不正确的、歪曲的知觉。它具有一定的主观倾向,很难避免。错觉的现象在现实生活中较为普遍,常见的错觉有形状错觉、大小错觉、时间错觉、空间错觉、运动错觉等,最常见的是视觉方面的错觉。正如图2-2显示,所有横线都是直的吗?反映的就是视觉错觉。例如,在商店利用镜面

图2-2 视觉错觉

装饰墙,有扩展店面的错觉,会比实际店面感觉宽敞明亮,"一日不见如隔三秋"反映的就是时间错觉。然而产生错觉的原因较为复杂,包括主观因素和客观因素。企业在营销活动中,可以巧妙地利用错觉感知来制定营销策略。例如,通过商场门店的装修、灯光的明暗等手段来刺激消费者的购买欲望。

3. 知觉的特点

(1) 知觉的选择性

所谓知觉的选择性,是指由于人的感觉器官接受能力较为有限,因此,当人们面对复杂多变的外界事物时,总会自我选择性地注意少量的事物或者事物的某一种特征,其他的事物或者特征则作为知觉背景出现在人的意识中。消费者不可能在一定时间里,同时注意到所有作用在感觉器官上的刺激,而只能将少量的刺激或者刺激的一部分作为信息进行加工。而每个人所感受到的信息有所不同,这受个人的经验、兴趣所影响,这就是为什么当消费者面对同样的商品,选择会不一样。

除此之外,消费者知觉的选择性还表现在消费者能在众多的商品中把自己所需要的商品挑选出来,或者能够优先注意到某一商品的某种特性,起到商品选择中"过滤"的作用,但知觉的选择性并不是长久不变的,根据时间长短可以分为暂时性和经常性。例如,女性对化妆品察觉更快,儿童对玩具更敏感。

(2) 知觉的整体性

知觉的整体性是指刺激知觉对象的事物有多个属性,并且是由不同部分组成,但是人们并不会将其分割成几个部分,而是理解成一个整体。当客观事物的个别属性刺激人的感官时,人能够根据过往所积累的知识和经验把多属性知觉归为一个整体。如图2-3和2-4,虽然人们只看到图2-3中的局部图案,但却可以根据图案将其理解成一只豹,这就是通过外观属性,经过知识和经验分析得出局部外观所对应的整体。在商品销售中,消费者总是把商品的款式、价格、品牌、包装等综合在一起,从而形成对商品的整体知觉。知觉的整体性可以帮助人们快速识别外界事物。

图 2-3 豹纹图案

图 2-4 豹

（3）知觉的理解性

知觉的理解性是指人们在知觉过程中，通过已经积累的知识和经验，对知觉对象进行加工、理解，并且用语言将其特征表述出来，知觉的理解性与人脑的记忆、思维关系密切，在这个过程中，过往的知识和经验是关键因素。知觉的理解性可以解释不同的消费者对同一商品的知觉不同，充足的知识和丰富的经验可以让人们快速地、深刻地知觉事物。例如，医生可以凭借自己专业知识，分析病情，帮助病人解决痛苦。

（4）知觉的恒常性

知觉的恒常性是指由于受到知识经验的长期积累，当知觉的条件在一定范围内发生变化时，人对知觉对象的印象仍保持着它的稳定性。知觉的恒常性有利于人们稳定地认识客观世界，帮助人们能够更好地适应环境。消费者在购买行为中，能够通过知觉的恒常性来避免外部因素的干扰，根据以往的购买经验来评价商品。例如，光照对商品颜色的改变并不影响人们对商品的原始印象，消费者依然能够进行正确的知觉。但知觉的恒常性有时也会对新产品的销售产生阻碍，需要企业去进行适当强度的推广。

二、消费者认识的发展阶段

（一）消费者的注意

注意在消费心理学中并不是一个独立的心理过程，它往往是伴随着感觉、知觉、记忆等心理活动所发生的心理现象，人们通过注意可以对外界事物产生更加清晰的认识。注意通常出现在整个心理活动的过程中，注意可以促使消费行为的不断深入。

1. 注意的概念

注意是人们的心理活动对一定客观事物的指向和集中。注意包括指向性和集中性两个基本特性。所谓指向性，即瞬间的心理活动有选择地指向一定对象，而离开其他对象。例如，消费者的心理活动不能指向商场的所有商品，而是指向其中某些商品。而集中性指的是心理活动全神贯注于被选择对象上，忽视其他的事物。例如，消费者在有目的地选择商品的时候，对周围的人和事关注度降低。注意的指向性与集中性都可以改变人的行为，强化消费者对商品的认识。

2. 注意的功能

一般来说，注意在心理活动上体现以下四种功能。

（1）选择功能

消费者会主观选择符合自己要求的对象，并加以注意，深入观察，因此，注意首要的基本功能是对消费对象的信息进行选择。在消费市场环境中，购物环境给消费者提供大量的刺激，有的甚至会干扰消费者的心理活动指向，因此，对于消费者来说，要删选出重要的信息，忽视其他的刺激干扰，将不符合条件的刺激对象边缘化，这就是注意在消费行为中的基本功能。

(2) 保持功能

消费者通过注意，能够在一段时间内将选择的对象保持在一定方向上，从而维持心理活动的持续进行，直到终结。由于注意的作用，消费者往往可以把对目标商品的选择贯穿整个消费行为，在此过程中排除其他影响因素，使得消费心理和行为一致。

(3) 整合功能

人脑对于信息的收集和认识往往都是以零散式的形式保存的，所以必须要经过深入的加工才可以形成一个完成信息。在这个过程中需要注意的参与，才可以将多个片段式的信息进行整合加工。

(4) 加强功能

消费者在进行购买活动时，会不断地接收到外界干扰信息，通过注意可以有助于消费者排除干扰，增强消费者的心理活动，提高效率，及时地矫正心理偏差。总而言之，注意可以促使人们对事物产生更加清晰的认识，从而在一定时间内产生可控有序的行为。

3. 注意的分类

消费者在认知商品的过程中，往往表现出不同的注意倾向。按照消费者产生消费行为时是否有带有目的性，可以将注意划分为无意注意、有意注意和有意后注意三种类型。

(1) 无意注意

无意注意也被称为随意注意，它是指事先没有设定目的、也不需要通过意志努力，而是个体自主性地指向某一对象的注意。在市场活动中，无意注意体现在消费者在无目的地浏览时，不由自主地对某些消费对象产生注意。这样的注意一般由外界刺激产生，如刺激物的强度、活动性、新奇性等。例如，香水专柜散发出的浓郁香味，商场明亮闪烁的霓虹灯，造型功能新奇的产品等，这些形成了独有的较强的刺激信号，将商品本身的特点加强，从而引起消费者的无意注意。除此之外，消费者的需要产生和其兴趣爱好、精神状态、知识储备和经验积累也有密切的关系。例如，化妆品专柜的店员精致的妆容诱发消费者的购买需要。

(2) 有意注意

有意注意与无意注意正好相反，被称为不随意注意，它是指自觉地、有预定目的，在必要时还需要一定意志努力的注意。消费者往往需要在意志的控制之下，自主性地把注意力集中起来，从而指向特定的消费对象。因此，有意注意一般发生在有明确购买目标或者对某种消费对象具有强烈购买欲望的前提下。例如，消费者在夏天急需购买空调，通过有意注意能够专心挑选空调，甚至是将注意集中在已选择好的品牌上。在这种情况下，消费者一般需要付出一定的意志努力，主动地接近指向目标。相对于无意注意来说，有意注意是一种更高级的注意形态。消费者可以通过有意注意，迅速地对消费对象做出分析判断，从而提高购买效率。

（3）有意后注意

有意后注意是指自觉地、有预定目的，但不需经过意志努力就能维持的注意。它是在有意注意的基础上产生的，相对于有意注意可以保持得更稳定、更持久。一般来说，消费者对刺激物有意注意一段时间后，逐渐对该刺激物产生了浓厚的兴趣，即便在此过程中不进行意志努力，仍能自主地保持注意，此时消费者就进入有意后注意的状态。例如，人们观看趣味性较强的广告、情节紧张的电影桥段，往往会出现有意后注意的现象。这种形式使得消费者不会因为注意时间长导致的过度疲劳而发生注意力转移的现象。但有意后注意一般只发生在消费者极为感兴趣的刺激对象中。

另外，注意的广度受到物品排列形式的影响，这就受注意的规律性所影响。例如，图2-5所示，在各图案内图形数量相同的情况下，人们注意左边的图案要比右边两幅图案花费的时间要长，因为左边图案排律毫无规律，而右边的两幅图案经过稍许观察就会发现其中具有一定规律性。因此，当刺激对象相对于其他物品反差较大、特征明显，都会吸引人们的注意。相反，消费者在选购商品过程中，对于少量熟悉的商品能够在众多陌生的商品中被注意。

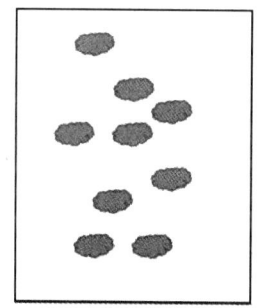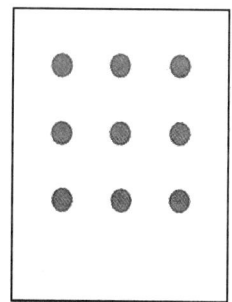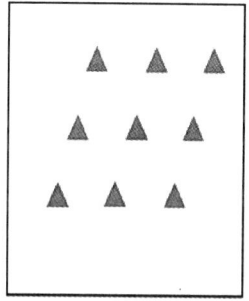

图2-5 物品的排列规律

以上三种注意形式相互联系又可以相互转换，无意注意可以转化为有意注意，有意注意经过更深入的发展，便可转化为有意后注意。

阅读材料

新奇的宣传单

墨西哥的保险公会AMIS一直致力于当地的保险行业发展。公会发现墨西哥每年都有很多私家车被盗，但是这些车主绝大多数都不愿意上保险，因此，为当地居民造成了不小的损失。为了劝说车主能够积极购买保险，他们萌生出新奇的想法，在汽车丢失的高发地，通过PS技术将一名"罪犯"和车主的汽车合成，做成了盗车贼坐在车内的

宣传单,宣传单背面页就是相关的保险信息。待车主看到自己的车竟然被闯入,自然会开始有所警惕,而车主也会从心理上接受单页背面的保险信息。

请思考: 墨西哥的保险公会 AMIS 是如何引起车主注意的呢?

(二)消费者的记忆

1. 记忆的概念

对于记忆的理解,到目前为止有三种观点表述。第一,传统心理学表明记忆是人脑中对过去经历事物的认识和保存经验的心理过程。第二,生理学认为记忆是条件反射的形成、巩固和重新活动。第三,现代信息加工理论提出记忆是人对外界信息进行编码、存储和提取的过程。三种理论具有一定的共同性,都认为记忆是对外界客观事物的识记、保持和再认的过程。

在消费活动中,消费者对于认识的事物、思考过的问题、体验过的活动都会留下不同程度的记忆,有的保存时间长,而有的转瞬即逝,能够保留相当长时间的,就是记忆。消费者在生活中会不断获得和巩固知识,在进行消费活动时,往往会自主地利用记忆中的印象对商品进行分析判断。

2. 记忆的心理过程

记忆的心理过程一般由识记、保持、回忆和再认这四个关键环节组成,它们之间相互联系,并且相互制约。

(1)识记

识记是指人们为了获得外界客观事物的深刻印象而反复进行的感觉和知觉的过程,它是记忆的前提。在购买活动中,消费者往往通过视觉、听觉和触觉去认识商品,深入了解商品的信息,在大脑皮层上建立联系,加深对商品的印象。

(2)保持

保持是指人脑保存和巩固已识记的事物,使之较长时间地保留在脑海中,成为知识和经验的过程。例如,消费者通常把了解到的商品信息作为经验存储在头脑中,但时间一长,人脑会逐渐遗忘之前所保持的信息。

(3)回忆

回忆也被称为再现,是指人脑试着将过去感知过的事物再现的过程。人脑通过回忆可能会发生两种情况,一是可以重现该事物的信息,二是可能无法出现,即遗忘。例如,消费者购买商品时,常常会触发回忆,如之前购买过的类似商品的经验。再如,人们常说的"触景生情"就是一种回忆过程。

(4)再认

也被称为认知或重现,是指过去感知的事物重新在脑海中出现的过程。例如,消费者在购物时,能准确辨认出在杂志上或者电视上见过的商品。

记忆的四个环节之间紧密联系,却又互相制约,并且缺一不可。人们对客观事物的记忆起始于识记,保持对识记进行加强巩固,也是记忆过程中的核心环节,回忆和再认是衡量记忆巩固程度的重要条件,也是保持长久记忆的过程。

3. 记忆的分类

根据记忆的内容,可以分为形象记忆、逻辑记忆、情绪记忆和运动记忆这四种类型。

(1) 形象记忆

形象记忆是指以感知过的事物形象为记忆的内容。例如,消费者对商品的形状、大小等方面的记忆。形象记忆是人们大量采用的记忆形式,其中,主要以视觉和听觉记忆为主。

(2) 逻辑记忆

逻辑记忆是指消费者以概念、推理、分析、判断为记忆的内容,如商品的功能、质量标准等。它是人类所特有的,具有高度理解性和逻辑性的记忆,往往通过语言和思维的作用来实现,相对于形象记忆,逻辑记忆较高级一些。

(3) 情绪记忆

情绪记忆是个体对已体验过的某种情绪记忆的内容。例如,消费者对某家商店销售人员的服务态度有着情绪记忆。情绪记忆在消费行为中经常体现,因此,在销售活动中,需要调动消费者的情感体验,形成深刻的情绪记忆,记忆内容往往更为持久。

(4) 运动记忆

运动记忆是以过去做过的动作或运动为记忆的内容。例如,消费者在超市购买的活动过程,这样的记忆有助于消费者形成熟练的购买技巧。

二战以后,心理学家纷纷提出不同的记忆类型,其中影响力较大的并且被广泛认可的是记忆的三级加工模型。它是根据记忆信息在人脑中储存时间的长短来定义,将记忆分为瞬时记忆、短时记忆和长时记忆。

(1) 瞬时记忆

瞬时记忆可被称作为感觉记忆,瞬时记忆出现在感觉之后,是记忆系统的开端,一般持续时间大约在0.25—2秒之间,它的特点是记忆的内容少,保存时间短,转瞬即逝。例如,人们记忆电话号码,在没有经常使用的前提下,不容易形成长期记忆。

(2) 短时记忆

当瞬时记忆中的信息一旦受到注意,就会自主地进入短时记忆阶段,短时记忆是从感觉记忆进入长时记忆的加工器,短时记忆时间大约保持时间在15—30秒,通常最长不超过1分钟。例如,通过短时记忆电话号码来拨打电话。

(3) 长时记忆

长时记忆一般能够保持在1分钟以上到许多年甚至是终身的记忆,它是对短时记忆进行充分的、有一定深度的重复加工的结果。有时强烈刺激信号和触发感情的事物,也能一次性形成长时记忆。它的特点是容量较大,通常没有限度,并且保存时间较长。

4. 遗忘

在日常生活中,不论是哪种类型的记忆,一般很难做到永久保存,这正是因为在记忆中还有另一个心理机制,表现为遗忘。遗忘是指对于已记忆过的内容在一定条件下不能保持或有提取困难的现象。遗忘往往和记忆是相反的两个过程,是没有通过不断地保持和再认造成的。德国心理学家艾宾浩斯最早利用科学量化方法对记忆和遗忘进行研究,消费者的遗忘过程曲线如图2-6所示。

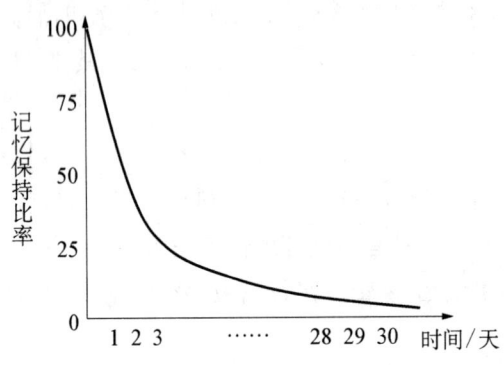

图 2-6 艾宾浩斯的遗忘曲线图

从遗忘曲线图可以明显看出,人们在识记之后保留住的记忆信息会随着时间的推移而呈现递减趋势。根据遗忘时间的长短,又可以分为短时记忆遗忘和长时记忆遗忘。造成短时记忆遗忘的原因包括大脑中的记忆信息自然消退和其他因素的干扰。例如,学生在考试之前需要记忆的资料较多。同样,长时记忆也会发生信息遗忘。艾宾浩斯经过研究发现,遗忘产生过程是在识记后的短暂时间内较快,过了这段时期之后,遗忘的速度会逐渐变慢,渐渐趋于平稳,即遗忘的规律一般是"先快后慢、先多后少"。

5. 记忆在商业活动中的应用

企业应考虑到消费者接受信息的记忆极限,尽可能地把重要信息控制在极限范围内。研究发现,记忆保留的效果与信息在整个事件中所处的位置有关,位于整个信息的首部和尾部的内容记忆效果相对较好,位于中部的信息内容记忆效果较差。因此,通过这项研究,企业可以根据宣传的关键内容,在广告中进行妥善的设计和编排,从而有效地提高广告宣传效果。

记忆也很容易受情绪和情感的影响。在消费活动中,消费者虽然接收到很多商品信息,但是却不会记得很多,只有能引起消费者特别注意,产生兴趣的商品,才会让消费者产生记忆。消费者愉快、兴奋的情绪,容易产生良好的购物体验,对商品形成良好记忆,如销售服务人员的热情接待给消费者留下好印象,加强记忆效果。

(三)消费者的想象

1. 想象的概念

想象是指人脑中对已感知过的事物表象进行加工改造而创造出新形象的过程。想象是人所特有的一种心理活动,它建立在记忆的基础之上,将大脑中的信息进行新的组合,从而创造出并没有通过直接感知而获得的新事物。想象虽然没有经过直接接触,但也并不是远离现实的空想,它存在于一定的客观条件下。因此,想象的产生必须具备三个条件:第一,必须要有过去已经感知的经验,这种经验也可以来自外部;第二,想象依赖于人脑的创造性,需要进行信息的再加工;第三,想象出来的新形象往往是没有经过直接感知的事物。

2. 想象的特征

(1) 想象是一种特殊的思维,可以根据人们从未遇到过的事物,或是按照别人的描述,通过人脑的加工和重新塑造而创造出的新形象,所以具有间接性。其次,人脑中的信息在加工改造过程中,必须要进行综合和概括,所以具有概括性。

(2) 想象并不能脱离现实情况,它是客观现实的反映。想象本身也是由现实的需要去推动和支撑的,而个人的需要受社会生活条件的制约。因此,想象的内容和水平也会受到社会条件、科学技术发展水平,以及个人兴趣爱好和经验积累的制约。

3. 想象的分类

根据想象是否具有目的性,可以分为无意想象和有意想象。

所谓无意想象,是指没有特殊目的、不自觉的想象,是想象当中最简单、最初级的形式,例如看到数字"2"想到鸭子。有意想象正好相反,它是指带有一定目的性和自觉性的想象,也被称为随意想象。例如,小说家设立小说中的故事人物及情节。

在有意想象中,根据想象内容的创造性程度不同,可分为再造想象和创造想象。再造想象是根据语言、文字的描述描述,在大脑中形成有关事物的形象。例如,看小说可以通过书中文字的描述来想象书中人物的长相。创造想象是没有依赖现有的描述,而是由个人头脑中主动创造出来的新事物,它在新产品的开发中,尤其是对高科技产品、时尚需求度高的产品起重要作用。

4. 想象在市场营销活动中的作用

消费者在对商品做出评价的过程中通常会伴有想象。商品是否能达到消费者的满意程度,往往取决于商品本身是否和消费者想象追求的效果相吻合,如试穿衣服来感受效果,是否和想象一致,达到预期。在某些情况下,想象会导致消费者产生冲动购买的行为,这是由于想象往往带有感情色彩,一旦想象的结果呈现美好的景象,消费者就会对商品的倾向性加强。

只要消费活动存在,想象就必然会发挥作用,许多消费者购买的商品并不是迫切使用,而是在受到想象心理的影响。因此,想象可以促使消费者发生购买行为。在企业营销活动中,消费者往往会被商品的设计和功能所影响,诱发消费者美好的想象。

(四)消费者的思维

1. 思维的概念和特征

思维是人脑借助于语言和动作,对外界事物本质特征的间接的、概括的反映,它反映事物的本质特征和内在的联系,它是人的认识过程中的高级阶段,它是包含知觉、记忆、想象等的综合性心理活动。不同的思维方式往往导致不同的消费理念和方式。

每个人的思维能力都有差别,概括性和间接性是思维的主要特征。思维的概括性,主要指通过对同一类事物的共同特性、规律联系起来认识事物,加以概括,得出结论。例如,人们将电脑、摄像机、手机等概括起来归类为数码产品,"货比三家"也是人们在长期消费中形成的结论。

所谓思维的间接性,是指借助一定的媒介和知识经验来反映客观事物的规律。例如,医生看病需要借助一定的仪器设备进行检查后才能进行推理判断。一般来说,思维的认识领域要比感知觉更广阔和深入。

2. 思维的分类

根据思维活动的方式和性质,可以将其分为动作思维、形象思维和逻辑思维。

(1) 动作思维

动作思维也叫实践思维,是以人体的动作来解决直观、具体问题的思维,它必须是在实际的活动中进行。消费者在挑选商品时,要在思维的指导下借助眼睛观察和手部动作与其他器官的配合才能完成。

(2) 形象思维

形象思维是指利用直观形象对事物进行分析、判断、概括等内部加工,从而解决问题。例如,消费者在选购衣服的时候会对比和自己的裤子是否搭配,从而影响其购买行为。

(3) 逻辑思维

逻辑思维也被称为抽象思维,它是依据抽象的概念、判断、推理等方式来解决问题。在消费者购买活动中,由于受教育程度、经验等方面的因素有所差异,他们在思维的广度、深度等方面存在区别。

3. 思维的基本过程

人们遇到问题往往会利用思维来解决问题,思维是一种独立的心理活动过程,也被称为心智过程,往往以感知觉为基础,再通过分析、比较、概括等过程来完成的。具体来说,思维的活动过程可以被分为以下四个部分。

(1) 分析过程

分析是把将大脑中的事物整体分解为各个部分或各个特性。例如,将手机的外观、功能、价格等区分开来。

(2) 综合过程

综合是在头脑中把事物的各种属性结合起来,了解它们之间的联系,将其整合起来。如把手机的各个属性结合起来,从重新构成后的整体角度上找出问题的所在。

(3) 比较过程

比较过程是把特定的事物和对象加以对比,并确定它们之间的异同以及关系。有比较才有鉴别,比较都是以分析为前提的,只有把事物个实行区分开,才能进行比较。比较可以在同种类型的商品之间进行,也可以凭借消费者的知识经验进行。例如,消费者在选购通讯工具时,是选择功能简单的电话机,还是选择功能多但是价格昂贵的高端手机。

(4) 抽象、概括和判断过程

抽象是在思想上将客观事物分出本质特性而舍弃个别非本质特性的思维过程。概括是把抽象出来的客观事物的本质属性和特征联合起来并且推广到同类别事物中的思维过程。判断是指根据客观事物的表面现象与内在的联系,来确定事物的实际本质,从而形成理性认识的过程。

4. 思维在消费活动中的运用

由于消费者购买的商品与消费需要之间有一定的差距,因此,他们在消费过程中往往要经过一系列紧张的思维活动。随着市场经济的发展,消费水平得到提高,消费者需求多样化,往往在购物中有自己的主见,如对商品品牌、质量的要求,这些都不易受外界的影响。在企业营销活动中,销售人员往往利用语言来作为思维的工具,可拉近与消费者的距离,增加消费者的信任感,因此,思维和语言有着密切的关系。

第二节 消费者心理活动的情感过程

消费者在购买商品时,不仅仅会受到其对商品认知的影响,还会受到自身情绪和情感的影响,引起不同的内心变化,从而改变外部反应。相比于认识过程,它们之间的区别在于认识过程反映的是客观事物的本质属性,然而情感过程反映的是人的需求和客观事物之间的联系,是一种态度。

一、消费者的情绪过程

(一) 情绪和情感的概念

情绪和情感是人类社会心理学中较为复杂的一面,也是分析消费心理的重要环节,是人对客观事物是否得到满足时而产生的态度和内心体验。

情绪是人对客观事物需求态度的体验,具有独特的主观体验形式、外部表现形式和复杂的神经生理形式。

情感是情绪过程中的主观体验,是对进行着的认知过程起到评价和监督的作用,着重于表明情绪过程的感受方面。

(二)情感和情绪的区别和联系

严格来说,情绪和情感既有联系,又有区别,由于这两种心理现象较复杂,因此把它们区分开来有一定难度,但是可以通过侧面加以说明。

1. 产生情绪和情感的需要不同

情绪一般与人的生理需要是否获得满足相联系,如,人对基本生理需求的满足,直接影响消费体验。但是,情绪是一种较为低级的心理现象。而情感往往与人的社会需要是否得到满足有关,如,人对自尊的需要、对爱的需要等是否被满足,从而影响消费体验。

2. 情绪和情感在稳定性上的差别

情绪一般由特定条件所引起,具有较大的变化性,往往会随着周围环境的变化而变化,其表现形式较为短暂且不稳定,具有一定的冲动性,某种特定的情景消失,在此情景下所产生的情绪也会随之消失。而情感则不同,情感是在长期社会活动中形成的,是受到客观事物的反复刺激而引发的。因此,其与情绪相比有较强的稳定性,是一种高级的心理现象。人一旦产生某种情感,就不容易发生改变,甚至会逐渐增强。例如,消费者在某个营销活动中与销售人员产生友好的情感,这样的情感往往不会因为活动结束而消失,一般会继续保持,甚至会有更加深入的发展。

3. 情绪和情感在强度上的差别

情绪具有较多的冲动性和外显性,如形容一个人情绪的词语可以是欣喜若狂、暴跳如雷等。情感则较为深沉,而且表现方式倾向于内隐形式。情绪往往难以遮掩或者加以控制,而情感往往在个体意识支配的范围内进行。

情绪和情感存在着密切的联系,情绪和情感都属于感情方面的心理活动范围,情绪是情感的外在表现,情绪的变化也会受到情感的制约。在日常使用过程中,两者并没有严格的限制,往往作为同义词来使用。

二、消费者情绪的表现形式与分类

(一)消费者情绪的表现形式

1. 心境

心境是一种比较微弱、平静而较为持久的情绪体验。它具有弥散性、持续性的特点,在特定时间内会对人们的生活产生影响。通常情绪的心境就是人们常说的心情。心境还会影响人对周围环境的判断。例如,消费者在愉快的心境中,对任何外界事物都感到满意;反之,消费者在忧愁的心境中购物,很难找到满意的商品。因此,良好的心境能提高消费者对商品的满意度,主动消费购买的效率也会提高。心境持续时间有长有短,从几个小时到几个月,甚至是更长的时间,这种情况主要取决于刺激物的特点和消费者个体差异。心境可能由多种原因产生,如家庭的幸福、事业的成败、个人身体状况、自然环境的改变等。例如,有的消费者会在家庭发生矛盾的情况下到商店消费,向营业员发泄怨气。在营销中,企业需要注意创造良好的营销环境,建立愉快的购物氛围,对营销人员进行培训,从而引导消费者付诸购买行为。

2. 激情

激情是一种猛烈的、爆发式而短暂的情绪体验,激情也可以被称为激动。例如,属于激情的情绪状态一般表现为欣喜、暴怒、恐惧等。激情的主要特点包括瞬息性和冲动性。激情一般是由强烈刺激物所引起的,发生时伴有内部器官强烈变化和明显的,甚至是夸张的表情动作,如生气时咬牙切齿,全身发抖,兴奋时,手舞足蹈等。这时人们的一切心理过程和全部行动会表现出失常的状态,理解力和自制力也会下降,对于消费者来说,往往会发生冲动性购买行为。激情有积极和消极之分。积极的激情能推动人们付诸正确的行动,而消极的激情往往会使人们缺乏信心。

3. 应激

应激是指人们在出乎意料的情况下所引起的情绪状态。例如,人们处于火灾、地震等突发的危机情况下,在这时必须立刻采取选择行动,人们往往会处于高度紧张状态,此时的情绪体验就是应激状态。人在应激状态时,通常会表现出两种不同的状态:第一种是急中生智,在高度紧张状态下头脑更加清醒,反应迅速。第二种是惊慌失措,反而会促使人们做出错误的反应,加重危害。在应激状态下人们表现出的反应与个体特征、知识经验等有关。因此,在营销活动中,应尽量避免使消费者出现不必要的应激状态。

4. 热情

热情是一种稳定的、强有力的而深沉的情感。热情是一种感情状态,相对应的情绪词语如向往、热爱等。消费者的热情通常是指向某一个消费目标,从而在热情的推动下付诸购买行为。例如,明星的粉丝会为了购买演唱会前座票,省吃俭用。因此,在营销活动中,企业要通过一些营销手段来唤起消费者的热情,使得消费者产生购买欲望。

(二)消费者情绪的分类

根据情绪表现的方向和强度,可以将情绪分为三类,即积极情绪、消极情绪和双重情绪。

1. 积极情绪,在消费活动中,对于能够满足消费者需要的商品,往往会促使消费者产生积极情绪,增强购买欲望,加速决策效率。积极情绪的表现形式有满足、快乐等。

2. 消极情绪,会延缓或阻碍消费者产生购买的行动,若造成了反面情绪,消费者留下深刻情绪体验后,会长期甚至永久拒绝购买。消极情绪的表现形式有不满、失望等。例如,顾客进入酒店房间后,发现地毯没有打扫干净。

3. 双重情绪,虽然消费者情绪会表现为积极或者消极状态,但很多时候并不完全表现为单一情绪,而经常会表现出双重情绪,如喜欢又怀疑,憧憬又害怕等。例如,消费者对于某件商品特别喜欢,但是看到价格太低,反而产生怀疑的态度。

三、影响消费者情绪的主要因素

在购买活动中,消费者情绪的产生和变化主要受下列因素影响。

1. 购物环境

消费者的情绪变化往往受到购买环境的影响。一般来说,购物环境的整体设计、光亮、温度、声音以及销售人员的服务态度等因素能引起消费者的情绪变化。如果购买环境宽敞、明亮、幽雅、服务周到,消费者就会感觉轻松、愉快,产生良好的购物体验。反之,昏暗、脏乱的环境,再加上销售人员冷淡的服务,使消费者产生厌恶的消极情绪,最终可能导致放弃购买,甚至永不购买的结果。

2. 商品

人的情绪、情感会在受到外部刺激而产生,一般来说,消费者的情绪由消费需要是否被满足而引起,而是否能被满足必须要借助于商品才能实现。因此,影响消费者情绪的关键因素之一就是商品,如商品的价格、质量、设计等,这些属性是否可以满足消费者的要求。如果这些属性都符合消费者的要求,消费者自然会产生愉悦的情绪,从而产生积极的情绪体验。反之,则会使消费者产生失望的消极情绪体验。因此,在激烈的市场竞争中,企业应尽量以质取胜,同时在商品的其他属性上精心设计,促使消费行为的完成。

3. 消费者的心理准备

消费者的心理准备状态对于情绪有直接的激发作用,这些情绪反过来又会影响消费者原来的心理准备,两者相互影响,共同推动消费者的购买行为。消费者的需求水平越高、心理准备越早,购买动机就有可能越强烈,情绪的兴奋程度往往也越高,这个时候,消费者的购买动机转化为购买行为的可能性就会越大。反之,消费者的情绪兴奋度越低,心理准备不充足,则企业很难在短时间内调动起消费者的积极性,购买动机付诸于购买行为的可能性就会越小。因此,大多数企业将新产品投放市场之前都会借助媒体做大量的宣传广告,给消费者积累一定的心理准备,通过推广手段将消费者的积极情绪调动起来。

第三节 消费者心理活动的意志过程

消费者的心理活动除了对上述的认知、情绪和情感体验之外,还需要意志心理活动的参与,从而实现购买行为。消费者的购买行为需要生理保证和心理保证共同完成,这种心理保证就是意志的心理过程,是一种坚持不懈地、自觉地实现既定目标的努力过程,它可以促使消费者在购买行为中排除各种干扰因素、克服困难,从而实现购买目的,它是心理活动的重要组成部分。

一、意志的概念与特征

(一)意志的概念

意志是消费者自觉地确定消费目标,并主动支配和调节其购买行为,通过克服困难,达到既定目标的心理活动。意志是人的意识能动性在购买行为中的表现。一般来说,人在付诸行动之前已经将行动目的存在大脑中,并以这个目的为指导思想,从而进行有意识的肢体活动。意志通常是由内部意识向外部行动转化,消费者在经历了心理活动中的认识过程和情绪、情感过程后,能否排除干扰因素,最终真正地实现购买行为,取决于消费者的意志心理过程。

(二)意志过程的基本特征

1. 有明确的购买目的

消费者的意志心理活动是以清晰的购买目的为基础,离开目的就没有意志。消费者的意志目的性促使其在付诸购买行动之前,对行动的正确性进行充分的认识,预测意识行为活动的结果,这一过程有助于消费者按预定的目的去灵活调整自己的行为,从而自觉地、有计划地实现消费目标。一般来说,消费者购买目的越明确,就越能自主地去调整自己的心理状态和行为。除此之外,购买目的通常还要受到消费者的主观条件影响。例如,购买台式电脑还是笔记本电脑是由消费者自主决定。

2. 与排除干扰和克服困难相联系

在消费过程中,消费者往往会受到诸多因素的干扰,在实现购买活动中会遇到矛盾和困难,此时,往往通过意志过程来实现购买行为。这些干扰、困难可能是内在因素造成的,也有可能由外部条件引起,这就需要消费者利用自身意志的努力保持购买方向。例如,消费者选购到自己喜欢的商品,但是因为暂时缺货,需要等待一段时间,这种情况就需要消费者通过意志努力,来付诸消费行动,完成购买目的。

3. 调节购买行为

一般来说,消费者的意志活动对其心理状态和外部行为同时具有调节的作用,这些对购买行为的调节主要包括发动购买行为和制止购买行为两个方面。发动购买行为可以激发起积极的购买情绪,促使消费者为了实现预定目的而采取一定的行动。而制止购买行为会产生矛盾、消极的情绪,阻碍购买行为。

二、消费者心理活动的意志过程

消费者的意志过程通常具有既定的购买目的和遇到干扰因素后能够灵活调节购买行为的全过程的特征。一般来说,意志过程可以被分为以下三个行动阶段。

(一)做出购买决定阶段

这一阶段是消费意志行动的初始阶段,它是具有目的性和明确目标对象的活动,也是意志活动的准备阶段。其通常伴随的问题包括:为什么要行动,如何行动等。由于消费者之间存在个体差异,他们的需求具有多样性和复杂性,再加上经济水平和生活条件的提高,消费者的需求个性越来越明显,在购买活动中,往往通过主客观的条件对商品进行选择。另一方面,消费者在意志行动中,会出现两个甚至两个以上的目标,这时会发生动机冲突,经过思想斗争,才能确定最终的行动目标。在这个阶段,决定动机的取舍,就需要意志的努力。消费者购买活动的时间、方式可以有很多种,如购买时间、购买地点、可承受的价格、付款方式等,都需要通过意志努力才能过渡到行动阶段。

(二)执行购买决定阶段

这一阶段往往是消费者意志活动的核心阶段,是意志活动的高峰期。由于在执行过程中,有时会遇到一些来自外部或内部的困难和挫折,如购买过程中服务态度让消费者失望,商品的质量、价格不尽如人意或者是在执行购买行为中发现了更加符合自己需要的替代商品。在这些情况下,如果消费者没有保持冷静,意志力薄弱,就有可能会选择重新购买或放弃购买。因此,执行购买决定要求消费者克服困难、障碍,但并不是一味的刻板行为,而是学会衡量,将坚定和灵活相结合,选择最适合的商品。

(三)体验执行效果阶段

这一阶段是意志活动的最后一个发展阶段,消费者在完成购买行为之后,其意志行动尚未结束,这时候还会继续检验执行购买决定的效果,如商品在使用过程中是否良好,和预想的一致,甚至有附加效果等,同时,在体验的基础上,消费者往往不自觉地会评价自身的购买行为,这些评价往往会影响消费者下一次的购买行动。如果消费和得到的结论是满意的,以后可能会继续重复购买,如果商品的使用体验与期望相差较大,消费者以后可能就会减少甚至拒绝购买。

三、消费者的意志品质

消费者的意志品质是其意志活动的具体体现。在购买行动中,由于消费者个体的差异性,他们的消费行为也具有各自显著的特征,如有的人行为果断、独立,而有的人则表现出犹豫、依赖性强,一旦这些行动特点在行动中具有一定的稳定性,那就可以被称为这个人所特有的意志品质。总的来说,消费者的意志品质主要表现在以下几个方面。

1. 自觉性

所谓自觉性,即在消费活动中,消费者能够充分认识到自己行动的正确性及行动的社会效果。一般来说,具有自觉性的消费者能根据自己的信念,独立做决定并且最终果断地执行决定。对于这部分消费者,一般表现出的意志品质是不盲从、不易受外界影响,因为他们的购买目的往往是根据自己的实际需要决定的,有计划地、有条不紊地进行,即使遇到困难和障碍,也可以冷静分析,根据实际需要修改行动计划。与之相反的是受暗示性,它表现为缺乏自觉性,容易受外界干扰,无计划,遇到问题往往表现出依赖性或者是选择回避的态度。

2. 果断性

意志的果断性是指消费者能够在理智分析所面对的情况之后,合理并坚决地执行决策的品质。果断性较强的消费者往往是以自觉性为前提,深思熟虑为条件,他们通常善于抓住机遇,通过全面思考迅速地做出正确决策,一旦做出决定不会轻易改变,并坚决付诸行动。果断性差的消费者表现往往相反,一般遇到问题会表现得犹豫不决,决策过程也优柔寡断,缺乏主见,并且很容易因为受到客观事物的干扰而改变决定。果断性会给消费者带来一些益处,优柔寡断的消费者由于犹豫不决,往往会错过最佳购买时机。

3. 自制性

自制性是指消费者善于支配、控制自己的情绪和情感,能够有意识地支配和约束自己言行,从而克服困难跨越阻碍来保证行动的完成。在购买过程中,由于消费者心理活动常常会受到客观事物的影响,使得购买过程变得较为复杂,如消费者对服务人员的态度较为厌恶。在这种情况下,自制性较强的消费者可以控制自己的情绪,不至于表现出过激的言行,从而避免正面冲突;而自制性较差的消费者,可能会与营业员发生口角,从而使得消费行为终止。

4. 坚韧性

意志的坚韧性是指人们能够坚持行动的目的,克服困难来完成预定的购买目的,也就是人们常说的毅力。一般来说,目的越明确,兴趣越高,毅力表现越强烈。消费者在购买活动中,对于坚韧性较强的消费者,一旦制订了购买计划,就会克服种种困难,跨越障碍地完成购买行为。与坚韧性品质相反的是顽固性,或者说是动摇性,它表现一般为见异思迁、半途而废,一遇困难就会垂头丧气、动摇妥协,购买的成功率较低。

总而言之,这四种意志的品质并不是彼此孤立的,而是有密切联系的,它们都是意志良好的表现。企业只有充分地了解消费者的意志品质,才能在营销活动中采取相应措施。

 **典型案例**

农夫山泉"有点甜"

1997年,农夫山泉以运动瓶盖打入中国水市场,利用"有点甜"这样的创意宣传标语,在消费者心中留下了深刻的印象,在当时已在市场中占有一席之地,第二年就进入了中国水业前三。农夫山泉能够取得这样的成绩与它准确的市场定位和独特的促销手段是分不开的。

农夫山泉出世

由海南养生堂公司推出的饮用水,取名"农夫山泉",广告语是"千岛湖的源头活水"。一方面,在名称上就与当时市场上的其他品牌饮用水不一样,引起消费者的好奇心。另一方面,千岛湖是浙江中南著名的旅游区,水资源丰富,并且较为纯净,从水源上产生信任感。再者,公司选用的广告语令人耳目一新,广告宣传中采用故事情节式的诉求方式,以一个小学生在课堂上拉动瓶盖发出独特的声响而引起老师的不满展开故事。这样的广告内容较为独特,也凸显出农夫山泉的独特性。除此之外,广告中出现的传播语"农夫山泉有点甜"也是经典之作。

农夫山泉放弃生产纯净水

在众多纯净水品牌中,如何能够表现突出、标新立异呢?2000年4月24日,公司突然公开宣称,纯净水虽然适合饮用,但其实本质上对健康无益,只有含有矿物质和微量元素的天然水有利于人们的健康。这时,公司转而全力投向天然矿泉水的生产和推广。紧接着,公司在全国一些主要地区的中小学开展了纯净水与天然水的生物比较实验,在当时得到大量报道,这样的天然水健康理念得到消费者的认可,农夫山泉的销量取得了极大的提高。

农夫山泉助申奥

2001年3月20日,农夫山泉在北京、上海、广州、南京、杭州等全国几大城市的主要媒体同时打出了一则广告:"支持北京申奥,农夫山泉1元1瓶。"在此之前,农夫山泉天然水的零售价是每瓶1.5元,农夫山泉一出手就是降低1/3价格的豪气,市场终端一片掌声,引得经销商蜂拥而来。2001年1—5月,农夫山泉的销量已完成去年全年销量的90%。此时,农夫山泉投放在中央电视台的"一分钱"广告也是反响较好:"再小的力量也是一种支持。从现在起,你买一瓶农夫山泉,你就为申奥捐出一分钱。"一方面,农夫山泉以此宣传广告语促使消费者来支持北京申奥事业,另一方面展现了农夫山泉的社会公益性。中国北京申请2008年奥运会申办权成功后,站在全力支持申奥队列中的农夫山泉的知名度和美誉度得到了提高,农夫山泉的品牌含金量又多了一分。

请思考: 结合消费者的心理活动分析农夫山泉营销战略的成功之处。

讨论与思考

1. 什么是感觉？感觉在消费活动中如何运用？
2. 什么是知觉？知觉有哪些特征？
3. 什么是注意？注意一般包括哪些类型？
4. 什么是记忆？记忆的心理过程是怎样的？
5. 什么是情绪和情感？两者有什么区别？情绪的表现有哪些？
6. 什么是意志？消费者的意志品质表现包括哪几个方面？
7. 意志过程与认识过程和情感过程的关系如何？

第三章 消费需要与购买动机

**本章提要**

在现实消费活动中,消费者的消费行为往往是由购买动机所引起的,而购买需要是购买动机的基础。一般来说,动机和行为有着密切的关系,需要决定动机,动机支配行为,因此,任何消费行为都是在需要和动机的驱使下形成的。如果消费者的某种需要未得到满足,人们往往会产生一种紧张感,从而促使其形成动机,当目标完成,紧张感就消除,消费行为则结束。本章主要研究消费者购买决策的概念与主要内容、心理活动过程,以及消费者心理形成和购买行为的过程。

**引入案例**

营销主管的招聘

某家公司为了扩大经营规模,开始高薪聘请营销主管。选拔的方式是一道实践题:在一周内,尽可能多的把木梳卖给指定人群——和尚。绝大多数的应聘者都不理解,这看上去是一个不可能完成的任务,和尚并不需要梳子。很多人都打退堂鼓,只有小李、小赵和小贾勇敢接受了挑战。一周过后,三位应聘者回公司汇报成果。小李跑了三座寺院无果,还被和尚指责,最终下山途中遇到一位和尚使劲挠头皮,才卖出1把。小赵去了一座名山古寺,因为山高风大,前来进香的善男信女若是蓬头垢面,会显得对佛不尊敬,于是小赵找了住持方丈,建议将梳子放在山上的10座寺庙供进香者使用,这才千辛万苦卖出10把梳子。正当负责人一筹莫展之时,小贾表明自己卖出了1 000把,而且未来还有更多订单。原来,小贾前往一个香火极旺的寺庙,他对主持方丈说:"凡进香朝拜者,多有一颗虔诚的心,贵寺应有所回赠,何不将木梳作为纪念品,您的书法超群,可以刻上'积善梳'回赠给进香者。"住持大喜,立即采纳了小贾的建议,买下1 000把木梳,并请小贾小住几日,共同出席首次赠送"积善梳"仪式,同时,希望能向小贾购买一些档次不同的梳子分层次地进行赠送。这样一来,小贾不仅一次卖出1 000把梳子,还获得了长期的订单。于是,公司决定高薪聘请他为营销主管。

请思考:公司为何选小贾作为营销主管?

第一节　消费者的需要

一、需要的产生与分类

人们的行为毫无疑问是从需要的激发开始的,所以说消费需要是先导,是付诸消费行为的内在原因。需要是产生动机的条件,是消费行为的根本动力。

(一)需要的概念

所谓需要,指的是个体由于机体内部的不平衡而产生的内心紧张。这里所说的不平衡一般包括生理和心理两个要素。需要的反映通常以欲望、意愿的形式表现出来,是人们实现行动的根本原动力。例如,没有吃晚饭,会产生进食需要。当需要被满足后,不平衡的状态就会消失。对于消费者来说,需要往往不是一个笼统的概念,而是由多个因素组成,一般包括:① 消费者的性别、年龄、收入等基本特征;② 发生需要的时间、地点;③ 需要的实现方式;④ 需要的市场环境。

(二)需要的产生

一般来说,消费需要是客观存在的,消费者会对各种物质或者精神生活产生一定的欲望。均衡论研究认为,在正常条件下,人往往是处于平衡或是均衡状态中,这种平衡体现在生理平衡和心理平衡上,一旦某些方面的体验缺乏,便会导致原有均衡状态的失衡,这时人们就会出现不舒适的紧张感,只有减少或消除这种状态,才能恢复平衡。

1. 生理平衡

生理平衡是人类生存最基本的需要,人往往需要某些基本物质才能维持生存,如食物、水、空气等,这些基本物质的吸入量由体内复杂的生理系统来调节。这种心理系统按照体内平衡原则维持着人的生理平衡状态。一般来说,参与调解和完成这项基本平衡过程包括人的遗传本能和下丘脑。

2. 心理平衡

人的心理失衡主要来源于机体外部的刺激,这种刺激可以是物质和精神两方面。人类除了生理方面的需要之外,还有心理方面的需求,如社交、安全感等。如果人们产生了心理需求,尚未能得到所期望的事物,往往就会有某种失落感,甚至会产生某种不安的情绪,从而引起心理失衡。

心理是否平衡与外界刺激量的强度有关,但通常人会通过自己的控制能力来压抑这份失衡感,即使是这样,这种控制也只是暂时的,因为抑制具有一定限度。当刺激信号强度超出极限范围时,心理就会出现更为强烈的不平衡状态。

(三)消费需要的分类

人们的消费需求可以从不同的角度来划分,最基本的是按照起源进行分类。

1. 根据需要的起源分类

从需要的起源的角度来看,需要可分为两大类:生理性需要和社会性需要。

(1)生理性需要

生理性需要是指个体为维持和延续生命而产生的需要,常见的生理性需要如:食物、水、睡眠等。生理性需要是人类最基本的需要,往往是与生俱来的本能,具有明显的周期性。例如,睡眠受生物钟的控制,有规律地进食等,否则,人就不能正常生存。

(2)社会性需要

消费者社会性需要主要是在社会环境的影响下形成的,具有某些特定的需要,如安全感需要、自尊的需要等。社会性需要往往会形成阶级、文化等印记。人们在社会环境中,只有被群体所接受,才会有安全感和归属感。社会性需要相对于生理性需求来说,当得不到满足时,只会产生不舒服的情绪,并不会影响人的生理健康。当生理性需求得到满足时,社会性需求尚未满足,也会产生不舒服的情绪。因此,社会性需要的满足在人的发展过程中也有十分重要的地位。

2. 根据需要的对象划分

就需要对象的角色而言,可以将需要分为:物质需要和精神需要。

(1)物质需要

物质需要一般指向社会物质品,通常与人们的衣、食、住、行有关。人们的物质需要有低级和高级之分,一般而言,在生产力水平较低的社会条件下,人们购买仅是为了满足生理性需要。但随着社会进步,人们越来越多地渴望通过一些高级用品体验自己的身份地位,如汽车、化妆品等。因此,物质需要不能简单地与生理性需要画等号,它实际上已伴随着社会性需要的内容。

(2)精神需要

消费者对于精神产品的需要,主要包括审美、道德,以及亲情、友情等方面的需要。这类需要往往是产生于心理上的匮乏感。

3. 从消费需要与市场购买行为的关系划分

消费者的需要具有以下几种类型:

(1)现实需要

所谓现实需要指的是消费者已经具备对某种商品的实际需要,且具有足够的经济能力。另外,商品供大于求,不会担心商品缺乏造成的紧张感,所以消费者的需要可以随时转化为消费行为。

(2) 潜在需要

潜在需要是指目前尚未明确指出,未被他人发现的,或是将来有可能产生的需要。潜在需要通常是需求满足条件不具备造成的。例如,期望购买的商品在本地市场匮乏,消费者暂时还没有能力支付某种商品等。然而,当缺乏的条件被填补,潜在需要便会转化为现实需要。

(3) 退却需要

一般来说,退却需要是指消费者对某种商品的需求逐步减少的状态。导致退却需要的原因多种多样,如商品过时,不符合审美标准,消费者兴趣变化,替代品增多,价格的变动等。

(4) 不规则需要

不规则需要又被称为不均衡或者是波动性需要,它是指消费者对某类商品的需要在数量上和时间上呈不均衡波动状态,如时令商品、季节性商品、节日礼品等。

(5) 充分需要

充分需要又被称为饱和需要,它是指消费者对某种商品的需求总量及需求的时间节点与市场行情基本保持一致,供求处于平衡状态,这其实往往是一种理想状态。但是,保持时间并不一定长久,因为消费者的购买过程受诸多因素影响,这些因素会造成需求变化,如新产品出现、替代产品的降价等。因此,供求平衡的现象只能是暂时的。

(6) 过度需要

过度需要也可以被称为超饱和需要,与充足需要这种理想的现象相反,意思是消费者的需要超过了市场商品供应量,会出现供不应求的现象。这种现象一般由外部刺激和社会心理因素造成,如消费者认为"物以稀为贵"的情况下,对于越是匮乏的商品往往会出现疯抢的局面。

(7) 否定需要

否定需要是指消费者对某类商品表示失望或者拒绝,因而抑制需要。究其原因,可能是由于商品不符合消费者要求,也可能是消费者对商品错误的认识,或者因传统观念的束缚。

(8) 无益需要

无益需要是指消费者对某些危害社会利益或有损于自身利益的商品或劳务的需要,如对烟、赌博、毒品等商品的需要,这些商品无论是对消费者个人还是对社会都是无益的。

(9) 无需要

无需要又称为零需要。它是指消费者对某类商品没有兴趣,也就不会产生需求。一般来说,无需要是由于商品没有达到消费者对其要求,如质量、效用、包装等,或消费者对商品的属性缺乏了解。

从上述分析中可以看出，并不是所有需要都能够直接激发消费动机，转化为消费行为。现实生活中，潜在需要、零需要等使消费者缺乏或退却的需要形态，企业必须给予强烈的刺激信号。除此之外，并不是所有的需要形态都能够导致正确的消费行为，如过度需要、无益需要等，不宜进一步加强刺激，甚至是选择加以抑制。通过不同的角度得出不同的分类方法，企业可以借此来研究消费者的需求，来制定相对应的营销策略。

二、消费需要的特征

1. 多样性

多样性是消费者需要的基本特征，一般来说，消费者的需求各不相同，存在着千差万别。由于消费者的年龄、教育水平、经济能力、生活习惯的不同，对商品的需求会出现差别。消费者需求多样性一般表现为对同一类商品的多种需要和对不同商品的多种需要。对于商品的需要还表现为显性需要和潜在需要。因此，消费者需求差异性还决定了市场的多样性，企业需要市场进行细分和准确定位后，才能有目标地进行营销策略的制定。

2. 可诱导性

消费者的需要是可以通过外界刺激而引导和改变的。一般来说，消费者需要的目的性很多时候是起始于无意识或潜意识状态，因此，企业必须对处于消费者潜意识状态的需要加以引导和激发。消费者需要的可诱导、可改变性也给企业提供了巨大的市场机会，通过成功的营销策略来引导或者是转变消费者的需求，将未来需求转化为现在需求，甚至是创造需求。

3. 层次性

消费者的需要是富有层次的，往往是由低层次向高层次逐渐发展和延伸。当消费者的低层次需求被满足以后，就会对高层次的需求产生需要，这就是消费者需求的层次性。低层次的需求代表，如基本的生活需求；高层次一般是指社会需求和精神需求等。

4. 发展性

消费需要并不是一成不变的，一般来说，消费水平会随着社会经济和科技的发展而提高，不论是从数量上还是质量上都有提升，但基本上呈现出一个波浪式前进和螺旋式上升的过程。当消费者的一种需要被满足后，就会产生新的需要，呈现低级向高级、简单向复杂的发展趋势。

5. 伸缩性

消费需求一般由外在因素和内在因素共同作用形成，具有一定的伸缩性。内在因素包括消费者的欲望特征、支付能力等。外在因素一般包括商品的价格、销售服务、他人的意见等。当外在的客观条件限制需要满足时，需要可以被压抑、转化或降级。在一段时间内，消费者的支付能力是有限的，因此，消费需求也只能被有限地满足，并且同时表现出一定的伸缩性，从层次上或者数量上降低。在某些时候，消费者会将需求进行比较，在条件有限的情况下，放弃其他几种需求，只满足其中一种欲望程度较高的需求，例如，消费者为了满足基本生活需要，经常性地购买日常生活用品，减少高档商品的购买频率。

6. 周期性

人的消费行为是一个无止境的活动，当一个消费需求被满足后，就会有另一个需求产生，源源不断。因此，消费需求具有周期性的特征，只不过是循环的周期长短不同而已。

7. 互补性和互替性

消费者对于一些商品的需求往往呈现出互补性的特征。例如，购买打印机同时需要墨，购买隐形眼镜需要买清洗液。因此，企业经营互补产品，不仅会方便消费者，也会扩大企业的经营范围，从而提高销售量。除此之外，不少商品存在可以相互替代的特征，如某种商品的销量下降，与之可互相替代的商品销量会上涨。在这种情况下，就需要企业把握好消费者的需要变化趋势，有计划地供应符合消费需要变化规律的商品。

第二节 消费者的动机

一、动机概述

动机是一个概括性的名称，它是对所有引起和支配、维持生理和心理活动过程的一个概括。人的机体会倾向于某些刺激或是避免某些刺激，这是由个体的喜好、意愿所决定的。

（一）动机的含义

动机这个词语来源于拉丁语"movere"，即指"to move"，意思是趋向于，英文单词则是"Motivation"。1918年，伍德沃斯（R. Wood-worth）首先将动机这一概念引入心理学。归纳总结，动机是指引起个体活动，维持已引起的活动，并促使活动朝向某一目标进行的内在作用。

动机是人类活动的推动力，人们从事任何活动都源于一定的动机。能够引发动机的条件分为两类，即内在条件和外在条件。其中，内在条件指的是需要，外在条件是行为诱因。例如，体内能量的缺乏会使人感觉乏力，从而唤醒紧张情绪的驱动力状态，促使有机体进食来满足。因此，需要通常可以直接引起动机。

(二) 动机的功能

心理学认为,动机在激励人的行为活动方面具有下列功能。

1. 激活功能

动机作为行为的直接动因,促使人们产生某种行为,所以动机的重要功能之一就是能够引发或终止行为。动机能够推动个体产生活动,从而促使个体由静止状态转向运动状态。在购买活动中,消费者的购买行为一般就是由购买动机的发动而进行的。当消费者的需要得到满足之后,动机指向目标就达成了,相应的行为会随之终止。例如,为了满足休闲娱乐的动机,选择旅游。

2. 指向功能

动机可以将行为指向特定的对象或目标。动机在指向特定目标的同时,还会影响消费者对标准、评价的确定。除此之外,动机还能够影响消费者在不同的需求冲突中进行选择,使消费行为具有一定的倾向性,从而促使消费者需求满足的最大化。例如,休闲娱乐的方式有很多种,选择其中一种能够让消费者最舒心愉快的方式,来得到最大的心理满足。

3. 强化功能

当消费行为产生之时,动机可以起到维持和强化的作用。当人们追求实现目标,个体的动机便会得到强化,该行为会一直继续下去,即使在遇到困难时,也可以支撑、克服。因此,动机通常贯穿行为的始终,不断进行刺激,从而促使人们努力采取行动,实现最终的目标。达到满意程度的动机往往能够促使人保持和巩固行为;反之,导致不满结果的动机,人们将会削减或是避免行为发生。例如,口碑好、服务态度好的商店,消费者就会进行重复购买行为。

总的来说,需要、动机和行为之间存在着密切的关系,任何行为都是在需要和动机的驱动力下进行的,当需要被满足,动机行为达成,行为才会终止。如图 3-1 所示。

图 3-1 需要、动机与行为的关系

二、消费动机的特征

与需要相比,动机更为具体直接,对事物具有明确的目的性和指向性,正因为如此,所以也更加复杂。动机的特征具体表现在以下方面。

1. 动机的原发性

一般来说，个体会因为缺乏某种东西而产生相应的需求，从而促使人们去寻找满足需求的对象，动机的原发性也就是这样产生的。需求推动个体产生动机，从而促使个人采取行动。

2. 动机的主导性

动机不是单一存在于某一个体中的，而是每个个体都会同时具有多种动机，这些动机之间相互联系，共同构成完整的动机体系。在这一体系中，不同的动机在人们心中所占的位置高低和强度各不相同。有些动机表现得强烈、持久，往往属于主导性动机，具有支配性的作用。而有些动机表现得不稳定，属于非主导性动机。人们的大部分行为通常是由主导性动机所决定的。当不同的动机之间发生冲突时，主导性动机起到支配性的作用，如人们对于生活的享受动机。但这样的动机还会受到经济条件的限制，当多个动机无法同时实现时，在动机体系中，有的人将精神需求的动机放在主导位置，那么所表现出的行为即省吃俭用也要穿着高档。反之，注重保健的家庭，会把大部分收入用于购买有机食品和营养保健品。

3. 动机的内隐性

个体的行为是属于外显特征，而支配行为的动机是无法直接通过观察得来的，往往需要通过一些外部表现来推断。例如，消费者穿着品牌服饰、购买高级轿车，通过这些外部特征，可以对该消费者的经济收入水平做出一定判断。因此，一般来说，消费者的动机是通过人们所掌握的知识和经验积累，根据个体行为表现推断出来的。在现实生活中，不同消费者所表现出来的相同行为也有可能是由不同的动机所引起的。例如，不同的消费者进入环境较好的酒店用餐，有的可能为了显示自己的身份和地位，认为进入高档酒店可以展现自己的经济实力；有的可能是为了追求品位，希望在环境优雅的地方享受美食；还有一些人可能只是出于饮食风险的考虑，并没有对精神层面过多的追求和享受。所以，在推断同一种行为背后的动机时，考虑到动机的内隐性，需要深入观察和谨慎思考，避免得出错误的结论。

4. 动机的实践性

动机起源于需要，是行为的内在起因，也是为了付诸行为而存在。消费者往往通过动机，才能明确指向某一个特定的消费对象上，从而产生购买行为。通过研究动机，也可以借此预测和引导消费行为。

5. 动机的可诱导性

动机的指向目标和强度是可以通过刺激而被诱导的。例如，消费者在购买衣服时，往往会被商店的橱窗衣物展示所吸引，经过销售人员的推荐，消费者试穿之后，对该店的部分衣服形成强烈的购买欲望。在这个过程中，橱窗陈列展示销售人员专业的意见，以及消费者本人的试穿效果等都成了诱导消费者动机的有效手段。

三、消费动机的分类

动机的表现较为复杂,通常动机中的隐形动机让人难以捉摸。但在现实生活中,多样的、复杂的动机也会呈现出规律性的表现。因此,企业必须要掌握这种规律,在此基础上分析消费者的购买动机。从不同的角度,可以将动机分为多种类型。

(一) 按动机的性质分类

按照动机的性质分类,可以将其分为生理性动机和心理性动机两大类。

1. 生理性动机

生理性动机也被称为驱力,它是来自人体得以生存和延续的最基本的需求,如进食、喝水、呼吸、睡眠等方面的动机都是生理性动机。生理性需求往往具有重复性、经常性和相对稳定的特点。当收入水平较低的时候,消费活动会首先满足生理需求,对其他的需求会相应减弱。生理性消费动机可以被分为生存性消费动机、享受性消费动机和发展性消费动机三个方面。

(1) 生存性消费动机,它实质上是为了满足基本的生存需要而激发的购买动机。生存需要往往是为了维持生存而产生的,一般是指对基本生活用品的需求,如吃、穿、住、行等。如果这种基本生存需求得不到满足,就会产生严重的问题。

(2) 享受性消费动机,它是由于消费者对享受资料的需求而产生的购买动机。享受资料的需求通常是指人们为了提高生活品质和乐趣而产生的倾向于各种休闲娱乐、享受性消费品等精神需求的产品。享受性消费动机基于生存性消费动机之上,在满足生存的前提下,机体会上升层次,从而产生享受性的需求。例如,人们在满足温饱之后,还要身心舒畅。表现方式常见的有:购买化妆品、名牌服装、进出高级酒店等。

(3) 发展性消费动机,它是为满足个体的发展需求而引起的购买动机。发展需求通常是指人们为了使自身的身体素质、逻辑思维等得到提高而必须的消费需求,如购买健身器材、购买书籍、参加培训等。

2. 心理性动机

消费者的个体行为不仅受到生理性消费动机的影响,还会受到心理活动的支配。心理性的消费动机来自社会环境,如对安全的需要、自尊的需要等。这些需要的驱动力一半来自外部,需要通过后天学习得来。在心理活动中所面临的问题包括消费什么、消费多少、如何消费等。相对于生理动机来说,心理动机在人们的消费行为中占有主导地位。所谓心理性消费动机,就是由消费者的认识、情感、意志等心理活动过程而引起的消费动机。一般来说,心理动机相对比较复杂、难以捉摸,通常来自人们的精神需要。

归纳起来,心理性消费动机可以分为感情动机、理智动机和惠顾动机三个方面。

（1）感情动机,它是指由人的道德感、友谊感等感情需要所激发出来的动机,是由人的情绪和情感变化而引起。消费者的情绪和情感往往影响其消费行为,尤其是在消费环境的影响下,可能会引发消费者冲动做出某种购买行为或是放弃购买行为。因此,企业必须致力于掌握消费者的情绪动机。例如,在消费活动中,销售服务人员应该做到提供良好的服务,适时上前主动询问有无需要、是否满意等,这样既可以激发消费者的情绪动机,又可以使客人有良好的购物体验,促使产生重复购买的行为。如果在服务过程中,发现顾客有不适感,需要主动上前询问,多关心多安慰。感情动机是由消费者的道德感、理智感和美感等高级情感激发的心理性消费动机。例如,消费者在旅游景点购买纪念品赠送亲朋好友。由消费者的情绪变化而激发的消费活动,存在一定的不稳定性,而由情感激发的则具有相对的稳定性。

（2）理智动机,它是建立在消费者对商品或服务的客观认识基础之上,经过分析、比较之后而产生的一种消费动机。一般来说,在这种动机支配下的购买行为往往具有客观性、周密性和控制性的特点。消费者一般都比较注重商品的实用性,如购买生活用品不讲究包装,只在乎它的质量,通常关注的是商品的性价比。这部分消费者往往具有共同的性格特点,即稳重、具有一定的文化修养。

（3）惠顾动机,是指消费者在以往消费经验的基础上,对某一商品或品牌产生了特殊的信赖和偏好心理,从而不断地重复购买行为的一种消费动机,因此,也被称为信赖动机或者习惯性消费动机。如果在消费者的购买经验中,消费者对消费对象已经留下了良好的印象,如品牌信誉度高、优质的销售服务、公平的价格等因素,消费者就会对其形成一种信赖感,从而引发惠顾动机,成为忠实客户。这一部分消费者是企业最可靠的支持者,支持的表现不仅限于自己购买,还会向其他消费者进行宣传,影响周边人的购买行为,为企业增加市场占有率。对于这部分消费者来说,即使企业在某些方面做的不尽如人意,也会得到理解和支持,并不影响下一次购买行为。因此,对于一个企业来说,是否得到消费者的惠顾动机,是企业经营成败的关键。

（二）按动机在行为中的作用划分

按照动机在行为中的作用,动机可以分为两大类,包括主导动机和辅助动机。在不同的动机中,有的动机强烈而稳定,在消费活动中起主导和支配作用;有的动机则依赖于主导动机,并不起到支配作用,而只是对主导性动机的一种补充,被称为辅助动机。

（三）按动机存在的形式划分

按照动机存在的形式,动机可以分为两类,即显性动机和潜在动机。显性动机的动机目标明确,并且会对消费者当前的行为造成直接影响。潜在动机的动机目标并不清晰,在内部和外部条件成熟,刺激达到一定程度的时候才能浮现,从而对消费行为产生影响。

(四)消费者具体的购买动机

1. 求实动机

所谓求实动机,一般是指消费者以追求商品的使用价值或提供的服务为倾向的购买动机。具有求实动机的消费者在选购商品时,比较关注商品的质量、效果、耐用性等,通常遵循"一分钱一分货"的准则,对于商品的包装、造型等不是太重视,往往并不放在主导位置。对于价值并不明确的商品,此类消费者往往会放弃购买。例如,在选购衣服的时候,消费者往往最先看重的是衣服的布料质量如何、做工如何、穿着的舒适度如何,其次才会考虑衣服的花纹、色彩等。但是,对于具有求实动机的消费者来说,并不能笼统地概括他们的收入水平、经济能力,他们之间没有必然的联系,只能说明他们的消费观念而已。

2. 求新动机

求新动机指的是消费者把商品的时尚和新颖的特质作为选购的关键要素。具有求新动机的消费者在选购商品时,比较注重商品的款式、色彩、图案、时尚度等,与求实动机恰恰相反,他们对于商品的耐用性、质量并不太在意,只是作为次要的考虑因素之一。一般来说,这种动机会出现在收入水平较高的消费者中。例如,部分消费者在选购家具的时候,往往第一眼看中的是家具的式样是否流行;在理发的时候,考虑的第一要素是时尚程度。

3. 求美动机

求美动机指的是消费者以追求商品欣赏价值和艺术价值为倾向的购买动机。具有这种动机的消费者,一般在选购商品的时候,主要关注的是商品的颜色、造型、包装等因素,讲究商品的风格和个性,在购买中获得享受,陶冶情操。这种动机的核心是讲究赏心悦目,商品的艺术效果,消费环境的优雅程度。求美动机通常会出现在受教育程度较高的消费者身上,他们的职业往往是有关文化、教育方面的。

4. 求名动机

它是指消费者主要倾向于追求高档商品,从而可以显示或提高自己的身份、地位。具有求名动机的消费者往往讲究生活品质,将购买的商品与自己的生活水平以及名誉声望相联系。对于一些名牌商品,一方面,由于质量较好、做工精良、知名度高、品牌反响好,备受消费者的青睐,在消费者面对众多品牌商品之时,能够依然将注意力指向名牌商品,或者是事先已经预先将名牌商品作为购买目标。另一方面,消费者还可以通过购买名牌商品降低购买风险,如购买名牌家用电器,确保使用的安全性;购买名牌护肤品,避免劣质产品对皮肤造成不可挽回的伤害。

5. 求廉动机

求廉动机一般是指消费者较为注重商品的价格,倾向于以较少的支出获得较大的利益的商品,即性价比较高的商品。具备求廉动机的消费者,在选择商品的时候往往第一考虑因素就是价格,消费的对象通常是价格较为低廉的商品。在消费活动中,能够时常注意价格的变动。因此,以价格为先导的选购要求会促使消费者对商品的款式、包装甚至是品牌并不是太挑剔,一般会对降价、折让等促销活动感兴趣。这部分消费者的消费动机的形成大部分是与收入水平、经济能力有关,倾向于能够减少支出的购买目标。

6. 求便动机

求便动机是时代的发展进步下产生的,由于消费者的生活节奏加快,会倾向于某种可以省时、便利的商品,从而减少家务劳动的强度,如购买洗衣机、微波炉、扫地机器人等商品。对于具有求便动机的消费者来说,他们通常对时间和效率极为重视,而不太关注商品本身。这部分消费者期望能够快速方便购买到商品,不希望将时间耗费在选购和等候的事情上。除此之外,还会追求商品的可携带性,同时方便使用和维修。一般来说,这种动机会出现在对于时间观念特别强,成就感较高,时间机会成本比较大的人群中。

7. 模仿或从众动机

它是指消费者在购买商品时会不自觉地模仿他人的购买行为。模仿通常是一种很普遍的社会现象,它的形成原因有多种,如有的人出于仰慕,有的出于惧怕风险、保守而产生的模仿,也有的是缺乏主见,随波逐流而产生的模仿。归纳而言,这部分消费群体的行为容易受他人影响。在现实消费活动中,大多数消费者的模仿对象多是仰慕的偶像、社会名流等,如明星代言或使用的商品会激发消费者的模仿动机,从而促进销售。

8. 好癖动机

好癖动机一般是指消费者以满足个人特殊兴趣、爱好为主导倾向的购买动机。这种动机的核心内容是为了满足特定的喜好和情趣。具有好癖动机的消费者大多数是出于个人生活习惯或兴趣而购买某些特定类型的商品。例如,有的人爱好养鸟、摄影、集邮,有的人痴迷于收集古董、字画等。具有好癖动机的消费者在选择商品时候,往往比较理智、挑剔,不会被外界事物轻易影响。

总的来说,上述消费者不同类型的购买动机并不是彼此孤立的,而是互相联系、相互制约的。一般来说,当某一种动机处于支配地位,其他的动机就会转而起到辅助作用。起主导作用的动机,也有可能是几种动机共同作用。因此,在消费者动机的研究过程中,并不能单纯地做简单的、静态的分析。

 阅读材料

为顾客设计形象

美国和德国的部分服装店开始推出一种"形象设计服务",即聘请一些形象设计师为店内顾客进行形象设计。形象设计师一般会根据顾客的购买需求、气质、身材和经济能力等情况来指导和建议顾客的选购目标,并帮助其进行搭配,包括领带、饰物,甚至发型,使服装和各种配件能够搭配的相得益彰,体现顾客的优势,从而达到满意的效果。此类服务一经推出后,受到消费者的广泛欢迎,经过形象设计师的巧妙搭配,整体形象感突出,因此,大多数顾客会整套服装,并且搭配饰物进行购买,从而销量大增。

请思考:这些服装店推出"形象设计服务"后,为何会销量大增?

第三节　需要动机理论

一、马斯洛需求层次理论

1960年,美国心理学家马斯洛在他的著作《动机与人格》中提出了需要层次理论。他将人类需要按照由低级到高级的顺序分成五个层次,分别为生理需要、安全需要、归属和爱的需要、自尊的需要和自我实现的需要。

1. 生理需要

生理需要是最原始、最基本的需要,与人们日常生活息息相关,如吃饭、穿衣、睡眠等。马斯洛认为,生理需要就是维持人们体内生理平衡的需要。若生理需要没有被满足,往往会有生命危险,因此,生理需要会激发人们产生强大的驱动力。只有当生理需要满足后,人们才会产生下一个层次的需要。一般来说,生理需要具有一定的自我保护意义,如感觉饥饿,会立即寻找食物,这种动力的强度往往较高。当个体存在多种需要时,如饥饿、爱情、自尊,会发现总是饥饿最先被满足,占有优势地位。这个例子说明当一个人为生理需要所控制时,那么其他需要都会被暂时搁置。

2. 安全需要

当人们的生理需求被满足了之后,最需要的就是对安全感的追求,具体可能表现为为了保证自身的安全不受外界的威胁而购买的防身工具,维护家庭安全购买的防偷盗用品等,为了得到安全感为自己及家人购买保险等。相对于生理需要来说,安全需要更高一级,当生理需要得到满足以后就要追求和实现这种需要。然而,每个国家对于安全保障类的工具和器材要求不一样,如美国允许私人购买枪支,而中国不允许。

3. 归属和爱的需要

归属与爱的需要也叫社交需要,是指个人渴望得到家庭、朋友、同事的关怀爱护理解,需要在一个团体中寻找归属感,具体可以表现为对友情、信任、温暖、爱情的需要。当生理需要和安全需要被满足了之后,就会产生会归属和爱的需要,这是更高一级的需要形态。这种需要相较于生理和安全的需要更为细腻,如果需要不能被满足时,人们会感觉到孤独、寂寞,往往会促使人们主动和他人交往。归属与爱的需要主要包括:

(1) 社交欲,希望能够和其他人保持友谊与忠诚的伙伴关系,希望能够得到互爱等。

(2) 归属感,希望能归属于某个团体,有自己的朋友圈,遇到困难时能互相帮助,互相安慰,同时能够和朋友倾吐心事、征询意见。这种爱与归属感往往体现在相互信任、理解和帮助上,爱的付出也是双方互相给予。

4. 自尊的需要

在归属和爱的需要被满足之后,人们还需要社会对自己的认可和良好评价,包括对自己的能力的认可、成就的认同,在社会活动中有一定的荣誉和威望。这部分人一般较为自信,独立性较强。尊重的需要也可以划分为:

(1) 人们希望能够自己具备实力、自信、独立性和适应性强,能够获得一定的成就。

(2) 期盼获得名誉与声望。能够获得别人的认同,欣赏的眼光。当自我尊重的需要被满足,人们常常会感觉到自信、价值等,一旦这部分需要不能被满足,则会产生自卑感和无能感等。因此,期望获得自尊需要的个体通常愿意把工作做得更好,希望受到别人重视,期盼有向更高层次发展的机会。一般来说,尊重的需要很少能够完全被满足,只要基本满足就可产生推动力。

5. 自我实现的需要

这一需要是最高等级,当前面四种需要被很好的满足之后,就可以激发最高层次的需要。想要满足这种需要就必须有一份与自己能力相称的工作,从而能够在这个平台上充分地发挥潜能,成为自己所期盼的人物。有自我实现需要的人,会努力使自己趋于完美,对自己要求较严格。自我实现往往意味着个体必须集中全力、全神贯注地体验生活,对工作和生活一丝不苟。个体往往会为了实现抱负,把工作当作是一种生活,从而实现理想,与自己期望成为的人一致。

在这五个层次中,最前面的是最基本的需要,也是最先被满足的需要。1970年左右,马斯洛修改并补充了这五个需要层次理论,认为人的需要还应该有"认识和理解的需要""审美的需要",并把之前提出的第一、二层次的需要归类为最基本的需要。

6. 认识和理解的需要

这种需要往往体现在人们主动对各种事物的学习和尝试。想要获得这种需要的这部分人群通常认为探索事物的奥秘是一种愉快的事情,学习是一种幸福的认知世界的方式。学习、研究也是智者自我实现的一种方式。

7. 审美的需要

人们对于美的追求表现,如形象美、对称美,甚至希望事物具有秩序性和规律性的需求,也是属于对美的需要的一种。

对于这七个需求层级,通过金字塔图可以了解得更加清楚,如图3-2所示,按照从下到上的顺序,位置越高需求层次越高。低层次的需要只要有了相对的满足,就会出现高一层次的需要,以此类推,直到出现最高层次的需要。但这里说的满足并不是100%完全的满足,而是得到相对满足之后,即能够产生高层次需要。若个体某一层次的需求没有被满足,则会强烈促使自己付诸一定的行动去满足需求。一旦需要满足,这种驱使力将会消失。少数情况会出现低层次的需要没有满足的情况下,出现了高层次的需要,如有才智卓越的人,直接将自我实现设定为自己的目标。

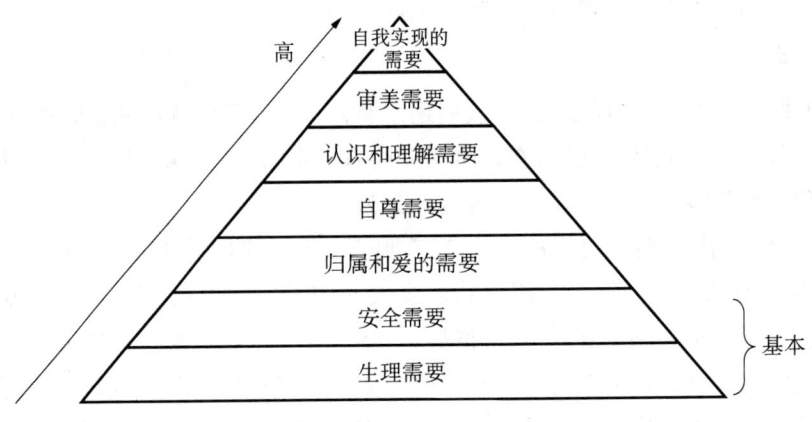

图3-2 马斯洛需要层次理论

二、麦克利兰的习得性需要理论

戴维·麦克利兰提出了三种基本习得性需要,包括成就、权利、亲和,对他们如何激发人们的观点进行了研究,具体内容如下。

1. 成就需要(Need for Achievement)

它是指努力要求进度、争取成功,主动承担解决问题的责任,希望能够做得最好的需要。麦克利兰指出具有强烈的成就需要的人往往会主动将事情做得完美,取得成功,能够在此过程中尽量克服困难、解决问题,获得成功之后的成就感,这样的成就不一定是物质奖励,往往是指心理成就和满足。成就需要与外界客观条件有着紧密关系,如经济、文化、社会,除此之外,社会风俗习惯也会对人们的成就需要造成影响。麦克利兰经过研究提出,具有高成就需要的个体特点是能够独立处理事情、困难;希望及时了解自己的发展情况,如是否进步;总是设定一些具有挑战性的目标,鞭策自己的行为,他们的成功往往依靠自己的努力,而不是凭借运气。他们通常事业心重,责任心强,敢于接受挑战,能够承受一定的风险,并乐此不疲。

高成就需要者对于自己感到成败机会各半的工作,表现得最为出色。他们不喜欢成功可能性非常低的工作,这种工作碰运气的成分非常大,那种带有偶然性的成功机会无法满足他们的成就需要;同样,他们也不喜欢成功可能性很高的工作,因为这种轻而易举就取得的成功对于他们的自身能力不具有挑战性。他们喜欢设定通过自身的努力才能达到的奋斗目标。对他们而言,当成败可能性均等时,才是一种能从自身的奋斗中体验成功的喜悦与满足的最佳机会。

2. 权力需要(Need for Power)

所谓权利需要指的是获得影响、指导或控制他人的需要。由于个体的差异性,人们对于权力的渴望程度也不相同。权利需要可以分为两种,一种是积极权利需要,如可以通过劝说和激励而产生积极影响的权利。另一种是消极权利,如一味地要求他人屈服,独裁性质较强,往往会产生不良后果。对权力需要程度较高的人喜欢支配、控制他人,通过发号施令达到自己的目的。这部分人通常喜欢能够体现自身较高地位的环境,注重成功,他们的目的往往并不只是为了获得个人的成就感,而是对名望和地位也很看重。

3. 亲和需要(Need for Affiliation)

亲和需要是指建立友好亲密的人际关系,成为团体中成员的需要。这部分群体往往希望能够在社会活动中被他人所喜欢,愿意与之交流,成为一个团体。具备高亲和需要的人通常愿意主动与他人交往,大多数情况会站在他人的角度上思考问题,这种相处的方式一般情况下会给他人带来愉悦和舒适感。他们较渴望友谊,在工作中倾向于选择与同事合作而不是一味的竞争关系,希望与他人能够互相理解,建立良好的沟通渠道,他们对环境中的人际关系更为敏感。如果一段友好关系发生冲突,他们往往会表现出回避的态度,害怕失去。总的来说,亲和需要是保持社会交往和人际关系和谐的重要前提条件。

麦克利兰的需要动机理论无论是对于社会生活还是在企业管理中,都具有较强的应用价值。第一,在人员的安排和提拔上,运用动机理论来评价一个人动机体系具有一定的帮助。第二,企业的运营管理需要一定的激励机制,因此,需要时刻掌握员工的需要与动机,以便更好的管理。第三,研究表明人们的动机是可以被影响和激发的,因此可以训练和提高员工的成就动机,从而增加工作效率。

三、默里的需要理论

除了马斯洛的需要层次理论以外,默里(H·A·Murry)的需求理论也具有一定程度的影响。默里把需要分为第一需要(生理性需要)和第二需要(心理性需要)两大类。其中生理性需要主要包括12种,如人们对水、食物睡眠等需要。心理性需要包括28种,被分为两大类:第一类是与学习和认识有关的需要,如条理、获得等需要,还有影响操作水平的一些需要,如成就、避免失败等需要;第二类是关于人际关系的需要,如归属、尊重等需要。具体来说,这些基本需要主要内容包括:

1. 屈尊需要,一般指的是人们会被动的屈服于外部客观事物,如接受批评、责怪等。

2. 成就需要,安排和控制其他个体或事物,能够克服困难,高标准地完成挑战性的任务,达到实现成就的满足感。

3. 亲和需要,能够主动融入集体,与他人快乐地合作,对身边的人忠诚。

4. 侵略需要,容易反对和攻击他人。

5. 自主需要,独立做决定,不轻易接受他人的建议,也不会主动承担责任。

6. 对抗需要,善于克服弱点,自主寻找障碍并加以克服。

7. 防御需要,为了防止被批评和埋怨,会隐瞒自己的错误,或者为自己的失误加以辩驳,逃避责任。

8. 遵从需要,对领导的命令表示尊重,乐意顺从和执行。

9. 支配需要,想要支配或掌握其他人,指导他人的行为,发号施令。

10. 爱表现需要,想要给他人留下深刻的印象,通过刻意地表现,是他人惊奇、兴奋。

11. 避免受伤需要,遇到问题会想方设法逃避,害怕痛苦和被伤害,凡是都是小心谨慎地处理。

12. 避免不利需要,害怕失败,往往因为恐惧就放弃行动。

13. 培育需要,对于无助个体的需要给予同情、怜悯,表现出培养、帮助和保护的行为。

14. 条理需要,做事经常表现地井然有序,有组织、有计划。

15. 游戏需要,做事没有其他的目的,往往只是因为好玩,在生活和工作中,总是展现自己的幽默感,爱开玩笑,能够很好地舒缓压力。

16. 拒绝需要,回避不良个体,或者是对其表示不感兴趣,与负面个体划清界限。

17. 救助需要,对个体产生同情,通过施以援手使自己的需要得以满足,表现出关爱。

18. 学习需要,对理论较为感兴趣,善于进行思考和分析,对于不懂的问题表现出强烈的求知欲。

四、双因素理论

1959年,美国心理学家弗雷德里克·赫茨伯格(Frederick Herzberg)提出双因素理论。20世纪50年代末期,赫茨伯格和他的同事们对匹兹堡附近一些工商业机构的200位左右的专业人士做了一次调查。这一次调查主要是为了帮助企业了解影响人们对工作满意度的因素。通过调查发现,导致员工对工作满意的因素主要有五个,包括成就、认可、工作本身的吸引力、责任和发展。如果使员工具有成就感,被认可,能够增加员工的工作效率和积极性,具有激励作用。而导致对工作不满的主要因素包括企业政策与行政管理、监督、工资、人际关系及工作条件等,如果企业不及时调整,很容易使得员工工作积极性降低,甚至离开企业。因此,作为企业需要考虑自身的长期发展,为员工提供具有吸引力的待遇和良好的工作环境,对激励政策的把握上需要与个人的责任大小、工作成绩以及成就挂钩,从而不断激励员工进取,创造成绩。

双因素理论除了可以针对企业内部运营进行分析,还可以被应用于消费者的动机分析。日本消费行为专家小岛外弘在双因素理论的基础上提出"MH"理论。他认为,H因素是指保健因素,是商品必须具备的基本条件,这些条件包括商品的质量合格、功能完整等。消费者选择某一商品,往往考虑最多的是商品的基本功能或为消费者提供的价值,如果在这个需求上不能满足消费者,就会使消费者产生不满情绪。例如,空调运行声音大、电冰箱制冷效果不好等,从而促使消费者放弃购买,甚至进行不利的宣传,要求企业赔偿。但是,有时候商品虽然具备了某些基本价值,也不一定能确保消费者对其满意。商品还必须有M因素,它是指激励因素,即商品具有吸引顾客喜爱的魅力。如商品具有独特的形象,精致的包装等。因此,企业还要挖掘商品的附加价值,使消费者对企业形成忠诚,如关注品牌的形象、提供额外的服务等。这两大因素只有同时具备,顾客的购买动机才能被较大程度地激发出来,实施购买行为。

消费者对于商品的价值和利益要求也不是一成不变的,通常会受到外界客观事物和条件的影响。例如,企业生产的商品质量较好,价格公平,这时候消费者就开始感兴趣了,但是如果在此基础上,企业提供了良好服务,如延长保修期、送货上门、免费安装等,消费者就会非常满意,这时候由于企业的附加价值不断地延伸和提高,对于消费者来说,之前关于商品的质量和价格的公平已经成了最基本的条件,因此,激励成分的门槛将变高。所以企业想要留住顾客,就必须致力于创造能够满足消费者高层次需求的产品。

典型案例

美国花生酱打入俄罗斯

在大多数情况下,美国人们的生活方式正在潜移默化地影响俄罗斯的生活方式。例如,摇滚乐、可口可乐、汉堡包、馅饼、增氧健身法等近年来都相继传入俄罗斯并且已经开始全面流行起来。因此,当有美国商品进入俄罗斯,就会有不少俄罗斯人不断惊呼:"美国人来啦!美国人来啦!"现在,一种美国花生酱也成功地打入俄罗斯的市场,使越来越多的俄罗斯人开始喜欢这种正宗美国食品。

美国花生主要产于佐治亚等洲,前民主党总统杰米卡特就是靠在佐治亚种植花生起家的。几十年前,一位美国黑人科学家经过了多次试验,研制出了一种具有特殊风味的花生酱,很快风靡全美。这种花生酱的加工技术独特,而且营养丰富,据说蛋白质含量甚至超过了牛肉。当时,美国经济并不景气,性价比较高的花生酱很快成为南方穷人

的主要事物。没过多久,这种花生酱的销售地域不仅限于美国,美国全国花生理事会想到出口,于是依靠了四种促销手段很快使美国花生酱在俄罗斯站稳了脚跟。

第一,免费送。前苏联解体之后,俄罗斯出现了严重的经济危机,商品短缺,供不应求,这种局面使得消费者极为恐慌,此时,美国布什政府同意向俄罗斯提供援助。在这样的社会背景下,美国的花生种植和加工者抓住了这一机会,主动向俄罗斯提供60吨花生酱,分配给俄罗斯人。物资匮乏的俄罗斯人一吃到这种味道鲜美的花生酱,就开始舍不得放下了。

第二,大搞宣传活动。美国花生酱的宣传活动已在俄罗斯的莫斯科和圣彼得堡两大城市相继开展起来,美国人希望从这两座"领导新潮流"的城市入手宣传,让代表性的城市居民能够率先热爱花生酱,然后把花生酱传到俄罗斯的全国各地。

第三,投俄罗斯政府所好。俄罗斯当时外汇短缺,用硬通货进口花生酱可能性不大。美国的花生大亨们认识到出口受到阻碍,开始对美国政府和俄罗斯政府开展游说活动,希望能够由美国现款援助向俄罗斯出售美国花生酱的计划。美国全国花生理事会负责人说,俄罗斯目前的状况是牛肉短缺现象严重,用价廉的并且富含蛋白质的花生酱替代牛肉既可满足老百姓需要又能省钱,因此俄罗斯政府赞同这一计划的可能性较高。

第四,抓住青少年市场。美国花生商的首要客户目标是俄罗斯青少年。美国一个代表在莫斯科和圣彼得堡两个城市的学校里奔走,促使各学校同意把美国花生酱列入学生午餐食谱。为了笼络感情,代表团携带了大批美国花生酱纪念章,在俄罗斯青少年中散发。

请思考:本案例中,美国全国花生理事会依靠什么使美国花生酱打入俄罗斯?

讨论与思考

1. 什么是消费需要?可以如何进行划分?
2. 消费需要的特征有哪些?
3. 什么是购买动机?常见的消费购买动机有哪些?举例说明。
4. 影响消费者购买动机的因素有哪些?
5. 如何激发消费者的购买动机?举例说明。
6. 简述消费者需要动机的主要理论观点。

第四章 消费者的态度

**本章提要**

　　消费者的态度是出于刺激与反应之间的中介因素,它由三种成分所构成,包括认知、情感和行为倾向。消费者的态度在大多数情况下会影响购买行为,但由于消费过程受到诸多因素的影响,导致他们之间的关系较为复杂。本章主要介绍了消费者态度的构成要素,相关理论以及影响因素,还包括态度和行为的关系,如何了解和运用改变消费者态度的方法。

**引入案例**

时新商场的意外收获

　　湖北十堰市时新商场是一个以经营纺织品为主的商场。由于受纺织品销售不景气的大气候的影响,生意较为平淡。尤其是商场有大批鞋类库存积压,使商场经营十分困难。其中,仅旅游鞋的积压就占用了40万元资金。为了脱离举步维艰的局面,同年的11月份商场用半个月的时间对折销售旅游鞋。该商店在十堰市最具影响的《车城文化报》上做宣传,声称:对折销售是为了加速资金周转,盘活资金,此次打折甩卖商场将亏损十万元。

　　当这个消息传播出去以后,该店鞋柜每天顾客熙熙攘攘,这种情况一直持续了半个月之久,该店销售的旅游鞋不仅有对折的仿皮鞋,还有一些未打折的普通鞋和名牌鞋,这些鞋全部一抢而空。令商场出乎意料的是,本来以为会亏损的销售策略,不但没有亏损,反而还赚了5万元。

　　请思考:商场采用对折销售方法后,为何不亏反赚?

第一节 消费者态度概述

态度是个体常见的一种心理现象,如人们对于工作的态度可以是积极的,表现为认真负责、一丝不苟,而有的人显示出消极的态度,表现为得过且过。在对待事物的态度上,也可以持有赞同或是反对的态度。这些不同的态度往往是由于个体的性格、经历等的差异性,当面对同一件事情或事物时,会表现出不同的态度,因此,消费心理学有必要对态度的概念、构成、特征进行探索,从而有助于消费者心理及消费行为的研究。

一、态度的概念

态度是指个体通过学习对一定外在客体所产生的相对稳定的评价和心理反应倾向,它是一种行为准备或者行为的起点。态度的最初使用来源于心理学家斯宾塞(H. Spencer),他认为态度是把思维引导到一定方向的先有倾向。社会心理学家罗森贝格(K. M. Rosenberg)致力于分析态度的内在心理因素,研究了态度与刺激和反应之间的关系,如图4-1所示。

| 刺激
可以被视觉观察到,可以被测量的独立变量 | 态度
中介因素,成分有:认知情感意向 | 反应
可以被观察到、测量到的从属变量认知反应、语言反应神经、内分泌、情感语言反应外显反应、行为语言反应 |

图4-1 态度模式

态度是刺激和反应的中介因素,态度的认知成分表现在个体的语言中,而情感成分则有生理和语言上的反应。意向表现为外显因素,是可以通过视觉观察到的,外界的刺激一般包括所处的情境、他人的态度等。在消费活动中,消费者通常选择消费对象或服务为具体的接触对象,因此,消费者的态度是指消费者在消费行为中对商品本身或提供的服务等表现出来的心理反应倾向。

二、态度的结构

消费者的态度是一种内在的心理结构,由认知成分、情感成分和行为意向三种要素组成。

(一)消费者态度的认知成分

认知因素是个人对态度对象的评价。个体对客观世界的认识不一定就是客观世界本身真实的一面,这也取决于个体自身所具有的主观意识。认知的结果往往受到个体自身认知成果和所处环境中的群体认知成果的影响。在具体的消费活动中,通常指消费者通过其感觉、知觉和思维来认识客观事物,如商品的价格、造型、包装等。只有在对商品有所认识的基础上,消费者才会形成对某类商品的具体态度。

(二) 消费者态度的情感成分

情感因素是个人对态度对象的情感体验,它是建立在认知因素的基础之上。在消费过程中,如果消费者主观认为商品符合自己的要求那么就会表现出肯定的态度,如喜欢、愉快等情绪。如果不符合消费者的主观需求,那就会产生否定的态度,如反感、厌恶等。这种情感体验,往往依赖于消费者的认知基础,通过认知从而做出评价和判断,另一方面依赖于消费者的直接体验。情感因素是态度的核心,通常会贯穿着消费活动的整个过程。

(三) 消费者态度的行为意向

意向因素是个人对态度对象行为的思想倾向,是通过意志行为表现出来的,它支配和调节个体的行为,如接近、疏远等。消费者的意向表现并不是行动本身,而是指采取行动之前的准备状态。

总的来说,认知成分、情感成分和行为意向三个成分之间是协调一致的,也有各自的独立性,大多数情况并不会发生冲突。但是,在少数特殊的情境中,它们之间可能会发生背离,往往会导致消费者的态度发生冲突,在这种情况下,情感因素往往起着关键作用。

企业有必要掌握消费者的态度构成,由于态度与其他心理活动因素存在一致性的关系,所以在研究态度成分同时,其他成分也会相应发生一致性的变化,对于企业来说,它是成功营销策略的基础。在现实市场竞争中,企业往往致力于探索消费者的购买行为,关注的一直是有哪些因素会影响消费者的购买行为,但只有少部分企业会研究如何直接影响消费者的购买行为。企业只要让消费者对商品感兴趣,对企业商品或服务产生好印象,有良好的购物体验,就会影响消费者的购买行为。

三、消费者态度的特征

态度作为一种复杂的心理活动,一般具有稳定性、针对性、效用性和间接性四种特征,具体内容为:

(一) 稳定性

消费者的态度并不是与生俱来的,而是由长期的社会实践积累而来的。在消费者态度的形成初期还可以改变和影响,但态度一旦成熟,就会具有相对稳定性,而不会轻易改变。例如,消费者钟爱的品牌、偏爱某一家饭店的口味等。一旦消费者形成某种特定的态度,会一直以这种固定的眼光去看待事物。这样的表现有时是消极的,很难适应周围复杂多变的环境,但有时也可以起到积极作用,不被外界轻易影响,坚持自己的想法,把握分寸。消费者态度的相对稳定性使其购买行为也会具有一定的相对稳定性和习惯性,从而有助于购买决策的常规化和程序化。

(二) 针对性

态度是针对具体的客观事物所形成的,这种对象可以是具体的事物,也可以是某种状态。态度具有灵活性的特征,如个体可以对某个商品产生好感,也可以对另一个相似产品产生厌恶,因此,态度还受主观因素的制约,表现出多样的针对性。态度是主体对客体的一种反映,态度建立在态度对象基础之上,无态度对象没有态度的形成条件,如询问消费者对某种商品的印象如何,这个问题则涉及商品的质量、价格、销售人员的服务等因素。

(三) 效用性

态度的效用性是指态度对象对个体意义的大小。消费者对事物的态度主要反映了该事物对其意义与价值,这种价值一般包括实用价值、社会价值等。事物价值的大小,不仅取决于事物本身,还受个体的需要、兴趣、观念等因素的影响。除此之外,人们价值观的差异性也会表现出对同一事物持有不同的态度。

(四) 间接性

态度是个体内心的预备心理状态,它可以制约人们的心理倾向。人们只能观察言语和行为,而不能掌握态度的结构和变化。因此,想要了解消费者的态度只能是根据其言行进行推断,结合所有的信息进行综合分析,而不是通过直接观察得来。

第二节 消费者态度的形成

一、态度的形成过程与影响因素

态度不是天生的,而是后天在社会活动中经验积累形成的,通过不断接触外界事物而逐步形成的反应倾向。一般来说,态度的形成过程包括从服从到同化再到内化。个体的行为与外部环境会有一个适应和服从的过程,另外,在一段时间的接触和思考后,人们愿意接受他人的观点,从而使得自己的态度与他人保持一致,这就是一个态度同化过程,通过服从和同化,人们最后往往会从内心深处真正相信并接受他人的观点,此时将会彻底转变自己的态度,这就是态度内化过程,从而形成一个完成的态度。

个体态度在形成的过程中要受许多外在因素的影响,具体包括:

1. 态度是接受各种事物的信息后经过加工处理形成的

如果个体认为信息的来源可以相信,并且与自己本身的想法一致,在这种情况下,人们常常会毫不犹豫地保持肯定的态度。相反,则会持否定的态度。态度也是一种学习的结果,它建立与认知和学习的基础上,包括认知学习和条件反射的学习。例如,在企业营销活动中,往往会加强广告宣传的手段来吸引消费者,从而引导消费者的认识,甚至通过宣传的知识,让消费者在学习中改变认知,从而对企业形成积极的态度。

2. 消费需要和消费欲望

消费者对能满足自己需求的客观对象,或是有助于自己实现目标的客观事物,往往会持肯定的、满意的态度;反之会持否定的态度。例如,消费者在购买过程中会有自己的品牌意识,从而购买自己喜欢的品牌。心理学研究表明,需要的满足与态度的形成是呈正相关的关系。

3. 阶层、文化、家庭

消费者自身存在差异性,往往受到诸多因素的影响,如受教育水平、家庭观念等。一般来说,处于高阶层的消费者一般会对与众不同、高档的商品感兴趣,这一类商品往往与他们的气质和生活习惯相符。而普通阶层则倾向于大众文化的流行性商品,对商品是否高档或是独一无二并不在意。生活习惯、价值观念也会直接影响家庭成员的消费观念,也是个体态度形成的基础。除此之外,包括文化修养和生活方式等也会影响态度的形成。例如,各国家、地区不同的饮食习惯。

(四)消费者的经验

除了由于知识的学习和认识的积累对客观事物产生一定的先决印象,其实,在消费活动中,消费者往往还会通过对商品或服务的体验经历来形成满意的态度或不满意的态度,并通过经验的积累产生再学习或再认识的过程,从而直接影响下一次的购买决策。消费经验越多,对消费对象的看法就越成熟,态度也越稳定,因此,以这样的方式形成的态度较难改变。

阅读材料

爱尔琴公司的反省

美国爱尔琴钟表公司自1864年创立到本世纪50年代中期,一直是美国最好的钟表制造商之一。该公司长期以来在市场营销中强调生产高级产品,拥有良好的产品形象,并借助一流的珠宝店和百货公司构成庞大的销售网推销产品。1958年以前,销售额处于不断上升的状态,但在此之后的销售额和市场占有率明显处于直线下降趋势,在

市场中的地位也开始发生动摇,因此,爱尔琴开始紧张,寻找自身的原因。

首先,在消费者方面,经过市场的不断发展,此时的消费者对手表的要求发生一些微妙的变化,例如,从手表必须走时非常准确、看重名牌、可以保用一生的观念慢慢转变为只要走时基本准确、造型优美,价格公平适中即可。这样的选购理念慢慢渗入消费者的思想,越来越多的消费者追求手表的方便性和耐用性以及经济性,如性价比高的全自动防水手表。

其次,在竞争者方面,许多钟表行业的制造商迎合当时消费者需要,开始着重生产中低档手表,增加和延长其生产线。

最后,在销售渠道方面,不少美国人都想避开珠宝店的高额加成,而且在看到廉价手表时常常会产生冲动性购买。因此,针对消费者的需求以及产品的定位,不少企业开始利用大众销售渠道,如超级市场、折扣商店、方便店等。

请思考:爱尔琴钟表公司的市场地位为什么会发生动摇?

二、消费者态度的相关理论

西方学者对态度的形成提出了许多相关的理论,大多数的学者有着大致相同的认识,即消费者态度的形成过程具有内在的一致性的要求,他们注重的往往是认知、情感和行为的协调性,如果三者之间出现冲突,那么就会产生一种不舒适感和紧张感。

(一)学习理论

学习理论又被称为条件作用理论,它是由耶鲁大学的霍夫兰德(C. I. Hovland)提出的。霍夫兰德指出,人的态度并不是与生俱来的,而是后天形成的。人们在现实生活中获得信息的同时,也能够了解这些信息背后的情感与价值。例如,消费者在选购商品时候,通过电视广告得知了某一品牌,通过他人的使用经验描述,发现该品牌产品普遍质量较好,通过到商店试穿,发现款式流行,适合自己,于是对该品牌产生了好感,这就是通过认识和学习获得对某一品牌的积极情绪与态度。

一般来说,人的态度往往是通过联想、强化和模仿三种学习方式来得到发展的。其中,联想是两种或两种以上的知识之间的联结。斯塔茨(A. W. Staats)认为,态度的形成通常是一个中性概念与一个带有积极或消极含义的概念重复匹配的结果。例如,消费者在对某品牌玩具进行评价时,可能会将"某品牌玩具""质量较差"这两个概念联系起来,这其实就是一种联想,如果消费者将该品牌玩具与大量的消极概念联系在一起,就会对该商品形成消极的态度,从而会产生拒绝购买的心理。

消费者对于购买目标往往会表现出被强化的态度,这个强化一般来自外部的客观事物的刺激,还有可能来自消费者内在的认识和经验。如果消费者在购买某个品牌的产品后,产生一种满意的感觉,从而产生对商品良好的认识和体验,这时候行动便会得到强化,在以后的购买中,可能会重复选择该品牌的商品,容易发展为忠诚客户。或者选择的商品得到同事和朋友的认可,这时候也会让消费者更加表现出对商品的积极态度,从而使态度更加强化。或者是消费者在商店购物体验到良好的服务,并且通过一些方式能够有额外的优惠,此时也可能会发展为忠实客户。

模仿型消费在购买活动中较为常见,这一行为往往出现在消费者欣赏、追求的目标上,人们会模仿他人的言谈举止,也会对自己所欣赏的人的思想和价值观念予以认同,甚至进行模仿,将其作为自己的思想和态度。欣赏者的影响力越大,在消费者购买活动中的参与度就越大。例如,消费者往往会对自己欣赏的明星代言的产品多加关注、购买,追求时尚的人群会经常关注时尚杂志的流行趋势走向。这些都是通过模仿而激发的消费行为。

一般来说,态度的形成和转变一般要经历三个阶段,即顺从、认同和内部化。顺从阶段不涉及过多的认知和情感成分,行为往往会受到奖惩原则的影响,如果刺激物消失的话,行为就有可能会突然终止,因此,这种态度是不稳定的、易变的。第二阶段是认同,往往受到情感因素的影响,会因为喜欢某人或对某事感兴趣,于是发自内心地愿意与其保持一致,或者有相同行为的表现。认同阶段相对于顺从阶段来说,虽然不是建立在深刻的认知基础上,但已具有了更多的情绪与情感。第三阶段是内部化,它是指个体把情感认同的事物与自己的价值观联系起来,保持理性的情感和态度。这个阶段的态度往往是以认知成分占主导地位,同时还伴随着强烈的感情成分,所以内部化阶段形成的态度稳定性较强,并且不易发生转变。

(二)认知失调理论

1957年,费斯廷格(L. Festinger)提出了认知失调理论。认知包括个体的思维、态度和信念等。费斯廷格提出,失调就是一个人在相关认知元素之间的不一致。个体具有许多不同的认知因素,如关于自己、他人及其行为等的看法和态度。这些认知因素之间存在三种关系,即相互一致和协调、相互冲突和不协调以及相互无关。当两个认知因素处于相互冲突的关系时,个体就会不由自主地通过调整认知从而减少这种冲突,使其重新保持相对平衡和一致性。

现实生活中,消费者经常会面临三种认知冲突,即趋近-趋近型冲突、趋近-回避型冲突和、回避-回避型冲突,具体内容包括:

1. 趋近-趋近型冲突

当消费者同时面临两种或两种以上具有吸引力的选择时,往往由于自身条件有限,必须只能从中挑选其一,就会发生趋近-趋近型冲突。同时出现的选择越具有吸引力,这种冲突就越激烈。例如,消费者有时由于经济能力的限制,需要从两种大件商品之间做出选择,或者是由于时间限制,只能选择完成一件较为重要的事等。这样的选择通常是在一段时间内消费者迫切想要得到的,却不能同时拥有,必择其一,正如"鱼和熊掌不可兼得"。

这种冲突让企业处于激烈的竞争环境中,如何展现自己的品牌优势,是企业是否最终能够赢得客户的关键。一般来说,企业可以通过有效的营销手段,使消费者在购买前就倾向于选择自己的品牌,另外,通过提供区别于其他商品的附加价值来吸引消费者,在消费者产生购买行为之后,提供良好的售后服务,让消费者相信自己的选择是正确的、明智的,从而进行重复购买,消除这一冲突心理。例如,格力空调在营销中强调自己先进的技术,确保消费者使用方便、省电及舒适,通过优势点的宣传使消费者认为物有所值,消除冲突心理。

2. 趋近-回避型冲突

该冲突的含义是指消费者面临同一购买行为,往往会产生两个截然不同的后果,包括积极和消极两个相反的后果冲突。消费者在购买活动中,通常希望自己能够获得满意的结果,但很多时候,并不能得到完美的使用体验。在这种情况下,消费者会以"有得必有失"来减轻自己的不舒适感,使内心的冲突趋于缓和。在现实生活中,这种同时存在积极和消极结果的产品不在少数,往往并不完美,因此消费者的这种冲突表现经常会发生。例如,消费者购买一套房,住得舒适但要承担购房贷款的压力;消费者爱好喝酒,但要承担喝酒给身体带来的伤害;消费者享用美食之后,又担心会引起肥胖或影响身体健康。

在某些消费过程中,往往会出现既令人向往,又让人想要回避的心理现象。对于这种冲突,企业可以通过一系列的办法来帮助消费者。首先,最基本的、最直接的办法就是完善产品,从而减少消费者在使用商品过程中带来的不满意。例如,酒店在烹饪出美食的同时可以适当少油少盐,让消费者在味觉的享受时又能避免健康的隐患。在目前的餐饮业,消费者的要求也越来越高,在追求美味的基础上,也会对健康饮食较为注重。因此,企业在这一方面要注意消费者需求的改变,加入营养和健康的成分,如可口可乐公司的健怡可乐,就是为了减轻肥胖给消费者带来的压力。除此之外,企业也可以通过营销传播直接调整消费者的认知或行为来减少这种冲突。例如,众所周知,使用化妆品会给皮肤带来一定的损伤,对于这一类产品的营销,企业往往会通过宣传自身产品的天然成分、植物成分等消除消费者的苦恼和担心。烟的包装盒上往往会出现"吸烟有害健康"这样的宣传标语,提醒消费者适当地吸烟,减轻冲突的压力感、紧张感,还可以有助于消费者养成适当吸烟的习惯。

3. 回避-回避型冲突

在某种情况下,消费者会往往会发现自己面临着一种困境,他们必须在自己本就想要回避的选项上,做出不情愿的选择。这实际上是一种"两害相权,取其轻"的选择。例如,消费者可能会面临这样的局面,是将就使用一辆经常发生故障的汽车,还是忍痛花钱重新购买一辆新车。

借助对这方面的研究,企业可以了解消费者在购买活动中的态度形成过程,可以在购买决定前通过采取适当方式减少消费者的压力,或使消费者对消极的结果感觉不那么强烈,或强调产品的某种附加价值,或从其他方面进行弥补等。例如,对于经济压力较大的客户,可以采用分期付款、以旧换新、贷款等方式来减轻消费者的生活压力。对于商品的使用过程中带来的负面影响,往往会使消费者望而却步。例如某些品牌的吸尘器噪音特别大,这时候企业需要主动承认产品的劣势,同时对优势进行宣传,另外,可以提供一些附加价值吸引消费者,或者给予消费者其他方面的弥补等。企业通过一些方式,可以降低消费者的知觉风险,从而使认知冲突得到明显缓解甚至是消失。

第三节 消费者态度与行为的关系

一、消费者态度对购买行为的影响

态度是一种内在的行为倾向,这种倾向在实际活动中往往表现为完整的行为。一般来说,个人的态度和行为是保持一致的、和谐的,态度可以决定个体的行为,同样有预测和判断行为的能力。例如,通过消费者的语言描述对某个品牌的看法,就可以预测他是否可能会购买该品牌的产品,如果评价较好,态度积极,那么就会产生购买的行为,若印象不佳,则会拒绝购买。

通过更多的后期研究,大多数人认为,消费者的态度不仅受信念、价值观的影响,还会受到所处环境的影响。例如,商品进行大促销的时候,消费者可能会在他人的影响下,在未对商品形成认知的基础上,就先进行了购买行动,最后对于商品的购买和使用体验,才形成相关的态度。因此,消费者态度与购买行为之间并不一定都是一种指示和被指示的关系。

除了以上的关系之外,态度与行为之间还存在着密切的关系。消费者态度对购买行为的影响,通常还包括以下三方面:

1. 消费者态度会影响其对产品和品牌的评价与判断

在实际购买活动中,消费者往往对某些品牌具有一定的忠诚度,即使该品牌的商品有一定的不完美,也会让消费者坚持自己的选择,例如很多消费者对华为手机品牌持有积极的态度,即使手机涨价,比其他国产品牌价格稍高,消费者还是会相信自己的选择,坚持购买,因为他们追求的是优质的产品和服务,而价格的差异不足以改变他们的态度。

2. 消费者态度会影响其学习兴趣和效果

琼斯(E. E. Jones)等人做过一个关于态度与行为关系的试验。他们选择对"白人与黑人分校学习"有不同态度的两组在校大学生作为被实验者,第一组为反对分校者,第二组为赞成分校者。两组学生被要求分别阅读11篇关于"反对白人与黑人分校学习"的文章,然后请两组学生分别将所阅读的文章内容尽量用自己的语言完整地写出来,不改变文章的主旨。结果发现,第一组学生所记忆的资料数量高于第二组。通过这个实验可以发现,与个体态度相吻合的信息,易于被吸收、贮存和提取;反之,则容易被忽略、遗忘和曲解。因此,态度在学习过程中起着过滤的作用。常言道"兴趣是最好的老师"就是这个道理,当消费者对某个客观对象具有积极态度时,他们往往会更有兴趣进行学习和认知,挖掘相关的信息。

3. 消费者态度影响消费者的购买倾向,进而影响购买行为

佩里(Perry)曾研究过是否可以根据消费者对商品的态度来预测购买倾向和行为的问题。经过研究发现,态度与购买倾向确实存在直接联系,抱有善意的、积极的态度的被实验者怀有明确的购买倾向;对商品关注度不高的,甚至是从未关注过的这部分消费者对未来是否会购买持不确定态度;而报有消极态度的消费者表示完全没有购买的意愿。通过实验可以得出态度能够在很大程度上预测购买倾向。

二、消费行为与态度不一致的影响因素

消费者态度一般要通过购买倾向这一中间变量来影响消费行为,态度与行为在很多情况下并不完全一致。造成两者不一致的原因,主要有以下几个方面:

1. 购买能力

消费者可能对某种商品表示出积极的态度,但是由于经济能力有限,没有足够的能力去购买自己倾向的商品,所以只能选择价格低一些的其他品牌的商品。例如,消费者对某一昂贵的名牌商品的评价很高,表现出积极的态度,但在真正购买过程中,往往会选择价格较低的替代品,正是因为价格的原因让消费者望而却步,即使是喜欢,也没有办法满足,只能退而求其次,达到相对满足的心理。

2. 购买动机

即使消费者对某一商品表现出积极的态度,但若是缺乏动机,消费者也不一定会付诸购买行动。例如,有的消费者在浏览商品过程中发现一件正合心意的衣服,但由于款式和自己已购买的衣服有些类似,往往会认为没必要购买,因此,这种情况下,就会造成个体态度与行为之间的不一致、不和谐,这时必须具备一种动机才能转变成具体的实际行动。

3. 情景因素

有时候消费者对于某一商品缺失具有很强的购买欲望,但最终没有产生购买行为,这样的原因多种多样。例如,某位上班族看中了一台笔记本电脑,但最终并没有购买,因为在这过程中出现了失业这样不可预料的情况,对消费行为产生直接的影响。还有其他的一些因素可能会造成购买终止,如堵车、商品缺货、天气恶劣等。因此,人们可以通过了解消费者以前的购买行为,从而预测其未来的行为。

4. 时滞问题

一般来说,态度的测量和所要预测的行为之间间隔越长,两者之间的关联性越弱,

消费者的态度往往受到时间因素的影响，时间越长，人们的需求会逐渐淡化，或者被其他需求对象替代和满足，消费者的需求在不同的时间段也有所区别，影响因素有商品的更新换代、消费者经济实力的变化、周围环境的改变等。例如，当调查消费者的购买电脑的计划时，将时间范围应该尽可能缩小，可以以一个月到半年为一个范围周期，这样的时间段内的预测可靠性会显著提高。时滞越长，消费者的态度和偏好会容易发生变化。在一段时间范围内，也并不代表就能够达到最终的购买行为，只有以一定方式激活了记忆中的态度时，态度才发生作用，如商品的广告宣传让消费者的记忆被激活。

5. 测量上的问题

态度的测量往往大多数取决于个体主观意识，常常会发生态度和行为不一致的现象，这种现象有可能出于人们对态度的测量存在偏差。在测量消费者对某件商品的态度时，只测量了其对这一种商品的态度，而没有测量消费者对同类其他竞争品的态度；针对家庭使用的产品，可能只测量了家庭中某一成员的态度，而忽视了家庭其他成员。态度的测量有时候局限于测量环境，因为在测量中很难恢复调查材料中涉及的背景、情境，因此，消费者的态度测量往往会受到其所处情境差异的影响，形成偏差。

6. 社会压力

消费者在购买过程中往往受到他人的影响，表现为在意别人的看法、注重服务人员的服务等。因此，他人的态度和反应也会影响消费者的行为。例如，消费者在购买商品的时候，会考虑自己的选择是否会影响自己在别人眼中的形象。以购买汽车为例，消费者会考虑到自己所购买的汽车是否符合自己的身份地位，在他人眼中买这样的车会是什么样的人。除此之外，需要在不同的社会文化背景下，消费者面临的社会压力是不一样的。例如，在东方国家，消费者的购买行为更容易受到他人的态度或社会标准影响，更在意他人的看法和建议。

一般来说，个体的态度通常出现在行为之前。事实上，也会有些情况正好相反，首先付诸了行动，然后才形成具体的态度。作为企业营销人员，为了能够影响消费者的态度，使其对商品表示肯定或通过购物体验产生良好的印象后，从而改变其观点和信念等。企业常常会利用一些营销手段来鼓励消费者先购买，然后再形成相应的态度。例如，现代企业常用的营销策略，即试用、演示、赠品等，这些策略有时候比广告更有效。如果消费者对某件商品产生模糊的态度，在没有试用经验的基础上，这样的态度往往是转瞬即逝的，并不能转化为行动。例如，超市里经常会举行某商品的试吃活动，护肤品专卖店会提供试用品，在购买后附送新产品的赠品等。消费者通过免费体验后，往往形成一定的认知和情感，这时候形成的态度会更加坚决、稳定。

第四节 消费者态度的改变

消费者态度的改变包括两个层面：态度强度的改变和态度方向的改变。例如，消费者原来对某个商品感兴趣,转化为目前非常喜欢,这就是态度强度的变化;消费者对本来不喜欢的商品开始逐渐感兴趣了,这就是态度方向的改变。一般来说,积极的态度会促使消费者付诸购买行动,消极的态度则会使消费者放弃购买活动。对于企业管理者而言,往往可以通过调整营销组合等办法,改变消费者已形成的对产品或品牌的反面态度。

一、改变消费者态度的说服模式

1959年,霍夫兰德(C. I. Hovland)和詹尼斯(I. L. Janis)提出了一个关于态度改变的说服模式,如图4-2所示。这一模式虽然是关于态度改变的一般模式,但它指出了引起态度的影响因素以及如何改变态度的过程,研究的成果对分析消费者态度改变具有重要的启发意义。

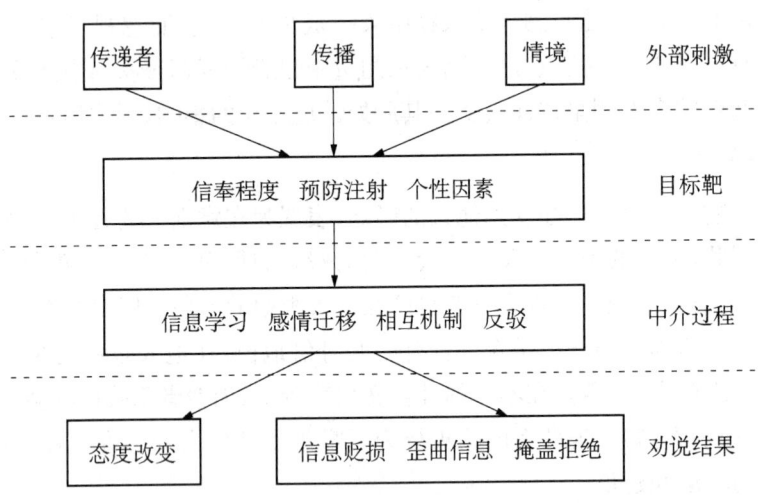

图4-2 改变态度的说服模式

霍夫兰德认为,个体态度的改变往往都会涉及一个人原有的态度和外部客观的人和事物的看法。如果这两者存在不一致的现象,就会导致人们内心的冲突和紧张感。为了使心理状态达到平衡,个体只能通过调节自己的行为或态度,如可以接受外界的看法,改变自己原有的态度,或采取一些办法来抵制外在的影响,坚持自己原有态度。

图4-2中可以看出,态度改变的过程可以划分为四个相互联系的部分。

1. 第一个部分是来自外部的刺激,它通常包括三个方面:传递者、传播与情境。传递者一般指的是自身持有某种观点,并会通过努力使其他人表示接受和认同。例如,通过一些宣传途径发布关于商品的信息的广告,从而达到劝说消费者接受某种产品的目的,这就是属于传递者的范畴。传播一般是指通过一些途径,安排一种观点传递给目标消费者。能否成功地将信息传达给目标消费者,往往取决于信息的内容和传播的方式是否安排合理。情境因素是指对传播活动和信息接收者有附带影响的周围环境。例如,目标消费者在接收到信息之前是否已经对商品进行相应的了解,已形成模糊的态度;信息传递过程中是否有其他的干扰因素等。

2. 第二个部分是目标靶,它是指信息接收者或企业试图说服的对象。一般来说,需要说服的对象对信息的接收并不是处于被动状态,他们对于他人的说服有时很容易接受,有时则相反,往往会采取消极的态度,会出现两种截然不同的反应是因为个体接受的程度会受说服对象的主观条件影响。例如,消费者在他人面前已经表示过自己不喜欢某商品,如果要改变该消费者的态度,难度会较大,因为这意味着要消费者否定自己之前的观点。

3. 第三个部分是中介过程,它是指劝说对象往往在外部刺激和内部因素的联合作用下才会发生态度的转变,如通过学习、感情迁移等方面。

4. 第四个部分是劝说结果。劝说结果包括两种,即改变原有态度或坚持原有态度。从信息传递者的角度来说,第一种为理想结果,但在现实生活当中,劝说并不能达到这种理想的结果,往往会出现第二种情况。在这样的情况下,目标靶可能会采用各种方式对外部影响加以抵制,从而坚持自己原有的态度。常见的方法一般包括:

(1) 信息贬损,如认为信息传递者存有私利和偏见、信誉低,对其失去信任,因此,对于这部分劝说信息往往发自内心予以抵制。

(2) 歪曲信息,如对传递的信息内容往往断章取义,或者故意夸大信息中的某一内容,使得其变得不可信。

(3) 掩盖拒绝,指的是采用果断拒绝的方式来抵御外部劝说和影响。

二、消费者态度的改变

消费者的态度并不是天生的,而是通过后天的学习过程,并且由诸多客观因素综合作用而逐渐形成的。态度一旦经过一系列的变化而形成,便会成为消费者心理结构的一部分,从而影响和决定着其行为方式,因此,要使得消费者的态度发生转变实际上具有一定的难度。由于消费者的态度对消费者的消费行为产生直接影响作用,因此,消费心理学方面十分重视研究消费者的态度改变问题。态度改变的方法分析为态度的改变提供了可能。

(一) 消费者态度改变的方式

一般来说,消费者态度改变的方式分为两种:一种是性质的改变,通常是指态度发生根本性的改变,如个体的态度倾向性由肯定转为否定,本来对某件商品感兴趣的,现在不感兴趣、不喜欢了。这种转变往往也被称为态度不一致性的转变。另一种是发生度的改变,通常是指态度只发生强度的变化,但具体的指向性维持不变,只是呈现增强或减弱的变化。例如,个体原先的态度是对某件客观事物持稍微肯定的态度,逐渐转变为强烈的需求,这一种转变往往也被称为态度一致性的转变。在营销活动中,企业应该努力通过各种手段促使消费者的否定态度转变为肯定态度,由微弱的好感转变为强烈的支持。

(二) 消费者态度改变的条件

1. 在营销过程中,企业往往会选择消费者信任的信息传递者或者是信息传递渠道,利用这些方式使消费者信任自己所接收到的信息,此时消费者会结合自己认知和经验,对商品形成积极的态度。一般来说,当信息由消费者较为信任的信息源来传播时,会增加信息的说服力。例如,企业会请名人、专家或"典型"的消费者作为产品的形象代言人,在这种情况下,如果消费者认为企业选择合作的形象代言人所从事的专业类别与产品有关时,其说服力就会大大提高。这种信息传递者和信息内容之间的关联性能够使消费者避免出现抵触情绪。

2. 根据需要传播的信息内容、目标消费者的特点以及情景条件,来选择相匹配的传播媒介渠道,从而发挥媒体对消费者的最佳劝说效果。广告媒体的选用应该根据商品的性质和特点来进行宣传。由于每种媒体都有各自的特点和优劣势,需要根据传播信息的需要,权衡每一种媒体的利弊,与目标消费者的习惯和接受量。通过以往的研究发现,无论是用听觉还是视觉方式来进行广告宣传,简单的信息内容都比复杂的信息内容容易产生更大的劝说效果。然而,使用书面方式传播商品信息时,复杂信息组反而要比简单信息组带来更大的劝说效果。

3. 针对接收对象的能力特点与消费者信息接受能力的差异,制定有针对性的信息传播内容和传播渠道。由于不同的消费者,他们之间往往存在认知和个性的差异,因此,这种差异性会使他们在信息的接收效果上存在差别。在实际的营销活动中,作为企业应该重视并且研究这种差别。从企业的角度出发,如果商品宣传的效果需要立竿见影,能够在短期内迅速提升销售量,应选择采用情感诉求方式进行宣传。如果宣传是为了达到长期的、稳定的效果,需在商品的宣传信息中融入大量的理性诉求。一般来说,如果目标消费者属于文化程度较高的个体,对企业来说,往往采用充分说理的传播内容要比情感色彩的信息有更大的影响力;反之,对于文化程度较低的消费人群,利用情感诉求的信息对他们的影响力会更大。

4. 利用消费者个体与其所处的团体的共同作用,间接地改变消费者的态度。消费者的态度通常与团体的需求相一致,由于个体长时间属于某一个团体,会形成与团体相一致的规范和习惯,这种规范往往会对消费者形成一种压力,从而对成员的态度产生影响。团体内的成员总是自主性地要求自己的态度与团体其他成员保持一致,自觉地遵守团体规范,期望得到团体的认可,如果在态度的形成过程中有其他客观因素的影响,消费者也会调整自我态度来与团体相统一。因此,企业在营销活动中可以通过推动一个团体形成对企业有利的态度,从而促进成员个人自觉地转变态度。

5. 企业可以通过让消费者亲自体验商品,在对商品进行充分地了解基础上,促使消费者对商品产生积极的态度。消费者的购买行为能直接影响个体的认知和情感的形成。在现实营销活动中,消费者往往会在事先没有认知和情感的情况下尝试购买和体验一些新产品。例如,在超市有试吃这样的活动,消费者往往可能因为饥饿或好奇的心态接受这样的营销方式,在此过程中,消费者选择尝试不仅仅是因为满足生理需要,还有可能是为了从体验中得到肯定或者否定的答案,从而影响下一次的购买行为。因此,企业营销的方式多种多样,可以针对一些商品的特性选择相匹配的营销策略,利用先体验后购买的方式也是一种被印证的成功策略,可以促使消费者通过体验产品产生积极情绪,给予认可。经常被使用的体验式营销手段包括打折、优惠券、免费试用、样板房等。

 **典型案例**

靠销售服务赢得顾客

国家彩电生产 A 类企业的青岛电视机厂,随着产品产量的不断提高,市场占有率也越来越高。在这样的发展情况下,由于用户范围在不断地扩大,在售后的及时性上存在一定的难度,此时,他们对售后服务提出了更高的要求,除了确保产品质量保持全国一流的水平,售后服务也要达到全国一流的水平。青岛电视机厂技术服务处,从机构设置、人员配备,甚至到企业员工的思想建设、制度落实等方面,都制定了一套完整的售后服务体系。

他们经常针对职工开展德育教育,促使职工树立起"消费者是上帝"的思想,确立了"想用户所想,急用户所急,全心全意为用户服务"的服务宗旨。积极展开对维修人员的技术培训,为此还专门成立了技术培训科、联保业务科、质量信息科、三包管理科技维修业务科等。每年都定期举办技术咨询、现场服务维修、服务周到等活动,为各网点的维修人员提供免费的技术培训。先后在全国二十八个省、市、自治区建立了共有二百三十二个特约维修网点,实现真正的全国联保,优质服务的目标。

农历二十九,一个家家户户团圆的喜庆日子,青岛港口材料加工厂一位姓张的用户来电话反映家里的电视机出了故障。维修部门在人员紧张的情况下,依然派维修人员在大年三十到张先生家里修好了电视机。用户十分感激。北京房山区的一位老工人家里电视机出现问题,当他看到维修人员千里迢迢赶到房山县为他维修电视机时十分感动:"我们只想写封信试试看,根本没抱什么希望,真没想到你们从青岛赶来了,你们这样有名气的大厂能派人到我们这个小山沟,真是做梦都没想到!"还有一次,维修人员前往山东泰安楼德化肥厂,先后为十几位用户检修电视机,为了抢时间,他们连午饭都没吃,就这样抢修到晚上十点多。楼德化肥厂的办公室主任说:"我一定大力宣传贵厂的优质服务,让我们的职工都买你们的产品。"并要在春节送蔬菜给他们厂,被技术服务处的处长婉言谢绝。

除此之外,企业在山东省建立了二十个有本厂维修人员常驻的维修部,对青岛市内的离退休老干部、烈属、病残人员定期走访。有位三十年代的老烈属李大娘家里的电视出了故障后,立即派维修人员上门服务,并且每逢春节都去看望老人。老人感动地说:"青岛电视质量好,人也好,俺用你们的电视机心里踏实!"

良好的售后服务是企业成功经营的关键因素,一流的售后服务,能提高企业的品牌信誉,增加产品的销售量,消费者在使用过程中往往会进行积极的正面宣传。青岛电视机厂将客户售后服务放在第一位的思想,受到了消费者的认可和赞誉,从而给企业带来了巨大的经济效益。

请思考: 青岛电视机厂如何让消费者对企业产生积极和肯定的态度?

讨论与思考

1. 什么是消费者的态度?结构是怎么样的?
2. 消费者态度的影响因素包括哪些?
3. 简述消费者态度的相关理论。
4. 消费行为与态度不一致的影响因素有哪些?
5. 消费者态度改变的条件有哪些?

第五章 消费决策与购买行为

**本章提要**

心理学研究证明,消费者的消费行为往往是由一系列的环节和要素共同构成的一个完成过程。本章的内容包括消费者决策的概念与主要内容,购买决策的心理过程和相关的购买行为理论等。

**引入案例**

美国总统的生日贺礼

50年代,法国白兰地已享有一定的盛誉。白兰地公司将名酒白兰地打入美国市场时,他们精心策划了在美国总统艾森豪威尔67岁寿辰之际,赠送窖藏69年之久的白兰地酒作为贺礼,并特邀法国著名艺术家设计制作专用酒桶,同时,还派专机将其送往美国,并且在总统寿辰之日举行隆重的赠酒仪式。公司将这一消息通过各种新闻媒介渠道进行传播,在当时这样的新闻很快就成了华盛顿市民的热门话题。当贺礼被送到美国时,出于好奇的心理,华盛顿竟出现了万人围观的现象,大家都想一睹这酒的风采。关于名酒驾到的照片和报道一时间在各个报刊版面出现。法国白兰地以高端的形象成功地打入了美国市场。

第一节　消费决策

一、购买决策的概念与内容

（一）购买决策的概念

消费者的购买决策是为了达到某一个特定的目标,在两种以上的备选方案中选择其一的过程。一般情况下,消费者是购买决策的主体,为了实现和满足需求这一预期的目标,从而进行一系列的评价、选择、判断、决策等活动。

一般来说,购买决策是消费行为中的核心环节,占有极其重要的地位。消费者决策结果的是与否,决定了其消费行为最终是发生还是不发生。决策的内容往往已经决定了购买行为的方式或实现途径、时间和地点。决策的质量通常决定了消费行为的效用。因此,正确的决策会让消费者在较短的时间内,花费较少的费用买到最大限度满意的商品;反之,错误的决策不但会造成时间和金钱的损失和浪费,还会产生不良的购物体验,带来心理挫折。

（二）消费者购买决策的内容

经过研究表明,个体的行为往往是大脑对刺激物的反应,通过这个反应从而促使消费者产生购买行为。在这个过程中,一切行为都是基于心理因素之上,并且需要同时分析购买主体和客体。一般来说,消费者的购买决策包括以下几方面内容。

1. 原因决策

原因决策是指解决消费者为什么要购买这个问题。消费者的购买动机往往是多种多样的,内在影响的因素一般包括:个体不同的兴趣爱好、经济能力水平等;外在的刺激影响因素,如商品价格的变动、替代品的增加等。例如,同样是为了保暖,有的人选择购买围巾手套,有的人选择购买电热水袋等。

2. 购买方式

购买的方式是指解决怎么购买,如何买的问题。消费者往往在付诸购买行动之前,要先决定采用什么样的购买方式,是自己去买还是请别人买?是进入商店购买还是选择网购?支付方式是选择现金支付,还是刷卡、微信或支付宝?是全部一次性支付还是分期付款或是贷款等。

3. 购买对象

购买对象就是指要解决为什么要选择某一件商品的问题。这个方面也是购买决策过程中的核心问题。消费者选购买商品目标往往受到诸多因素的影响,包括商品的品牌、款式、价格、质量,另外,还会受到售后服务、市场行情的影响。一般来说,符合消费者要求的商品往往会产生需求刺激的效果。

4. 购买数量和频率

购买的数量和频率一般取决于消费者的实际需要、经济能力及市场供求情况。一般情况下,如果市场供大于求,消费者在不需要较大使用数量的前提下,往往会选择用多少买多少;如果市场供应紧张,出现供不应求的现象,即使消费者当下并不急用,也有可能进行大幅度的购买甚至负债购买。对于消费者如何选择购买频率,一般取决于消费者的经济状况和使用频率。例如,消费者常用的生活用品购买频率较高。

5. 购买地点

消费者的购买地点选择是由多种因素决定的,消费者去哪儿购买其实也和购买动机有密切的联系。这个决策往往受到商品特性、价格、销售人员的服务态度,以及消费者居住的地点与购买地点是否在一个区域范围等因素所影响。最终所选择的购买地点不仅和消费者的惠顾动机有关,也和消费者的求廉动机、求速动机有关。

6. 购买时间

购买时间要决策的是消费者要在什么时间购买商品。它往往与购买动机的迫切性有关,可能会影响购买时间的因素包括消费者的工作性质、生活习惯,以及关于商品的季节性和时令性等。除此之外,消费者的购买时间也和市场供应状况、营业时间、交通情况和消费者可供支配的空闲时间有关。因此,一般来说节假日和重要的节日购买量会有所增加。

二、消费者购买决策的类型

1. 复杂型

经过研究表明,复杂型的决策往往与传统型的决策观点最为相近。促使复杂型问题解决过程发生的相对应的动机,通常对自我认识的要求较高,最终的决策常常具有一定的冒险性。在这种情况下,消费者通常会尽一切可能收集与决策相关的信息,无论是来自内部,如以往的认知和经验,还是来自外部客观事物的刺激。由于个体在决策的过程中通常会有两个及以上的备选方案,因此,基于这种决策的重要性,每一种备选方案都经过仔细的比较、衡量和判断。

2. 简单型

简单型购买决策相比复杂性的来说,要较为直接和简单。在这个决策过程中,消费者的决策往往并没有基于复杂的信息收集,也不会对备选商品进行谨慎的分析和评价,将整个决策过程尽可能简单的完成。一般来说,不少消费者都会通过简单的决策来选择商品,这种认识上的捷径使得消费者在每一次做决策的时候都避免重新进行复杂分析的麻烦。

3. 惯常型

通过对复杂型和简单型的决策过程的了解,会发现两者都会在一定程度上进行信息的收集和思考,虽然它们的信息的加工、分析程度上有所区别。然而,不少消费者往往在购买决策过程中采用的是惯常性,通常是没有意识到的购买行为。这样的决策并不需要主观意识的努力,可以说是无意识控制的行为。虽然这样的决策类型看上去会非常冒险,但有时是节省精力和时间的有效方法。

三、消费者的决策过程

消费者在各种主观和客观因素的作用下,形成了购买动机,最终促使行为的发生,在这个过程中,购买决策往往不是一种偶然的现象。我们所说的购买决策通常包括两个含义:广义和狭义。广义的购买决策过程包括决策程序本身在内和影响这个决策的各种内外因素的程序。狭义的购买决策过程是顾客购买决策本身的过程,它将各类影响因素排除在外。本章所采用的是狭义方面的购买决策过程。菲利普·科特勒将购买决策过程分为五个基本步骤,即确认需要、信息收集、筛选分析、购买决策、购后行为。

1. 确认需要

确认需要一般是指消费者已经认识到自己有尚未被满足的需要,也是购买活动的起点和开端。在这个过程中,往往会有来自内部和外部的刺激,内部刺激如生理因素的刺激,饥饿要购买食物、寒冷要添衣等;外部刺激如个体所处环境的刺激,广告的宣传、商品的造型和包装、销售人员的热情服务等。刺激也是因为个体因产生某种需要所感到的缺乏而产生的不平衡、不舒适感。这种不平衡感会促使个体采取有目的的行动。在这种情况下,个体的行为往往会具有一定的指向性,当需求目标满足之后,可以使身心得到平衡,释放压力。下次再受到刺激时,就会产生循环作用的行为。

2. 信息收集

消费者在确认需要的前提下,开始广泛收集与目标商品相关的信息,从而尽可能准确判断最佳的购买对象。消费者在信息获取的过程中,通常可以通过多种途径进行收集,如通过广告宣传、销售员的建议、亲朋好友的消费体验、其他媒体的公平评价等。消费者为获取信息通常利用三种方式,包括:

(1) 持续不断地搜寻信息

例如,消费者为了能够购买符合流行趋势的衣服,购买时尚杂志获知相应的信息;为了购买性价比高的汽车,订阅汽车杂志,从而获取一些专业信息。

(2) 在具体购买中搜寻

在这个过程中,消费者往往已置身于购买地点,通过询问销售人员的方式来获得信息。例如,消费者在电脑城询问销售人员关于电脑的性能和价格,询问朋友使用体验等。

(3) 消极的获取

这样的获取方式往往是通过消费者不经意的情况下获取的信息,而并不是像前两种方式进行积极主动地获取商品信息。

3. 筛选分析

消费者在需求确认和信息收集完成后,往往会运用新的认识和记忆来选择商品品牌、购买地点等。这样的选择一般来说会受到一些客观因素的制约,如消费者的支付能力、兴趣爱好、行为习惯等,在做出购买决策前通常会列举各备选商品的优缺点进行对比,放弃一些不信任或不满意的品牌,然后对最终确定的目标商品进行价格、质量、售后服务的对比和分析,从而挑选出最适合和最满意的商品。在这个过程中也会有一些变动因素,如目标商品价格在持续上涨,但并不意味着价格上涨就会立即放弃购买,消费者往往会判断企业调价的动机,如果价格上升属于合理现象,那么并不会影响消费行为,如果上涨的趋势并不合理,就会减少购买意愿,甚至放弃购买而选择替代品,达到相对满意度。

4. 购买决策

当消费者对收集的商品信息经过对比、分析和筛选之后,就进入决定购买阶段。这个阶段一般包括三种性质的购买决定行为。

(1) 试购

由于消费者有可能对购买对象没有实际消费经验,因此,往往会对商品产生不信任的心理。出于这样的担心,消费者为了减少购买的风险,通常会选择先购买少量商品试用,通过使用后的感受来证实商品是否货真价实,是否值得购买。例如,购买洗发水小包装。

(2) 重复购买

消费者对于有过消费体验且感觉满意的商品往往会选择进行重复购买,消费者通常采用这样的方式来避免因为决策失误带来的风险和损失。因此,作为企业要提高产品的质量和服务,从而达到消费者的满意度,有助于培养企业的忠诚客户。

(3) 仿效购买

当消费者因为多种原因难以做出有效决策或对自身决策缺乏信心时,有可能会激发自己的从众行为,通过效仿大多数人的购买选择,从而降低决策风险,避免不良后果。

这一阶段往往是整个购买过程中最关键的阶段,消费者需要根据自己收集的信息来做出最后的决定,买不买、哪里买、何时买、买多少、如何支付等。决策的内容会受到多因素制约,如商场的购物环境、服务人员的态度等,一些微妙的变化都有可能影响消费者的决策。

5. 购后行为

在消费者的购买行动之后,就涉及商品的使用和评价,从而验证自己的决策是否正确。在这个阶段,消费者会形成对商品是否满意的心理。消费者往往根据自己的感受对产品或服务进行评价,来验证购买决策是否正确。在这个阶段可能会出现两种情况:如果消费者所购商品使其满意,甚至比预期更好,消费者不仅会重复购买,还会起到正面的宣传,反之,如果所购商品没有达到消费者的理想状态,不仅不会再购买,还会产生不良情绪,起到消极的作用,阻止他人购买。

四、影响消费者购买决策过程的因素

消费者的购买行为一般基于需求之上,而消费需求往往受到诸多因素的影响,包括文化因素、社会因素、个人因素和心理因素。

(一)文化因素

文化是人类从生活实践中建立起来的文学、艺术、教育、科学的总和。由于个体之间的差异,不同的人往往具有不同的文化层次,因此,他们也具有不同的价值观念、审美观念、生活标准和行为准则等。一般来说,在一个国家的文化中,包括若干个亚文化群,如民族亚文化群、宗教亚文化群和地域亚文化群等,他们都具有自己的风俗习惯。

消费者购买行为的差异往往也受主流文化和亚文化的影响,这种影响一般来说较为深刻,不容易被其他因素干扰。例如,像"Miss 小姐"这样的称呼,在西方国家表示尊重,在中国则会引起年轻女性的反感。因此,营销企业需要根据自己产品所投入的市场,研究国家或者地区之间的民俗差别,从而制定相对应的营销策略,避免因为与文化相冲突而被消费者排斥。

(二)社会因素

社会因素对消费者行为的影响往往会通过四个方面进行分析,包括社会阶层、相关群体、家庭状况和社会角色。

1. 社会阶层

社会阶层是具有相似社会经济地位、价值观念和生活方式的人们组成的群体。由于不同阶层消费者的价值观、生活习惯等存在差异,他们往往在消费对象的选择上有着明显的区别。一般来说,这主要是由各阶层的经济地位、生活方式的不同所决定的。有时虽然不同阶层的消费者收入水平差不多,但在生活方式和消费行为上也会存在明显的区别。例如,一个蓝领工人家庭和一个普通医生家庭,虽然他们年收入相似,但生活方式和消费行为可能不同。律师家庭可能由于接触的人和所处的环境不同,期望购买一些能够显示身份地位的物品,还会需要关于社交的花费,因此,家庭的可支配收入往往比蓝领工人家庭要少。因此,通过研究消费者的社会阶层对购买行为的影响,能够帮助企业准确地抓住客户的消费心理,对进行市场细分和定位有重要意义。

2. 相关群体

相关群体是指影响消费者购买行为并与之相互作用的群体。这个群体一般包括三种类型。

(1) 主要群体

这部分群体是指与消费者保持相对稳定的关系,平时在一起工作、学习、生活的人。如同学、同事、亲人等,这些群体通常会对消费者的购买行为产生直接影响。

(2) 次要群体

次要群体相对于主要群体来说,与个体接触的机会较少,如各种专业协会、社团、学会等,由于接触的时间较少,关系并没有那么亲密,因此,他们往往对消费者的购买行为产生间接影响。

(3) 崇拜性的群体

崇拜性的群体如文体明星等,由于消费者对他们产生崇拜、羡慕的心理,期望自己可以像他们一样耀眼,因此,会将他们设为自己的模仿对象。在企业营销过程中,洞悉了消费者这样的心理,从而请明星做代言人。

3. 家庭状况

家庭因素往往对消费者的影响较大,并且通常属于最直接的影响,如消费者的价值观、审美、兴趣、习惯等,这些大部分都是在家庭的影响下逐渐形成的。家庭对消费者购买行为的影响主要包括三个方面:第一,每个家庭成员对消费者的购买决策都产生或多或少的影响;第二,在家庭生命周期的不同阶段,消费者往往会有不同的需求;第三,家庭对消费者购买行为的影响方式具有特殊性,作用于消费者的决策影响非常大。在每个家庭中,家庭成员都有自己所扮演的角色,如一个成年女性,她可能会在不同的场合中分别是女儿、妻子、母亲、同事等,对于不同的角色会促使其产生不同的购买需求。

(三) 个人因素

一般来说,即使消费者在文化和社会因素大致相同的情况下,他们的消费行为依然会有一定的差异,这主要是由消费者内在因素所影响,如消费者的年龄、性别、职业、收入等。例如,青年群体和老年群体的生活方式不同,他们的消费需求也不一致。在这些因素中,个性和观念往往对消费者购买行为影响最大。通过了解消费者的内在因素对购买行为的影响,有利于营销企业尽可能地挖掘目标市场,制定有针对性的策略。

(四) 心理因素

一般而言,影响消费者行为的决定性的因素是消费者的心理因素,它主要包括激励、知觉、学习和态度四个方面。

1. 激励

心理学认为,人的行为是由动机所支配的,而动机是由需求引发的。需求是指客观刺激通过人体感官作用于人脑所引起的某种缺乏状态。例如,去朋友家做客,发现榨汁机非常方便,于是产生了购买动机。动机一般是指当人们产生某种需要而又没有及时被满足时,往往会出现一种紧张和压力感,这样的压力通常会形成一种动力,从而能激励人们采取满足需求的行动。虽然说行为决定动机,但并不是所有的动机都能够引起行动,往往只有最强烈的动机,也被称为优势动机,才能使得消费者最终产生购买行为。例如,消费者在具有一定的经济基础后往往期望能够享受精神生活,这样的动机往往可以对应多个行为,如做美容、购买衣服、安排出游等。消费者最终会选择哪一种方式,完全取决于优势动机。因此,企业在营销中需要在了解消费者的需要后,设计出相应的刺激,激发优势动机。

2. 知觉

消费者的需要形成后,往往通过一定的激励反应后才能引发购买动机,但动机转化为行为还需要知觉的作用。在同一时间内,作用于人的感觉器官的客观事物是多种多样的,但此时的人们不能对所有的客观事物都做出相对应的反应,往往只能选择极少数的客观事物给予认知,其余都较为模糊甚至忽略,这就是知觉的选择性,它一般受主客观条件制约。例如,同样的商店、同样的销售人员,消费者的评价并不完全一致,有的认为满意从而选择购买;反之,则会放弃购买。

(1) 客观条件

① 强度大、出现频繁的客观刺激物往往容易成为知觉对象。例如,企业的营销广告通过多途径进行宣传播放,消费者往往更容易记忆。

② 对比差别较大的刺激物容易被知觉。例如,将颜色对比较大的商品陈列在一起,会更加引人注意。

③ 新颖、奇特的刺激物也容易被知觉。例如,企业发布的新科技、新款式的商品。

④ 变化比较大的刺激也是引起注意的条件之一,这种变化可以是直观感受的,也可以是产品本身的特征。例如,有些店面采用霓虹灯装饰,商品的价格调整幅度较大。

(2) 主观条件

主观因素一般包括个体的情感、知识、经验、爱好等。例如,消费者在某处有良好的购物体验,就会对该消费地点较为关注;个体认识到缺乏的消费品会在一段时间内多加留意;走进百货商场,由于个人兴趣的不同,往往优先选择的店铺也不一样。总而言之,由于人们感官的差异,往往会对同一种商品或服务产生不同的认知和感受。因此,企业应该及时了解消费者的反应,利用各种形式和渠道来影响消费者的主观认知,使消费者对产品具有良好的印象,从而产生需求。

3. 学习

学习是指消费者在购买和使用商品的过程中,从中获得评价和经验,并根据自己的认知和情感来调整购买行为的过程。企业的营销策略通常都建立在与消费者沟通的过程中,而沟通过程一般是以消费者的学习活动为基础。

4. 态度

消费者在购买活动中往往离不开外界客观事物的刺激,从而对消费对象形成一定的态度,影响人们的消费行为。态度是指人们对于客观刺激物以一定方式表现的行为倾向。消费者个性的差异性决定着其对商品会持有不同的态度,但是态度一旦形成,一般是不易发生改变的。在企业营销活动中,可通过各种途径进行广告宣传,从而改变人们的态度。例如,肯德基在进入中国市场后打出的宣传广告标语是"好吃到舔手指",销量一直不乐观,对于中国消费者来说,舔手指是一种不卫生的行为,因此不能接受,肯德基发现这个原因之后,立即做出改变,通过积极宣传好味道来转变消费者的态度,取得营销成功。

阅读材料

流行却滞销的鞋

1982年秋,山东荣城布鞋厂生产了一种海蓝色涤纶塔跟鞋,在当时很受全国消费者的欢迎,成为一种流行款式,有不少用户前来订货。为了优待老客户,该厂主动给滨州市一家大商店送了一批新产品,不久,这家商店却要求退货。厂长不解,为何这样的热销的产品会被要求退货呢?于是立即请厂里员工前去调查原因,这才恍然大悟。原来根据滨州的风俗,只有办丧事的人家,妇女们才穿这种蓝色的布鞋,以示哀悼。这批布鞋虽新,也确实是流行的款式,颜色却因为当地的风俗习惯被消费者所忌讳,因此,最终成了"冷门货"被要求退货。1983年春,这家鞋厂了解到即墨县一带有一种风俗,每逢寒食节,所有新婚妇女都要在新婚的第一年给七姑八姨每人买一双鞋。为此,该厂马上组织力量生产了四千双各种规格的布鞋,并赶在清明节前几天发到即墨,结果不到一天就销售一空。

请思考:如此受欢迎的海蓝色涤纶塔跟鞋为何会滞销?之后又为何会在短时间内销售一空?

第二节 消费者的购买行为模式

通过研究消费者的行为模式,有助于企业更好地进行市场营销活动,满足消费者的需要,达到最大限度的满意。关于消费者的购买模式,其实在国外已经有不少的研究成果,有一部分至今都有一定的使用价值。

一、购买行为模式介绍

(一)EBK 模式

EBK 模式同时也被称为恩格尔模式,它是由美国俄亥俄州立大学三位教授恩格尔

(J. F. Engel)、科拉特(D. T. Kollat)和布莱克威尔(R. D. Blackwell)于20世纪70年代，在《消费者行为》一书中率先提出。该模式强调了购买者进行购买决策的整个过程。在这个模式里，消费者心理被设定成了一个"中央控制器"，外界的客观事物的信息、目标产品的特性和社会压力等因素，通过输入大脑后，进行整合、处理和分析，由"中央控制器"输出结果，最终产生购买决定。

恩格尔模式可以说是一个购买决策模式，通过分析消费者决策的过程，强调了购买决策的系列化。但是，在这个过程中也可能会受到其它因素的影响，如：文化、参考群体、家庭、个人内在动机以及人口统计变量等。

(二) 尼科西亚模式

20世纪60年代，在《消费者决策过程》书中提出了尼科西亚模式。该模式包括四大领域：从信息源到消费者态度、对信息的调查和评价、购买行动、反馈，具体如图5-1所示。

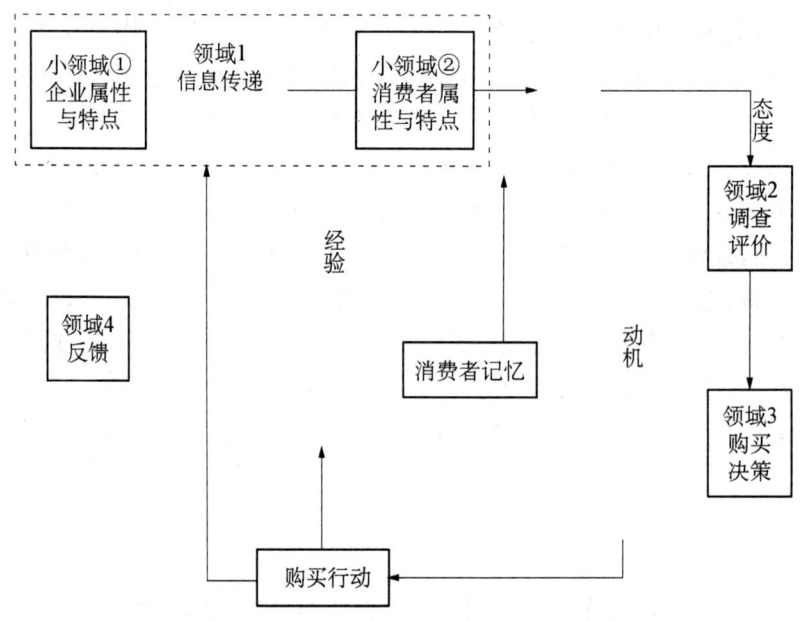

图 5-1 尼科西亚购买行为模式

1. 领域1是从信息源到消费者态度，它分为两个小领域，即小领域①和小领域②，小领域①一般是指企业属性与特点，小领域②指的是消费者属性与特点。领域1表示企业通过一系列的营销活动把商品信息传递给消费者，消费者接收信息的刺激，经过自己的整理、加工，从而形成对商品和服务的输出。

2. 领域2指的是消费者通过认知之后，形成对商品的概念和态度，促使消费者开始收集商品的相关信息，进行调查和分析，形成购买动机的输出。

3. 领域3指在已经形成的购买动机的驱使下，转化为购买决策和购买行动。

4. 领域4表示消费者在付诸购买行动后，将购买体验反馈给大脑储存起来，从而影响未来的购买行为。购买体验可以是积极的,也可以是消极的,取决于商品是否让消费者满意,达到预期。

尼科西亚购买行为模式对企业市场营销相关的理论做出了贡献,并且被广泛应用和作为研究基础。该模式推理过程清晰,并简单明了,较易掌握。但由于没有在推理中加入外界环境的影响因素,因此,有一些应用的局限性。

(三)霍华德-谢思模式

20世纪60年代初,霍华德和谢思率先提出了霍华德-谢思模式,后来将该模式写入《购买行为理论》一书。该模式认为,影响消费者决策程序的主要因素主要包括四个方面。

1. 刺激或投入因素

模式中的输入变量就是刺激因素,它包括刺激、象征性刺激和社会刺激,关于产品的一系列刺激一般是由企业销售部分控制的因素,如产品质量、价格、销售人员的服务态度等。象征性刺激涉及产品的符号、商标等。社会刺激,如家庭、朋友、团体、社会阶层等。购买者受到刺激物和购买体验的影响,往往会形成特定的消费态度。

2. 外在因素

外在因素在这个购买行为中属于一个变量因素,一般是由外部刺激所产生,如文化、经济水平等。

3. 内在因素

内在因素也被称为内在过程,一般是介于刺激和反应之间的作用因素,也是最基本的因素,反映的往往是心理活动过程。

4. 反应因素

反应因素一般是指结果变量,是通过一系列的购买决策活动而产生的购买行为,包括认知反应、情感反应和行为反应三个阶段。认知反应是消费者对于商品的了解和注意;情感反应是指通过认知或体验,产生特定的态度;行为反应是指消费者决定是否购买目标商品。具体模式如图5-2所示。

从图中可以看出,该模式通过刺激、外在因素、内在因素、反应因素这四个阶段来描述消费者的购买行为,相对于前两个模式而言,该模式的结构较为严密、逻辑谨慎、内容较为全面,参考价值较大。

霍华德-谢思模式与恩格尔模式有一些相似之处,但也有差别。两者的区别的主要在于强调的重点不同。恩格尔模式主要关注个体态度的形成与产生购买需要之间的过程,商品相关信息的收集与评价较为重要。而霍华德-谢思模式更加强调购买过程的初期情况,即关注的是个体的认知过程、学习过程及态度的形成。同时,它也提出影响消费者购买行为的诸多因素之间的联系是比较复杂的,只有把握它们之间的关系,才能研究出消费者购买行为的模式。

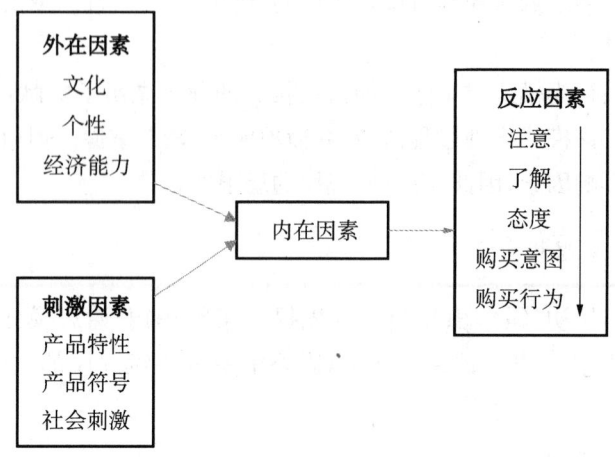

图 5-2 霍华德-谢思的购买模式

二、消费者购买行为的一般模式

购买行为其实就是个体行为的一个组成部分,任何消费者的消费行为都离不开行为的一般模式,行为主义的 S-O-R 模式(图 5-3)就是用来解释学习行为的理论,其中,"S"代表刺激,"O"代表个体心理活动,"R"表示反应。

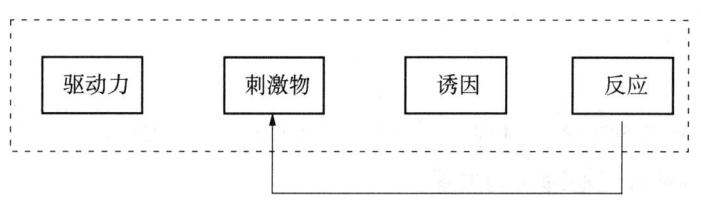

图 5-3 "S-O-R"模式图

该理论表明人的学习过程包含五种连续作用的因素,即驱动力、刺激物、诱因、反应和强化。所谓驱动力,是一种内在的心理动力。例如,消费者有提高自我品味的驱动力,此时已产生的驱动力会被引向一种刺激物,如款式时尚的名牌包,这就形成一种动机。接下来,消费者会在这种动机的支配下,做出购买时尚名牌包的反应。这只是一个实现购买行为的雏形,最终付诸行动还需要考虑如何买、何时买、何地买等。除此之外,这个过程的圆满实施往往还取决于一些次要的刺激物,即提示物,如宣传广告、亲朋好友的看法和鼓励等,这样的刺激物往往会起到强化需要和动机的作用,让消费者更加坚定购买的信心。

第三节 消费者购买行为的类型

目前的研究成果中,对于消费者的行为分类标准有很多,每一种分类方法都可以从不同的侧面反映消费者行为的特点。通过研究，从而找出不同购买行为之间的差异是消费心理学的关键。在消费者购买活动中，往往不存在两个完全一致的购买行为特点，因此，需要根据不同的标准来对购买行为进行分类，深入剖析。

一、按消费者购买目标的选定程度区分

1. 全确定型

全确定型的消费者在进入商店前，往往已经有了明确的购买目标，对产品的品牌、型号、款式、价格都已经有了很清晰的认识和要求。发生购买行为往往是一瞬间或者在较短时间内，表现为进入商场后通过快速的浏览，能够很快找到自己的购买对象。

2. 半确定型

半确定型的消费者在进入商店之前，已经拥有大致的购买目标，但对于商品的具体要求没有明确，表现为进入商场会左顾右盼，不能够向销售人员明确提出自己对商品的一些要求，因此，对于此类消费者来说，在选择商品的过程中花费的时间要稍长一些。

3. 不确定型

不确定型的消费者在进入商店前，通常并没有明确的购买目标，往往表现为在进入商店后，漫无目的地浏览商品，没有具体的方向和要求，对于和销售人员的对话，也只是局限于对商品的随便了解，在浏览过程中，如果遇到感兴趣的商品也会付诸购买行动，往往是随机性的消费行为。

二、按消费者购买态度与要求区分

1. 习惯型

消费者对商品的态度，往往取决于对该商品的信念。这里所提到的信念通常可以建立在认知的基础上，也可以建立在情感信任的基础上。习惯型的消费者，一般会受到以往的购买体验和使用习惯而付诸购买行动。除此之外，消费者一般也会对经常购买的商品或地点格外青睐。

2. 慎重型

谨慎型的消费者在购买行为上往往以理性消费为主，感情为辅。他们在采取购买行动之前，通常会倾向于先收集产品的相关信息，分析市场行情，经过谨慎的思考后，确保自己的决定建立在对商品所有的特性全面掌握和分析的基础上。这部分消费者往往在购买过程中独立性较强，不愿意别人参与进来影响自己的判断和评价，对外界客观因素的影响较少，如经常性的忽略对于广告宣传的信息和销售人员的建议。购买行为通常是通过自己的仔细检查和比较，权衡利弊之后所决定的。

3. 价格型

价格型又被称为经济型，这部分消费者选购商品往往会从经济角度考虑，对商品的

价格和变动幅度都较为敏感。例如,有的消费者在对商品不能准确做出判断的时候,往往通过其价格来进行衡量,认为价格高的商品相对应的是质优,而价格低廉的可能代表商品质量有问题或是过时、滞销等。

4. 冲动型

冲动型的消费者的心理反应较为迅速,这部分消费者在购买活动中,往往会受商品质量、销售人员劝说、广告宣传的影响,他们的选择通常以直观感觉为主,追求新事物、新技术,对时尚较为敏感,遇到符合自己标准的产品,能够快速地做出决定。

5. 感情型

感情型的消费者兴奋性较强,想象力较为丰富,审美灵敏。在购买活动中,往往趋于感性消费,因此,这部分消费者容易受广告宣传的影响,只要产品的诉求符合自身的情感需要,就会产生购买行为。

6. 疑虑型

疑虑型的消费者一般较为内向、谨慎,对于消费对象体验深而疑心大。这部分消费者在购买商品时小心谨慎,不会轻易做决定,在购买商品的时间上花费较多。他们往往挑选商品的动作缓慢,经常出现对备选对象的犹豫不决,甚至导致购买中断,总是秉持"三思而后行"的原则,即使下定决心购买某件商品,也会心神不宁,放不下。

7. 不定型

不定型的消费者基本上属于新购买者。由于新购买者往往缺乏经验,因此,在购买过程中会出现心理不稳定的现象,购买目标一般也是随意的,并没有经过仔细的比较。这部分消费者在选购商品的时候通常没有什么主见,购买行为往往是遵从其他人的建议,如渴望得到亲朋好友或销售人员的帮助,很少会亲自进行对比和检查。

三、按消费者在购买现场的情感反应区分

1. 沉实型

沉实型消费者由于性格较为平静而缺乏灵活性,通常反应比较缓慢,消费过程中,不会轻易受到外界因素的影响。这部分消费者在选购中往往表现为沉默寡言,表情单一,购买态度沉着冷静,与销售人员的交谈也只限于商品的信息。

2. 温顺型

温顺型的消费者由于神经过程比较薄弱,在生理上不能忍受或大或小的神经紧张,因此,这部分消费者往往在选购商品时,会采取销售人员的建议,做出购买决策较快,对服务人员较为友好,这类消费者对商品本身并不会进行仔细的了解和对比,而是依赖于销售人员的建议,也不会过多地检查产品的质量等。

3. 健谈型

健谈型消费者神经过程平衡而灵活性高,能够快速地适应新的环境,但这部分消费

者情感容易发生改变。他们在购买商品时,能够主动与他人接近,产生良好的关系,愿意主动与销售人员或其他顾客交换意见,希望能在快乐中享受购物的过程,有时候会不知不觉买了很多。

4. 反抗型

反抗型的消费者具有高度的情绪敏感性,对外界环境的细小变化都能有所察觉,常常会多愁善感。这部分消费者在选购商品过程中,往往不愿意听从别人的意见和推荐,对销售人员也有抵触心理,并不会轻易相信他人,会认为销售人员的热情往往带有一定的目的性。

5. 激动型

激动型的消费者由于具有强烈的兴奋过程和较弱的抑制过程,所以他们的情绪往往易于暴躁,在言谈举止中都会轻易展现狂热的一面。这部分消费者在选购商品时,通常会表现在言语和表情上显得傲气十足,甚至用不太友好的口气或带有指令的语气对销售人员提出要求,他们一般会对商品质量和销售人员提供的服务要求较高,稍不如意就可能会脾气暴躁。作为企业的销售人员,针对这部分消费者要给予更多的注意和精力,从而接待好这类消费者。

四、按购买者在购买时介入的程度和产品厂牌差异的程度区分

1. 复杂的购买行为

如果消费者对目标商品的涉入度较高,在购买前已经对产品的相关信息进行收集和比较,了解各备选产品之间的差异,这时候消费者就会产生复杂的购买行为。这样的行为往往也会受到商品本身特性的影响,如果消费目标是昂贵的、不常购买的、风险度较高的,那么消费者就属于高涉入度购买者。当消费者对产品了解的不多,也从没有购买过,就会产生这样的购买行为。例如,消费者在购买扫地机器人之前,由于没有使用经验,对商品的属性并不了解,因此,在这个时候消费者往往会经过一个认识学习的过程。通过对商品的了解,然后形成相应的信念,转化为态度之后,进行谨慎的购买。作为企业营销部门,应该主动提供这部分消费者所需要的信息,帮助其进行评估,同时让自己的产品和宣传与众不同,利用销售人员对其购买决策进行影响。

2. 减少失调感的购买行为

有些时候虽然消费者高度介入某项购买活动,但由于诸多因素,往往导致消费者不能分辨出各备选商品之间的区别。在这种情况下,由于各品牌商品之间的差异性并不明显,因此,消费者的购买行为往往较为迅速,他们只能根据一些直观所得的特性进行比较,如类似产品之间的价格差异或选择较为方便的实践和购买地点进行消费。但这部分消费者通常在购买之后可能会感到心理不舒适,由于购买决策并没有经过仔细的比较和分析,所以当发现自己购买的产品有任何的缺陷或听说其他品牌会更好一些,心理就会产生压抑感。

3. 习惯性的购买行为

消费者在购买决策中不全是高涉入度参与,也有不少是低涉入度,是在没有进行仔细的比较下决定的。例如,消费者购买经常使用的日用品就会采用这种方式,往往在购买过程中很少去进行谨慎的分析,而是很快地做出购买决策和行为。一般来说,消费者对价格低、经常购买的商品介入度较低,很容易形成习惯性消费。在这种情况下的消费者并没有深入地寻找与目标商品相关的信息,相反,他们只是被动地接受各种宣传途径所传递的信息,往往对宣传的内容不会抱有过多的怀疑心态。有时候消费者选择某种商品并不代表他们对该商品持有肯定的态度,而是在没有认知和学习的基础上,对熟悉的商品往往选择机会多一些。

因此,对于低涉入度的消费者,企业往往利用价格优势或者促销的营销策略较为有效。对于广告的内容,企业需要注意几个问题,如广告输出的信息只能强调少数几个关键信息;更多地选择一些视觉符号便于留下深刻的印象;广告的内容应简短且不断地重复;电视媒体比印刷媒体有效,由于它是低度介入的媒体,通过视听觉感受来得更加直观,容易引起消费者的模仿。

4. 寻求多样性的购买行为

有些购买情境的特征是低涉入度消费者,但选购的商品之间有明显的差异,此时消费者会经常转换品牌。例如,消费者在购买零食的时候并没有经过太多的比较,通常在消费时才进行评估。经过一次或多次的购买后,消费者可能慢慢产生了厌倦感或对其他品牌产生新鲜感,于是会因为寻求多样化而产生其他购买行为,更换的原因并不是因为对原有的商品不满意。

企业针对这部分消费者,往往可以通过占有货架、避免脱销和广告宣传来促使消费者产生购买习惯。除此之外,企业还可以通过降价、折扣、赠券、试用新产品的广告来鼓励消费者。

五、消费者购买行为三种类型

美国市场学家霍华德和谢思认为,消费者购买行为可分为三种类型,包括:

1. 常规反应行为(Routinized Response Behavior)

常规反应行为是最简单、最基本的购买行为,它是指消费者对价值低、消费次数频繁的商品的购买行为。一般来说,对于这部商品消费者已经有较高的认知,往往对商品的特性较为熟悉,并且对某些产品有明显的倾向性。因此,决策相对来说较为简单,如消费者每三个月购买一次洗发水,每天购买一包烟等。很少情况下消费者会更换消费品牌,如商品缺货、急需使用、尝鲜试用等。企业在营销过程中,针对这部分消费行为往往需要保持商品价格和质量的稳定性,尽量维持现有顾客的忠诚。

2. 有限解决问题(Limited Problem Solving)

消费者只对某一类商品熟悉,但并不熟悉该类型商品的所有品牌,在更换商品品牌时,购买行为就会表现得较为复杂。例如,消费者购买手机,尽管懂行,但对某个新品牌的手机构造和功能都不熟悉,因此,在这种情况下就需要消费者通过信息收集来进一步了解情况,才能做出购买决策。针对这种情况,企业营销人员应通过各种宣传方式来加强信息传递,从而提高消费者对新品牌的认识和信心。

3. 广泛解决问题(Extensive Problem Solving)

当消费者面对一些尚未有所认知和了解的商品时,其购买行为会表现得最为复杂。例如,第一次购买电脑的消费者,对电脑的品牌、功能等一无所知,需要花费精力去了解商品的一切有关信息。这时候,企业营销人员必须了解潜在购买者通过何种途径去收集信息和评估产品的标准,通过多途径的宣传方式来介绍产品的各种性能,从而促使消费者了解该品牌的产品,便于做出购买决策。

典型案例

聘请专家来推销

许多工业企业在研制出了新产品之后,都是主要依靠大量的广告来宣传推销新产品,从而能够尽快地打入市场。可是,辽宁省锦州黑龙制药厂所采取的做法却是聘请医学专家通过讲学来宣传推销产品。这样的宣传方式在当时确实很新颖,卓有成效,连当时的辽宁省委书记全树仁都高兴地称赞这是"高招"。

锦州黑龙制药厂是一家科技先导型的制药厂,在企业的运营发展中,一向很重视技术研发和更新,不断推出新药品。但问题是虽然不断推陈出新,并且实践证明新药的疗效好,但了解和认识的人并不多,销量低。1992年初,为了改变这种推销难的状况,厂长周文志想出了一个新办法,聘请锦州医学院的专家协助推广新药。周厂长亲自上门拜访,显示出诚意,因此,得到了锦州医学院的大力支持。双方很快签订协议,协议要求由锦州医学院派出20名专家担任黑龙制药厂的药品技术顾问,专门负责到全国各地去讲学,讲学的内容从药理作用、临床效果等方面讲述黑龙制药厂所生产的新药的特点,包括与以往的技术和成分相比存在哪些优势,并进行推销。黑龙制药厂则每年支付锦州医学院16万元,再给每位专家印上名片,每人每年可以通过制药厂报销4次差旅费,除此之外,还根据每位专家推销药品的数量来给予相应的奖励,锦州医学院每年还补贴给每位专家1 000元,保证他们为工厂服务期间各项待遇不变。黑龙制药厂实行这种推销和奖励办法后,专家们的积极性很高,讲学推销的成效颇丰,新药销售量明显提高,制药厂的经济效益也随之大幅度提高。

请思考:为什么制药厂采用专家讲学推销的方式,销量会大幅度上升?

讨论与思考

1. 什么是购买决策?
2. 购买决策包括哪些类型?
3. 哪些因素会影响消费者的购买决策过程?
4. 购买行为的类型有哪些?
5. 简述印象较为深刻的购买行为理论,为什么?
6. 简述消费者购买行为的一般模式。

第六章 消费者心理行为特征

本章提要

人的心理活动较为复杂,不同的个体之间的心理活动存在差异性,但在购买活动中的认识、情感和意志的过程可以挖掘出个体心理活动的一般规律性,这种共同性基本表现在消费者的个性、气质、性格和生活方式等方面。本章主要讲述了消费者个性形成的基本理论,个性在消费活动中的应用,消费者气质、性格和生活方式对消费者行为的影响等。

引入案例

电影迟到后的不同表现

前苏联一位心理学家以一个人去电影院看电影迟到为例,对人的几种典型的气质作了说明。假如电影已经放映了,门卫不让迟到的人进入,在这种情况下,不同气质类型的人通常会有不同的表现。第一种人匆匆赶来之后,对门卫笑脸相对,较为热情,会想出许多令人同情的理由解释为什么会迟到,如果门卫坚持不让他进门,他也不会过于郁闷,笑着离开。第二种人赶来之后,对于自己的迟到带着怒气,对于看电影的欲望较为强烈,向门卫解释原因有些生硬,如果门卫不让他进入,通常会带着怒气而去。第三种人来了之后,犹犹豫豫地想进去又怕门卫不让,微笑向门卫解释迟到的原因,对整件事情表现得较为无所谓,门卫坚持不让他进去的话,也会平静地走开。第四种人来了之后,会先了解一下迟到的人能不能进去,如果看到有其他同样迟到的人进去的话,自己也会也跟进去,如果门卫阻止他进入,通常不会解释迟到的原因,而是选择直接走开,可能会责怪自己为什么迟到。

请思考:这四类人的表现反映了什么样的气质呢?

第一节 消费者的个性心理特征

一、个性的概念和结构

(一) 个性的概念

个性也被称为个性心理特征或人格,它是指个人在先天素质的基础上,在社会客观条件的影响下,形成稳定的、独特的心理特征。研究个体的个性往往是建立在不同情境下个体所表现出来的一致性,在诸多影响因素之下,寻找那些不会随着情境变化而改变的行为。人的个性研究基于生理素质之上,并在一定社会条件下通过参与社会实践活动,从而逐渐形成。个性的形成虽然一部分取决于先天因素,同时也受到后天因素的影响,是二者共同作用的结果。人们的个性特征产生的物质基础,是形成个性之间差异的关键因素。后天因素一般包括社会环境、生活经历等方面,它对人的个性心理的形成、发展和转变具有决定性的作用,会支配着人们的行为。

(二) 个性的构成

个性一般由两个部分构成,包括个性倾向性和个性心理特征。

1. 个性倾向性

所谓个性倾向性,它包括个体的需要、动机、兴趣、价值观等,通常可以反映个体对社会环境的态度、行为的特征。个性的倾向性有时候在很大程度上决定着人对外界客观事物的态度或行为倾向,决定着个体对事物的认识和选择。因此,在消费活动中,个性倾向性往往决定着消费者在整个购买过程中的各种态度和行为倾向,决定人们最终的购买选择。

2. 个性心理特征

个性心理特征包括气质、性格、能力等方面,反映人的心理特点的独特性,它往往是人的多种不同心理特点的总和,也是个性结构中的重要组成部分。个性心理特征反映人的心理活动的强度、灵活性、稳定性等动态差异。个体的性格千差万别,显示着每个人不同的气质特征。能力代表着个体在完成活动时的潜在可能性,尤其是个体存在的一些特殊能力。个性结构中的各个部分是相互紧密联系在一起的,通过互相作用和影响构成一个有机的整体个性结构。

二、消费者个性的特点

个性是个体具有的特点,较为稳定。不同的个体都具有区别于其他人的特点。一般而言,消费者个性具有以下几个方面的特点。

1. 个性的稳定性

个性的稳定性是指个体经常表现出来的相对较为稳定的心理特征。"江山易改本性难移"这句话就是指个性的稳定性。当然，个性也不是一成不变的，有时也会由于一些特定的情况，发生相应的辩护，因此，个性的稳定性也可以说是相对稳定性。例如，某个人在大家看来较内向，不善于表达自己，但在某些特殊情况下，也会与他人谈笑风生，显得非常外向和自信。

2. 个性的整体性

个性的整体性是指个体的个性倾向、心理特征、心理活动都是相互联系、相互协调和相互制约的，缺一不可，共同构成一个完整的心理结构。

3. 个性的独特性

个性的独特性指不同个体所表现出的个性心理特征都具有独特的倾向性。独特性属于个性中最突出的特征，在社会生活中，不存在两个个性完全一致的个体，即使是生活在同一家庭中的兄弟姐妹，他们的个性也会存在偏差，其他的个体由于成长环境不同、生活经历不同，个性无疑会有一定的差别。

4. 个性的倾向性

个性的倾向性指个体在社会实践活动中对客观事物持有一定看法和态度。例如，不同个体对物质的需求程度不一样。个性的倾向性对个体个性的改善有重要的影响。

5. 个性的可塑性

个性的可塑性是指个性心理特征随着人们生活经历的变化而产生一定的改变，因此，个性有可能在会在人生的不同阶段显现出不同的个性特征和行为倾向。人们的个性特征往往受年龄、外部环境和主观努力所影响。

三、个性的相关理论

（一）自我意识理论

美国心理学家詹姆斯认为个体的认识可以被分为三个方面，包括物质自我、社会自我和精神自我。

1. 物质自我是指包括身体、形象、家庭等方面的自我认识和评价。例如，人们为了满足物质自我，会主动购买漂亮的衣服。

2. 社会自我是指人们追求身份地位、名望声誉等，通常完善自己的行为来赢得他人的尊重、喜爱。

3. 精神自我是指对自我的思想、智慧等各方面的评价，往往通过自我评价产生相对应的优越感和自卑感，这部分群体通常会用道德准则来衡量自己的行为，较为上进。

对于自我意识的学说还有一位美国心理学家沃特提出的概念运用也较为广泛，他认为个体的自我概念应该由四个部分组成，即真实自我、理想自我、自我形象和镜中自我。

1. 所谓真实自我，代表的是一个客观的、真实的个性本质，个体往往不能客观全面的了解和认识自我，这是由于个体的潜意识存在，影响着判断和评价能力。在现实消费行为中，一些错误的购买行为通常就是源自消费者自身的认识不足。

2. 理想自我，是指个体一直期望达到而没有达到的一种状态。人们追求完美的心理一直存在，而且永无止境，并不是所有的追求都能成为现实，有时候只能是一种美好的理想，激励着人们上进。例如，消费者会选择购买奢侈品、豪华轿车等来满足自己对于理想自我的追求。

3. 自我形象一般是指个体对于自己本人的一些认识和评价。沃特指出，消费者表达自我形象的方式往往是通过消费的商品和行为展现的。购买的商品一般符合自己的形象或者是自己想展现给他人的形象，通过商品的使用来维持或者改变自己的某些形象。

4. 镜中自我是指个体从其他人对自己的看法和评价来认识自我。由于他人的年龄、社会经历的不同，往往对自我的看法也不一样。

总的来说，詹姆斯的自我意识学说分析的条理较为清晰，比较容易被理解，但沃特的学说与詹姆斯的相比，在分析自我意识方面会更加适用。沃特将理想自我和自我形象看作调解人们行为的力量，在消费行为中，消费者购买的商品有助于塑造自我形象，与消费者的心理相吻合，切合实际。

（二）精神分析理论

弗洛伊德提出的精神分析理论指出个性具有无意识的特点，是由儿童时期的冲突导致的。这些冲突一般来自个性的三个方面，即本我、私我和超我。

1. 本我往往主宰了大多数个体的基本需要，并且对于层级较低的基本需求，如生理需求具有一定的驱动力。本我需求通常是在个体无意识下发展而成的。例如，人们感到饥饿之后的进食行为就是本我需求的行为反应。

2. 私我是指个体的自我意识，同时也是对外界客观事物的现实反映。私我所追求的往往是能够让自身成为社会所接受的一个现实个体。例如，人们可以通过购买皮衣、跑车来表现自己的个性和征服欲。

3. 超我对本我有一种约束力，对冲动往往有一定的抑制作用。超我也是一种无意识的心理活动，可以通过提醒自我、道德思想的约束去行动。

（三）特性理论

所谓特性理论是指个性是由描述一般反应倾向的一组特性组成，往往通过调查人们对于某些事物所持有的态度是肯定还是否定的来观察个体对不同事物的反应。对调查的结果进行整理、分析,概括为几个不同的个性层次。许多学者会通过个性特点来进行市场细分。

阅读材料

自助式服务

顾客可以自己在啤酒作坊里酿造啤酒,两周之后便可以从储藏室里搬出自己酿制的啤酒。位于中关村的北京猎奇门啤酒自酿场,就提供这样的自助酿酒服务,可以让每个希望尝试的消费者体会到这一切。正因为北京猎奇门啤酒自酿场提供这样的独特服务,顾客纷纷前来体验,门庭若市。

美国有位商人开了家"组合式鞋店"。货架上陈设着6种鞋跟,8种鞋底,鞋面的颜色以黑、白为主,鞋带的颜色有80多种,提供的款式有百余种之多。进店的顾客可以自由选择自己喜欢的款式,然后交给专业人员进行组合,等待十来分钟,一双由自己设计的称心如意的新鞋便可到手。而其售价也不高,与批量成品的价格差不多,有的甚至更便宜,此举显然引来了络绎不绝的顾客。

请思考: 两个案例中的销售方式为何会吸引消费者?

第二节 消费者的气质、性格与消费行为

一、消费者的气质与消费行为

(一)消费者的气质

"气质"一词源于拉丁语"temperamentum",是比例、关系的意思。气质常常用来描述人们的兴奋、激动等情绪特点。日常生活中,气质通常是指个体的"脾气""秉性"。从消费心理学的角度来看,气质是指个性心理活动中稳定的特性。一般把知觉的速度、思维的灵活性、动作反应的快慢归结为速度方面的特点;把情绪的强弱、意志的紧张度归结为强度方面的特点;把注意集中时间的长短、情绪的起伏变化归结为稳定性特点;把心理活动倾向于外部事物或自身内部归结为指向性方面的特点。由于人们的思维的灵活性程度、动作反应的快慢、情绪的强弱和起伏、注意力集中时间的长短不同,所以表现出不同的气质特征。

气质是人的天性,并无褒贬好坏之分,不能通过个体的气质就决定其社会价值,并且与个体的品质也没有联系。个体的气质具有相对稳定的特点,通常会对人的心理和

行为产生较为持久和稳定的影响。消费者具有自己独特的气质,不同气质类型的消费者会表现出不一样的消费行为和态度。对于气质类型较为相似的消费者常常有较为一致的行为特点。例如,有些消费者在购物过程中常常会产生冲动购买的行为,有些则慢条斯理地进行选择。

气质虽然具有相对稳定性的特点,但在外在客观事物的影响下能够发生微小的变化。由于神经系统需要通过外界刺激产生一定的行为活动,它具有可塑性的特点。在外界事物和环境的影响下,气质是可以被隐藏或得到改变的。除此之外,气质还会受到年龄的影响,处于不同年龄阶段的消费者,气质也会有所变化,例如,消费者处于青少年时期的时候,通常会表现得好动,情绪易冲动,到中年以后,消费行为和态度趋向沉着、安静,理性成分占主要地位。

(二)气质学说与类型

气质是一个很古老的概念。长久以来,不少心理学家对气质进行多方面的研究。公元前五世纪古希腊医生希波克拉底首先提出气质体液说,该学说得到了广泛的关注,之后又相继产生了各种气质学说,如体型说、血型说、倾向说、激素说、高级神经活动类型说等。其中,具有代表性的是希波克拉底的体液学说和巴甫洛夫的高级神经活动类型学说。

1. 气质的体型说

德国精神病学家克瑞奇米尔提出人的气质取决于他们的体型。他将人的体型分为基本的三大类:

(1)肥满型,这种人脂肪丰富、身体短胖,他们的气质往往属于躁狂型,行为特点常常表现为善交际、亲切热情、平易近人等。

(2)瘦长型,这种人身体细长、骨骼和肌肉都不发达,他们一般属于分裂型气质,行为特点表现为不善交际、孤僻、多愁善感等。

(3)筋骨型,这种人身材适中、骨骼健壮、肌肉发达,属于粘着型气质,行为特点表现为认真、思维缓慢、易冲动等。

美国心理学家谢尔登也是体型说的研究者,他通过拍摄并分析了四千多张大学男生的裸体照片,并把他们的体型分为三大类,分类的标准与克瑞米尔有一些共通之处,它们包括:

(1)内胚层型,内胚层型的人通常体型肥胖丰满、消化器官较为发达,其气质类型为内脏优势型,行为特点一般表现为悠闲、爱交际、乐观。

(2)中胚层型,这种类型的人骨骼肌肉都较为发达、动脉粗,其气质类型为身体优势型,行为特点表现为精力旺盛、大胆坦率、自信、冲动、敢于冒险。

(3)外胚层型,该类型的人通常个子较高、细瘦,神经系统、感觉器官敏锐,其气质类型为大脑优势型,行为特点表现为胆怯、敏感、不善交际。

2. 气质的血型说

一般来说,人的主要血型包括 A 型、B 型、AB 型和 O 型。部分心理学家在研究中发现,人的气质是由不同的血型所决定的。不少日本学者对于血型学说具有深入的研究,日本古川竹二根据血型把人的气质分为四种:A 型气质的特点是性情温和、老实顺从、孤独害羞、多疑、依赖他人;B 型气质的特点是感觉灵敏、大胆好动、多言善语、喜社交、好管事;AB 型的气质特点是上述两者的混合型;O 型气质的特点是意志坚强、好胜、霸道、独立性强、有胆识、不愿吃亏。这种理论在日本较为流行。

3. 激素说

伯曼等人提出,人的气质是由某种内分泌腺的活动所决定的。他根据个体的某种内分泌腺特别发达,将人类气质划分为甲状腺型、脑下垂体型、肾上腺型、副甲状腺型以及性腺过分活动型。哪种激素水平高,人的气质就带有某种特点,例如,甲状腺型,其体态为身体健康,双眼有神,其气质特征是知觉灵敏、意志坚强、身体亢奋;脑下垂体型的个体通常体态表现为体格纤细,其气质特征是情绪温柔、自制力强等。经过生理学的研究表明,虽然气质的某些特点确实是与某些内分泌腺的活动有关,但是,气质主要反映的是神经系统的特征。

4. 高级神经活动类型说

高级神经活动类型是由巴甫洛夫提出的关于气质的理论。该理论认为,人的高级神经活动的兴奋过程和抑制过程在强度、平衡性、灵活性等方面的不同组合,构成其气质的生理基础。他将高级神经活动划分为四种类型。

(1) 兴奋型

兴奋型属于强而不平衡的类型,个体兴奋过程占优势。这种类型的人兴奋过程的强度大于抑制过程的强度。而兴奋过程与抑制过程属于不平衡的心理现象,所以一旦有很强的外部刺激,这种类型的人通常容易产生精神分裂,所以也被称为不可遏制型。

(2) 活泼型

活泼型属于神经活动的兴奋和抑制过程强、平衡而灵活的类型。属于这种类型的个体往往容易形成一定的条件反射,行动较为迅速,表现外向活泼,一旦缺乏外部环境的刺激很快就变得无精打采。

(3) 安静型

安静型属于强、平衡而不灵活的类型。该类型的个体通常表现为反应迟钝,容易形成一定的条件反射,但个体的行为难以改变,相对来说稳定性较强,是一种行动迟缓而有惰性的类型。

(4) 弱型

弱型这种类型的个体兴奋和抑制两种神经过程都是弱的,而且抑制过程显得更弱,反应较弱,兴奋速度较慢,在现实生活中,往往接受不了较强的外界刺激,是一种十分胆小又容易伤感的类型。

该学说由于建立在针对高等动物的解剖实验研究的基础上,并且得到其他研究者的证实,因此,具有较强的科学依据,被广泛应用和采纳。

5. 气质的体液学说

古代最著名的气质学说是在公元前五世纪,由古希腊的著名医生希波克拉底提出的体液说。他提出在人体内有四种基本体液,包括血液、粘液、黄胆汁和黑胆汁,这些体液分别产生于心脏、脑、肝和胃。由于个体之间的差异性,这四种体液在不同人体内所占的比例也各不相同。如果这些体液的量太多或太少,或者不能结合,人就会痛苦;如果它们的比例适当并且能够彼此和谐流动时,人才会感觉健康、舒适。用体液来解释气质虽然缺乏科学实验依据,但是体液说对后世的影响相当大。所提出的四种气质类型的名称,曾被许多学者采纳,并一直沿用至今。

(1) 胆汁质

这种气质类型的人的高级神经活动属于兴奋型。通常行为表现为精力旺盛、不易疲劳、热情、直率,但易于冲动、自制力差、脾气暴躁、心境变化剧烈等。

(2) 多血质

这种气质类型的人的高级神经活动属于活泼型。其行为表现为动作和反应速度快、灵活、活泼好动、待人热情、善于社交,但注意力易转移、情感丰富易发生变化、不够深沉。

(3) 粘液质

这种气质类型的人的高级神经活动属于安静型。其行为表现为情绪较稳定,安静、反应速度慢、少言寡语、处事冷静、自制力强但也易于固执、不够灵活。

(4) 抑郁质

这种气质类型的人的高级神经活动属于抑制型。其行为表现为对事物和人际关系观察细致、敏感多疑、刻板、行动缓慢,孤僻寡欢、缺乏信心。

上述四种气质类型都是气质的典型形态,但在现实生活中,大多数消费者处于各类型之间的状态,或者兼有两种气质的特点,属于混合型气质。因此,在判断个体的气质时,不能单一地将其划归为这四种典型形态中的某一类,而是要从他的气质表现出发,分析他可能属于哪种或者哪几种气质类型。

(三) 气质对消费行为的影响

气质对于消费者的购买行为的影响是多方面的,由于消费者气质的不同,促使其消费行为表现出独特的活动方式,消费者之间可能由于不同的气质表现出截然相反的消费行为。一般而言,大致有以下四种表现形式:

1. 主动型和被动型

一般而言,不同气质的消费者在购买活动中会有明显的差异。多血质型和胆汁质型的消费者在购买中会主动与销售人员进行交谈,提出与商品相关的问题进行友好的咨询,有时候还会积极与其他在场的消费者进行交流,听取他人的建议,表现得较为外向。购买商品时,决策速度较快,时间花费短,但兴趣与目标往往也容易发生改变或转移。针对这部分消费者,销售人员应做到热情周到,有问必答,当好参谋。而粘液质和抑郁质的消费者比较被动和消极,通常不会主动接近销售人员,也不会征询建议,不太擅长沟通。因此,销售人员在接待这部分消费者应该保持耐心,适当地给予建议。

2. 理智型和冲动型

粘液质的消费者比较沉着冷静,对于决策方面较为谨慎,因此,在购买活动中往往表现为细致仔细挑选,较为理智。对于外部刺激物的反应较弱,不易受到宣传广告和他人的影响。而胆汁质型气质的人感情冲动且抑制能力差,喜欢新颖、带有刺激性的流行商品。这部分消费者经常会根据自己的喜好来购买商品,不会过多地比较和分析商品的性能。他们往往会被商品某一特点所吸引,被广告所影响,可能会立即做出购买行为,事后后悔。销售人员在接待这一类消费者的时候要充满自信,语言简洁明了,态度亲切。

3. 果断型和犹豫型

在做出购买决策时,气质不同也会影响消费者的购买和决策速度。多血质和胆汁质的消费者一般心直口快,一旦有感兴趣的商品往往会果断做出决定,迅速付诸购买行为。而抑郁质和粘液质的消费者往往会显得优柔寡断,一般也不会主动征求他人建议,在商品挑选的时间上花费较长,并且购买行为容易发生反复。在接待这类消费者时,营业员应有的放矢,要有一定的耐心,等待其浏览一小段时间后再主动接触,消除顾客的疑虑,如果可以的话尽可能让顾客自己挑选。

4. 敏感型和粗放型

由于消费者的气质不同,他们往往对于购买后的体验和感受也不一样。粘液质和抑郁质的消费者对于商品的感受较为敏感,会直接影响到自己的情绪,尤其是在遭遇不良的服务态度时。而胆汁质和多血质的消费者在购买体验上不会太敏感,往往对商品和销售服务人员的态度宽容度较高,不会过分强调自己内心的感受。

不同的气质类型和购买活动中的消费行为表现对应的关系如表6-1所示:

表6-1 气质类型和消费行为表现的对应关系表

	高级神经活动类型	气质类型	购买行为表现
强型不平衡型	兴奋型	胆汁质	热情、直率,但易于冲动、自制力差、脾气暴躁
强型平衡型	活泼型	多血质	灵活、活泼好动、待人热情、善于社交,但注意力易转移、情感易发生变化
强型平衡型	安静型	粘液质	安静、反应速度慢、寡言少语、处事冷静、自制力强,但固执、不够灵活
弱型不平衡型	抑制性	抑郁质	观察细致、敏感多疑、刻板、行动缓慢、孤僻寡欢、缺乏信心

二、消费者的性格

（一）性格的含义与特征

1. 性格的含义

性格（character）一词意思为印记、记号，一般是用来表示事物的特性，心理学研究认为，性格是指一个人对现实的稳定态度，以及与之相适应的行为方式中所习惯表现出来的稳定倾向。性格反映了人对外界客观事物的一般反应倾向，往往通过语言、神态、动作、行为等表现出来。例如，消费者在选购商品时，有的人果断干脆，有的人犹豫不决。

性格不是天生的，而是在生理素质的基础上，在社会实践活动中逐渐形成和发展起来的，是个体最重要的心理特征，一般较为稳定，但也并不是不能改变的，由于性格的形成大部分被个体在社会生活中的经历所影响，而社会环境是在不断变化的，因此，性格也有较强的可变性和可塑性。

性格和气质有一定的联系和相似之处，因此，很多人会将两者混淆，但其实两者有一些区别。气质是情绪方面的反应，不易受外在因素刺激的影响，而性格同时包括情绪反应和意志反应，较容易受到外界的影响。除此之外，个体的气质往往可以影响性格的形成，性格可以调控气质，甚至可以掩盖和改变气质。

2. 性格的特征

性格是一种较为复杂的心理现象，它主要具有四个方面的特征。

（1）态度特征

态度特征是指个体对于现实的个性倾向的特点。例如，个体对社会、他人的态度，有的人待人和蔼可亲，有的人较为强势霸道。个体对外界客观事物的刺激和对自己的态度是相互紧密联系的。例如，人们对他人的评价与对自己的评价有关。

（2）理智特征

性格的理智特征一般是指在心理活动中，个体所表现出的差异。理智通常表现为个体在感知、记忆、思维等方面所表现出来的特征。例如，在感知方面，有的人会通过仔细观察善于发现微小事物的变化，而有的人往往通过外部的刺激而处于被动状态。

（3）情绪特征

情绪特征指的是个体受情绪影响所表现出的特点。例如，有的人受到外在刺激后会表现的较为冲动，而有的人依然沉着冷静，不轻易外露自己的心理状态。

（4）意志特征

意志特征一般是指个体自主的控制和调节自己行为的特征。例如，有的人具有明确的目标，能够控制自己的行为朝着目标方向努力，在这个过程中，有的人较为独立、坚定，而有的人表现出较强的依赖性、易动摇。

（二）性格理论与类型

由于性格在个性结构中占有重要的地位，不少心理学家都致力于研究性格的类型。性格的类型一般是指属于同一类型的人身上所共有的性格特征。性格的表现极为复杂，因此，至今还没有一个分类原则和标准得到充分的认可。接下来，介绍几种具有代表性的性格分类学说。

1. 机能类型说

这种类型是由英国心理学家培因和法国心理学家李波等率先提出的，他根据理智、情绪、意志三种心理机能在性格结构中所占优势地位，从而确定性格类型。依据这种方式可以将性格划分为理智型、情绪型、意志型。一般来说理智型的个体往往运用理智来衡量事物、支配自己的行动。情绪型的个体一般较为敏感，情绪体验深刻，不善于思考，对待事物较感情用事。意志型的个体通常具有明确的目标，做事能够积极主动，不易受外界影响。

2. 向性说

美国心理学家艾克森指出可以按照个性心理活动的倾向来对性格进行划分，可以依照这样的划分方式将性格分为内向型和外向型。他指出内向型的个体一般较为安静、沉默、对待人和事小心谨慎、不善于社交。而外向型的个体往往表现活泼开朗、随和、不拘小节，但较轻率。

3. 独立-顺从说

独立-顺从说是根据个体的独立性将性格划分为独立型和顺从型。独立型的个体一般对待问题和处理问题都较为独立，有自己的主见，不易受他人的影响。而顺从型的个体常常表现为被他人所左右，考虑问题时常常犹豫不决。

4. 价值倾向说

美国心理学家阿伯特根据个体的价值观的差异，将性格划分为6个大类：

（1）理论型，理论型个体一般求知欲较强，善于观察和推理，对于情绪能有较好的控制和压抑。

（2）经济型，这类个体较务实，凡事从实际角度出发，注重经济效益。

（3）艺术型，这部分个体对于事物的外在要求较高，注重审美，通常以艺术价值作为衡量标准。

（4）社会型，社会型个体往往具有较强的社会责任感，宽容大度、较好相处、擅长社交，能够很快地融入新集体。

（5）政治型，具有这种性格的人通常迷恋权力，自信，有时也会表现出专制的一面。

（6）宗教型，这部分人群一般有自己特定的信仰，相信命运，往往表现出逃避现实的一面。

5. 认知风格说

认知风格是指个体面对问题时由知觉、记忆、思维等心理活动，所表现出的习惯性特征。自 20 世纪 50 年代至 70 年代，不少学者已经研究出属于不同方式的认知类型有 20 多种。本章主要介绍两组具有代表性的认知类型。

(1) 依存型和独立型

这个学说是由美国心理学家威特金提出的，独立型一般不容易受外界刺激变化的影响，而依存型往往会受刺激变化的影响。两种类型的个体在人际交往中也会表现出较为突出的差异。依存型的个体通常会利用外在的社会参照来确定自己的态度和行为，对自己的行为表现得较为不自信。一般而言，这部分群体的行为是社会定向的，会主动观察一些社会线索，从而表现出善于与人交往的能力。而独立型个体属于非社会定向，对社会线索不敏感，较为孤僻，不会主动关注所在社会群体的人际关系，社交能力差。

(2) 冲动型和思索型

卡根等人提出可以通过认知风格将个体的性格分为冲动型和思索型。对于冲动型的个体来说，在处理问题的时候往往不会过多地思考，急于求成，会被一些局部的现象所误导，理解较为片面，所以常常会做出错误的决定。而思索型的个体一般处理问题较慢，能够抓住问题的细节，因此，这部分人在决策中往往正确率较高，不易做出后悔的决定。

从上述关于性格分类的学说理论中可以看出，对于性格的类型，不少学者都有自己的分类标准和原则，由于研究角度的不同，所得出的结论也有所差别。个体的性格较为复杂，同时会在不同的情境中有不同的特征和表现，性格也有一定的可变性和可塑性。因此，将性格简单地分类并不能涵盖全部的类型，对于性格分类，只能将其结合具体实践环境进行分析、总结。

(三) 性格与消费行为

在购买的活动中，消费者的性格往往是关键因素。一般而言，消费者之所以会在购买活动中表现出千差万别的行为，其中一个重要的原因就是他们具有不同的性格特点，性格在消费者的购买行为中的表现可从不同角度进行划分。

1. 从消费态度角度划分

从个体的消费态度角度可以将性格分为节俭型、保守型、随意型。

(1) 节俭型

节俭型的消费者在消费态度上往往表现为节约，注重商品的实用性。通常他们在选购商品过程中更多关注的是商品的质量，趋向于选择物美价廉的商品，而对于商品的造型、包装、品牌等并不过分追求，不会消费华而不实的商品。

(2) 保守型

保守型消费者在消费态度上变现为刻板、严谨、性格趋于内向，倾向于传统的消费方式,对新奇的产品往往较为抵制,常常表现为习惯性消费,不愿意尝试新产品。

(3) 随意型

随意型的消费者一般在消费态度上表现比较无所谓,生活方式较为固定,也没有具体的购买习惯。在选购商品的时候,会根据自己的实际需求购买不同类型和标准的商品,也会被广告宣传和外界所影响。

2. 从购买行为方式角度划分

从消费者的购买行为方式角度来进行划分,可以将性格分为习惯型、慎重型、挑剔型和被动型。

(1) 习惯型

习惯型的消费者一般在购买商品时会进行重复购买,对于以往购买过的商品只要达到自己的满意度,就会产生一直不断的惠顾行为,在选择商品的时候,不易受到外在事物的影响。

(2) 慎重型

慎重型的消费者,在性格上的表现包括沉稳、冷静、客观。这部分消费者往往在选购商品时,衡量商品的实用性,并根据以往购买经验,进行仔细比较和分析,谨慎决定。在购买过程中,不容易受到外界影响,情绪不外显,表现出较强的抑制力。

(3) 挑剔型

挑剔型的消费者性格表现为意志坚定,独立性强。这一类消费者通常在选购商品时较为独立自主,不太会接受他人的建议,并且对销售人员的热情帮助表现出一种戒备心理,对于他们的介绍和解释也会抱有怀疑的态度,对商品的选择较认真仔细。

(4) 被动型

被动型的消费者往往会表现出较为消极、内向的性格。在购买商品过程中,由于对商品没有相应的认识和体验,因此,会犹豫不决,缺乏主见,对商品没有具体的特定要求,通常需要通过征求他人的建议后才能做出决定。

第三节 消费者的生活方式

一、生活方式对消费者行为的影响

所谓生活方式,是指个体如何利用自己的时间,在他们的生活中什么才是最重要的,以及他们对周围事物和环境的看法与态度。

消费者的生活方式具有多样性的特点,由于个体之间可能属于不同的文化群体、社会阶层,所以会具有完全不一样的生活方式。这些不同的生活方式是个体自我概念的一种反映。自我概念是指个体对自己的能力、气质和性格等个性特征的感知和评价。一般而言,消费者往往会选择与自我概念相一致的商品。因此,研究消费者的自我概念对企业来说也是十分必要的。自我概念是个体在社会发展的过程中,对自己的行为和态度进行反观而形成的。在现实生活中,其实每一个消费者都有可能具有多重自我,形成不同的自我概念:(1)实际的自我概念,是指消费者实际上如何看待自己;(2)理想的自我概念,指消费者希望如何看待自我;(3)社会的自我概念,指他人如何看待自己;(4)理想的社会自我概念,指消费者希望他人如何看待自己;(5)期待的自我概念,是指消费者期望在将来某一特定时间如何看待自我。在不同的情境中,消费者可能会选择不同的自我概念来参与指导自己的行为和选择。除此之外,消费者的生活方式与其价值观、家庭成员的生活方式也有密切的关系。

生活方式与个性之间容易产生混淆,两者有联系也有区别。生活方式其实受到个性的影响,例如,较为传统的消费者,往往不会去尝试新鲜的生活方式,购买新奇的、冒险的商品。生活方式一般倾向于反映人们如何生活,是研究个体的外显行为,而个性是侧重于研究人们的内部特征,反映的往往是知觉、情感和思维等。

二、生活方式的特征在营销中的应用

在现代市场营销中,生活方式是一个广泛被运用的概念。企业可以通过了解消费者的生活方式来进行市场细分,从而更好地展开营销活动。企业需要了解消费者对闲暇时间的安排,掌握不同类型的消费者如何花费他们的可支配收入。企业营销人员需要意识到消费者所选择的生活方式对其购买行为有很大的决定性作用,什么样的营销方式会吸引哪一类生活方式的消费者群体。

企业基于消费者的生活方式进行的营销活动,被称为"生活方式营销"。生活方式营销的意义来自"产品是人们生活方式的基石"(Solomon,1999)。开展"生活方式营销"的前提是将产品锁定在具有某一特定的生活方式的消费群体中,使产品与这部分目标消费群体的理想生活方式相吻合。只有当产品与目标群体的社会背景相符合时,才能帮助消费者形成一种属于自己的消费方式。如果产品脱离特定的人群,那么任何宣传信息都不能正确地传递给产品的目标群体,达不到推广的目的。

典型案例

大出所料

日本有一家"家庭服务公司"主要经营的是"寄存食品",把各种食品集于一箱,"寄放"在顾客家里,顾客可以先随意取用,后付钱,一般规定根据取用量一个月后结算一次。这是一种方便顾客的推销方法,并且填补了日本经营方式中的空白。刚开始实施这种销售方式的时候,公司内部都很有信心,每个人都觉得这个主意新鲜而富有创新,而且这个方式源自为老百姓着想的基础上,一定能成功。经理也兴奋不已,认为可以为公司带来一个新商机,于是一箱又一箱的"寄存食品"走进了数以百计的家庭,其中茶叶、速食面、味精、糖、醋、油等应有尽有,质量均属上乘。用作投资的300万日元化成了食品,分布在各家各户。一个月后,公司开始派员工逐家检查存货,收回款项,补充食品,可结果大出人们的预料,被送去的食品箱基本都原封不动,由于存货的积压,公司顿时陷入困境。几个月后,公司不得不关门,宣布破产。日本妇女婚后大多待在家里,她们的责任往往就是处理家务,照看孩子,生活单调。对于她们而言,逛街购物是一种具有乐趣的活动,只有在这个过程中才能使她们涉足外部世界,呼吸新鲜空气。

请思考:家庭服务公司为何会以失败告终?

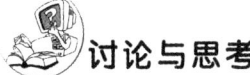

讨论与思考

1. 什么是个性?个性的特征包括哪些?
2. 个性对购买行为的影响有哪些?
3. 什么是气质?气质的类型有哪些?
4. 什么是性格?性格具有哪些特征?
5. 什么是生活方式?简述生活方式的特征在营销中的应用。

第七章 消费群体与消费心理

 **本章提要**

　　消费者的购买行为通常都伴随着复杂的心理活动过程,通常是由社会因素和个人因素共同作用产生的结果。社会因素使消费形成了各有差别的群体,他们具有某种共同的特征。消费心理学需要通过群体对消费者心理影响的角度来研究消费者心理活动的规律。本章主要介绍了消费者群体的概述,细分消费群体的一般方法,分析消费群体各成员之间的相互影响。

 **引入案例**

"小角色"唱出好戏

　　一种质量较好、五颜六色的标有"锐达实"标记的呼拉圈成为各大百货商场的抢手货,刮起了一阵呼啦圈潮,其实它的生产厂家是个没有名气的小厂——延庆工艺美术福利厂。这个厂的员工数量还不足百人,刚起步的时候只是为农药厂生产小塑料瓶,为酒厂生产瓶盖垫,产品较单一。后来,厂长王亚铁听说天津锐达实体育用品有限公司一直想生产呼拉圈,却苦于没找到合适的生产厂家。他当场决定改为生产呼拉圈投放市场,结果不到一月的时间,他们生产的呼拉圈在京津市场就占据了1/3的份额,并且已经向其他省份扩散。

　　呼拉圈畅销之后,王亚铁又积极开发新产品。由于生产呼拉圈会剩下一些下脚料,若当废品处理非常可惜。这时,他通过走访幼儿园和学校,得知国家教委正推广儿童棍棒操,但孩子们因没有健身棒而不得不用筷子来代替。于是,他当场拍板要生产健身棒,幼儿园闻讯后纷纷赶来订货。由于健身棒体积小,方便携带,也逐渐赢得了中老年人的喜爱。

　　请思考:该厂生产出的商品为何能赢得消费者的欢迎?

第一节　消费者群体概述

一、消费群体的含义

所谓群体,是指由若干个具有相同目标和利益并在一起相互作用、相互依存的人所组成的集合体。消费群体是指具有相似消费特征的消费者所组成的群体。通过研究消费群体的购买特征,可以为企业的市场细分、定位提供依据。例如,高收入人群和低收入人群之间的消费心理差异,青年消费群体和老年消费群体之间的消费行为的区别。

二、消费群体特征

消费群体通常具有以下特征:

(1) 广泛性,消费群体一般由一定数量的成员所构成,他们往往来自不同的地区,因此,地理分布较为广泛。

(2) 分散性,消费群体中的每个成员都是单一个体,因此,群体具有分散性的特点。

(3) 同质性,消费群体各成员之间必定具有某些相同或相似的特征,例如,他们之间的是年龄、性别、收入水平、经济能力、职业等较为相似。

(4) 复杂性,消费群体成员之间虽然具有某些相似点,但也不是完全相同,会有若干方面的差别。例如,两个年龄相似的人,他们的收入水平不一样,也会造成他们的消费行为不一致。

(5) 稳定性,消费群体一旦形成,一般会在一段时间内保持相对稳定性。

(6) 变化性,消费群体的购买行为也不是完全不会改变的,只是在一定程度上的相对稳定,随着消费者的需求发展,群体的成员也会有所变化。

(7) 情感性,消费群体在购买行为产生前并没有过多的认知和体验时,往往会根据自己的喜好来做出购买决策。

三、消费群体的分类

(一) 根据群体对消费者心理影响作用的大小

根据群体对消费者心理影响作用的大小可以将其分为主导群体和辅助群体。主导群体构成其社会生活的本质基础,如朋友、同学、同事等。辅助群体一般是指具有相似兴趣、信念的集合群体,他们之间虽然存在着交往,但频率相对于主导群体来说要低得多,交流沟通较少。但是,企业在营销中,并不能忽视辅助群体的影响作用,他们对于消费者的购买行为也具有一定的影响。例如,群体之间会观察他人的消费倾向,形成模仿的消费行为。

（二）根据与消费者实际状况相似与否

根据与消费者实际状况相似与否，将其划分为所属群体和参照群体。所属群体是指消费者存在于其中的群体，它对消费者的行为往往起到直接影响的作用，甚至可以在长期作用下，逐步影响和改变消费者的消费习惯。参照群体是消费者希望加入的群体，这部分群体通常对消费者的行为有较强的引导作用，消费者会主动观察，并通过比较和模仿来改变自己的消费习惯。例如，消费者关注明星的穿着打扮，希望能够走在时尚的前端。

（三）根据个体对某一群体的自我意识区分

根据个体对某一群体的自我意识区分，可以将其划分为自觉群体和回避群体。所谓自觉群体，它是指消费者往往会根据自身的条件进行比拟，主观上把自己划分到某个群体。按照这种方式划分的群体成员之间可以不存在任何交集和关系，例如，高级知识分子群体等。虽然他们之间没有交往，但各成员也会自觉地将自己的思想和行为向该群体的特征靠拢，寻求特征的一致性。回避群体是消费者意识到与自己不相符的，会尽可能地避免归属的群体。消费者在日常活动中，会自觉避免与该群体的消费行为相似。例如，有些高级知识分子，即使收入颇丰，也不会穿戴过于夸张。

（四）根据个体消费者加入群体的时间长短

根据个体消费者加入群体的时间长短，可以将其划分为长期群体和临时群体。长期群体是个体在一段相对较长时间参与的群体，群体成员的归属性具有较稳定的特点。由于成员间的长期联系和作用，因此相互影响较大，群体中可能会形成相似的价值观，从而对商品的评价标准形成一致的意见。临时群体是指消费者暂时存在于其中的群体。这类群体由于是暂时存在，因此，关系和作用一般较不稳定。但并不代表不会对消费者产生影响，往往会在特定的情况下对消费者的购买欲望有很大的激发作用。例如，同时在一家商店消费的群体可以被看作临时群体，但由于促销断码等特殊情况，也许会发生抢购的现象，这一现象通常会激发或增强其他成员的购买欲望。

四、群体规范对消费者心理的影响

群体一旦形成，就需要一定的规范来统一和约束各成员的信念、价值观和行为，从而保障群体实现目的和利益，这样带有约束性的准则就是群体规范。群体规范可以是具有明文规定的准则条款，也可以是得到大家认可的、不成文的规范。

群体内部的信念、价值观和群体规范会形成一种压力，这种压力称为群体压力。个体的信念和价值观对消费者形成的压力往往没有任何强制性的因素。由于群体规范是各成员必须要遵守的一种行为准则，因此其具有一定程度的强制性的压力。其心理作用机制包括：

（一）个体对群体的信任感，使消费者产生服从心理

一般来说，消费者个体的心理活动与所存在的群体的态度倾向是相似的或一致的，这是由于群体压力与成员对群体的信任共同作用的结果。如果群成员在长期发展过程中发生一系列的心理改变，但出于对群体的信任感，也会改变自己的立场，保持与群体的一致性。例如，消费者在购买的过程中，原本通过调查和分析发现某一商品较好，后来通过询问，发现群体中的其他成员大多数购买另一品牌的商品，因此，该消费者也会调整自己的计划，服从心理支配，趋向于群体大多数人选择的品牌，由于信任，并不会过于比较究竟哪个较好。

（二）个体对偏离群体的恐惧，也使消费者产生服从心理

由于个体总会选择与多数人的行为保持一致，因此，如果群体中的某一个成员的行为与该群体准则相违背，要么是选择重复，要么是脱离这个群体。对于大多数消费者而言，往往会选择改变自己的行为，不愿意脱离群体，努力与其他成员相一致。

（三）群体规模对个体心理的影响

个体消费者的服从心理与群体成员的数量多少是一致的。通常群体成员人数越多，对个体成员造成的压力就会越大，个体的服从心理也就会越强，因此，群体规模对消费者的顺从心理的强弱有直接关系。例如，消费者一个人进行消费活动时，往往会对商品表现出犹豫不决的心理，决策时间较长，而当群体中两个以上的成员一同购物时，就会很容易做出购买决策。

第二节　不同性别与消费者行为

消费者的消费行为往往会因为性别的不同而形成差异化的心理活动。因此，性别是一种划分消费者群体的方式之一。

一、男性消费群体

男性消费群体一般主要研究的是成年男性消费者，与女性消费者相比，虽然男性消费者所购买的类别和数量上较少，但花费的额度往往较高，因此，他们一般对于高档商品的购买决策占有主导地位。

（一）男性消费市场的特点

根据目前市场的研究来看，男性的收入水平通常比女性高，往往拥有高档商品的决策购买权。在日常生活中，通过一系列的途径获取的信息量较大，范围广，因此，他们对

于商品的性能、技术等了解得较为全面、透彻。因此,这也决定了男性消费者趋向于购买具有先进技术和结构复杂商品的主导权。同时,男性选择商品的类别和范围有限。

(二)男性的一般心理特点

从男性的心理特征上研究,可以发现男性的行为表现大多为刚强粗犷、心胸开阔、意志坚强、决策果断、具有冒险精神、喜爱体育活动等。

(三)男性的消费心理特点

从消费心理的角度对男性进行分析,可以发现男性的消费目标大多较简单,一般来说,他们主要的消费心理特点包括:

1. 目的明确、趋于理智

相比女性消费者,男性消费者在购买过程中显得较为理智,通常对自己的选择较自信。他们一般在购买之前就已经做好一系列的调查和分析,有了明确的购买目标,因此,理性消费的好处就是很少会后悔,退货的现象也较少发生。男性消费者一般都是事业型居多,购买过程中不愿意花费较多的时间来挑选商品和征询销售人员,往往趋向于直奔主题。到商场购物也仅是为了满足需求,而并不是漫无目的地闲逛。即使买到不是很满意的商品,也很少为此与销售人员发生争执或退货。他们的购买行为表现为敢于冒险,独立性强,有主见,决策果断。

2. 倾向代表权力和地位的产品

由于在现实社会中,男性往往占据主要的领导者地位,不论是从政治还是经济方面,大部分都任重要的职位,因此,男性消费者的消费目标往往需要符合自己的身份地位,这也促使他们会选择能够代表权力和地位的商品。例如,高档轿车、手表的广告宣传的主要对象就是男性。

3. 求新、求异、求癖

由于男性的性格特点表现为敢于冒险、勇于尝试,因此,这也决定了男性会对许多新产品情有独钟。他们对新产品的奇特性相比女性有较高的要求。除此之外,相对于女性,男性会有一些特殊嗜好,比如烟酒成癖、钓鱼、集邮、登山、养鸟等。

4. 求便、求快

男性不论是本身的心理特征还是在社会中的角色需求,都促使他们不愿意花费大量的时间在选购商品上,尤其是对于日用品的购买,这样的表现更突出。他们往往会选择在家或者工作的附近进行消费,对周边的环境较为熟悉,不希望购物排队或长时间等候。

二、女性消费群体

女性消费群体通常主要研究的是成年女性,这部分女性一般购买力较强,年龄范围是 18—55 岁。她们往往在家庭中的角色类别较多,肩负起照顾全家老小的责任,因此,大多数的家庭用品由女性消费者主导,不少女性掌握家庭的财政大权。

(一)女性的消费市场特点

(1)购买数量大、领域广

处于主力购买群的女性大多已婚,收入较为稳定,一半左右的女性掌握着家庭的财政大权,有较强的购买能力。另外,女性常常会发生角色性消费,她们的社会角色较多,女儿、妻子、母亲,承担着家庭大部分人的用品购买权。

(2)消费角色多元化

女性掌握着家庭日常支出开销的购买责任,在购买活动中充当了各种角色。例如,对于家庭日用品的消费,女性是倡导者、决策者,也是执行者和使用者。

(3)情绪型消费特征

女性消费者一般在购买活动中,非理性消费心理占主导。例如,她们在选购商品时往往凭借自己的喜好和印象,对日用品的消费通常根据自己的习惯。消费过程中,容易受到外界因素的影响,如广告促销、销售人员的劝说、他人的建议等。女性在选择目标商品的时候,往往凭借感情,消费行为也大多是在闲逛中发生的,经常会发现家里其实已经有相似的,甚至一次没用的商品。而男性消费者的购买行为通常产生于实际的需求。

(4)自我意识增强

现代女性消费者参与社会活动的比例越来越高,地位也随之提高,对产品的要求逐步地开始强调展现自己的个性和气质。另外,女性相比于男性来说,有更多的时间可自由支配,可以寻找自己的生活和价值。

(二)女性的一般心理特点

从女性的消费心理特征上研究,可以发现女性的行为表现大多为情感丰富、细腻,喜欢交际,注意力集中,联想丰富,对审美的要求高。

(三)女性的消费心理特点

1. 追求情感和实用性

女性消费者和男性消费者在对日用品的购买上,往往具有一个共同的特点,即追求商品的实用性,并且能够维持家庭的和谐统一。但女性消费者在购买高档消费品时,如化妆品、高档衣服、首饰,就会受情绪和情感的影响,容易产生非理性的消费行为。女性的收入水平和经济地位的提高,对奢侈品的渴望度也随之增加,但对此类产品的追求往往受情绪和情感因素影响较多,从消费中获得认可,满足自我需要的完善。

2. 追求便利

女性消费者不仅要忙于事业,也要兼顾家庭的大多数日用品的购买责任,由于角色性消费较突出,因此,往往会投入大量的经历在料理家庭生活上。在这种情况下,她们通常希望在商品的购买上和使用上得到最大程度的便利,从而减轻自己的负担。例如,女性会倾向购买能够减轻自己劳动的商品,包括微波炉、烤箱、吸尘器、扫地机器人等。

中老年女性消费者在购买商品时,则往往反复挑选,经济上精打细算,对价格变化敏感,也容易受便宜货的诱惑。

3. 审美的追求

对于女性消费者来说,她们在选择商品时最优先考虑的因素往往是商品的外部造型、款式、颜色等。她们在消费的时候不仅会注意自己的形象,同样也会关注家庭其他成员。她们对于商品的需求往往从对美的追求上升到一种精神享受。

4. 自尊的追求

随着女性社会地位的提升,女性消费者常常表现出强烈的自尊需求、自我意识。她们会通过自己购买的商品展示自己的品味、能力,同样在意他人通过自己使用的产品对自己产生的评价。希望自己所购买的商品被看作明智的、有价值的。除此之外,女性消费者也会在意销售人员的服务态度,是否有良好的购物体验直接影响未来的购买行为。

(四) 针对女性消费者的营销策略

营销策略的制定一般需要考虑四个因素,即产品、价格、渠道和促销策略。接下来,通过这四个方面来针对女性消费者进行策略的制定和建议。

1. 产品策略

由于女性消费者对于美的追求特点较为突出,因此,企业在设计商品的时候要具有一定的针对性,如多关注商品的颜色、造型、款式。除此之外,女性承担着较重的家务,企业应在商品的设计和销售上都提供一定的便利性,节省女性家务劳动时间和精力。对于能够表现女性形象之美的商品,如衣物,一定要注重独一无二、做工精致,满足女性心理需求。

2. 价格策略

女性对于商品的价格也并不是一味地追求便宜,企业对于价格因素需要分产品进行区别对待。她们对于日用品的购买往往希望物美价廉,而对于高档商品会相信"一分价钱一分货""便宜没好货"。但对于大众熟知的品牌商品,有一定的认知和体验,在进行折扣促销时,消费者也会进行购买。

3. 渠道策略

对于女性而言,逛街并不是一种负担,她们往往会在闲逛中享受乐趣。对于部分商品,女性更倾向于进行试戴、试穿,直观地感受效果,因此,商场购物是女性较为青睐的一种购买方式。企业需要对销售人员进行培训,对消费者进行热情接待,在关键时候给予一定的建议,让女性产生舒适和信赖的感觉,更能加速购买行为。另外,网上购物也是女性消费者喜欢的购物方式,一般会通过网上购买化妆品、品牌服饰、儿童用品等,但在网上购物最担心的就是安全问题,因此,企业要在消费安全上给予消费者足够的信心。

4. 促销策略

女性消费者在购买过程中往往会受到广告宣传的影响,企业在传递商品信息的时候要针对女性心理特点强调商品的实用性、经济性、创造性和时尚性等优点。对于名牌商品的打折促销活动能够引起女性的兴趣,在促销的同时,销售人员不仅要解释好为什么促销,避免消费者抱有怀疑的态度,也要照顾好消费者的情绪,维护其自尊心。

第三节 不同年龄与消费者行为

除了性别之外,年龄也是最常用的划分消费者群体的一个标准。根据年龄指标,消费者可以被划分为五个年龄层次,即 0—3 岁为婴幼儿消费群体,4—18 岁为少年儿童消费群体,19—35 岁为青年消费群体,36—55 岁为中年消费群体,56 岁以上为老年消费群体。

根据年龄划分,主要是因为不同年龄层次的人所经历的社会环境、角度程度和心理特征都不一样,它可以反映个体社会阅历。因此,年龄不同的消费者相应的消费需求也就不一样。一般来说,婴幼儿这部分群体较为特殊,他们虽然是产品的使用者,但购买者和决策者基本是父母及长辈,所以主要通过分析中青年消费者的行为来替代。其余四个阶段年龄的消费者的消费心理特点如下:

一、少年儿童消费群体

一般把 4—18 岁的消费者归类为少年儿童消费群体。他们的自我意识能力还未成熟,正在逐步形成,道德观念、价值观都在不断地发展和完善,因此,他们的购买行为往往还是受到父母、老师、长辈、同学的影响。从我国的家庭结构可以看出,大部分家庭是独生子女,他们大多重视对孩子的投资,有的家庭把儿童消费作为家庭消费的核心支出。因此,目前的儿童用品市场成为我国商品市场的重要组成部分。

(一)少年儿童消费群体的心理行为特点

少年儿童这部分群体按照年龄可以分为三个阶段,4—6 岁为学龄前阶段,7—11 岁为学龄阶段,12—18 岁为少年阶段,这三个阶段的儿童心理特征也并具有差异化。

1. 学龄前儿童消费者的心理特征

4—6 岁被称为学龄前儿童,他们开始了学习的过程,对周围的事物开始有了自己

的认识,逐渐形成自己的喜好,他们的消费心理特征主要包括:

(1) 模仿性消费特点突出

由于这个时期的儿童没有准确辨别事物好坏的能力,因此,常常表现为模仿他人,如父母、老师、同学等。例如,看到其他同学买了什么玩具,自己也想拥有,常常会有"凡是别人的都是好的"这样的心理。

(2) 消费情绪不稳定

此时的儿童容易受到外界客观事物的影响,对商品的喜恶情绪变化较大,常常表现为今天千方百计得到的玩具,明天可能就不感兴趣了。

2. 学龄期儿童消费群体的心理特征

处于学龄期阶段儿童大部分时间都是在学校学习,一般受老师和同学的影响较大,这时候的儿童开始想要摆脱家长的束缚,有了独立自由的期望。他们的消费心理特征表现为:

(1) 消费情绪相对稳定

这个时期的儿童由于在学校学习中对事物的认识得到了提高,消费情绪开始趋于稳定,有一定的判断能力,对自己喜欢的商品不会只有三分钟热度,而是会持续一段时间的热衷。

(2) 模仿性消费减弱

此时的儿童消费心理不会再盲目地模仿他人,有时候甚至希望自己的东西和别人不一样,开始逐步形成自己的个性。

(3) 行为受到社会影响

儿童进入学校后,也就意味着接触社会,家庭成员对儿童影响的比重逐步减弱,社会环境的影响开始日渐增强。

3. 少年期儿童消费者的心理特征

随着少儿身心的不断发展,他们的消费动机开始逐渐由生理性转向心理性和社会性。他们的心理活动开始趋向于独立,自我意识能力增强,虽然还没有独立的经济能力,但购买自己使用的商品开始不再听从父母的安排,而是具有自己的主见,并且希望得到他人的肯定,对自尊心的需求也增强。

(1) 消费行为受社会影响

由于少年期儿童与社会接触的时间和范围都在增大,因此,他们的消费行为由原先受家庭的影响大而慢慢转变为受社会的影响较大。他们在长时间的学校教育和社会影响下,对事物的认知能力有了一定程度的提高,逻辑分析能力也得到了一定的发展,表现出对新产品较为感兴趣,如对新技术、新科技充满好奇。

(2) 形成攀比心理

这个时期的儿童在主观上会认为自己已经有一定的能力,与成年人无太大的差别,消费上往往会和成年人相比较,希望能够独立购买自己喜欢的商品。

（3）行为趋于稳定

随着少年期儿童教育背景不断地提高，接触社会的时间越来越长，购买行为趋于稳定。他们在消费过程中往往会自己独立思考和判断，因此，对于自己的喜恶也已形成。此时，他们也会介入家庭消费中，对新产品的关注和兴趣较高，因此，家长也会在购买商品时，征询或采纳少年群体的意见。

（二）针对少年儿童消费群体心理的营销策略

1. 产品策略

对于少年儿童来说，最好的策略就是提供试用，通过体验来吸引他们。另外，可以多注重商品的包装和造型，通过视觉冲突来引起消费者的关注。例如，玩具的造型独特，颜色鲜艳。除此之外，还可以设计有特色的且易识别的商标，对于三岁左右的幼童来说，并不能完全识别商品的名称，而商标便于儿童的记忆，更容易产生深刻的印象。

2. 价格策略

对于少年儿童来说，他们往往只关心自己感兴趣的商品，而并不关心其价格。由于自己没有支付能力，因此，执行购买行为的往往是家长。企业在做广告宣传的时候更多的是强调商品的特点，而不提及价格，甚至可以根据竞争市场状况采用高价策略。

3. 渠道策略

少年儿童消费者一般倾向于商场的玩具销售区，从而可以体验到自己没有见过的玩具。因此，零售商一般会将玩具类商品陈列在儿童视觉上较容易注意到和拿到的地方。另外，由于大多数父母工作较忙，家庭压力较重，因此，并没有过多的时间花费在逛街购物上，常常通过上网购买来满足需求。企业也要设置网上购物的途径来扩大自己的销售渠道。

4. 促销策略

少年儿童往往会对所购买商品的赠品和奖品更感兴趣。因此，企业在促销商品的时候可以附赠一些小玩具。他们虽然是购买活动中的倡导者，但真正的购买者和决策者都是父母，因此，企业在玩具的赠送上尽量选择有利于儿童成长和发展的商品，这样也较符合家长的心理。

 阅读材料

娃哈哈的成功秘诀

1987年初，杭州市上城区教育局任命宗庆后为校办企业经销部经理，接到的第一个任务就是对亏损的经销部进行重整。宗庆后立即展开市场调查，在调查的3 006名

小学生中,发现其中竟然有近一半的儿童都患有不同程度的营养不良症。虽然市场上有很多不同种类的营养产品,但没有专门针对儿童设计的营养液,通过这样的调查结果,他决定研发出一款专门针对儿童的营养饮品。在做出这个决定时,不少人投向质疑的目光,认为名牌的营养液已经有很多,现在选择推出营养液能有竞争力吗?也有人劝说只生产一种营养液,对开发市场不利。但宗庆后始终坚信,产品必须要突出个性,没有个性,就没有独特的风格,谁都能吃,也就谁都可以不吃。再者大家质疑的销路也不是问题,中国有几亿儿童,市场很大,只要能生产出儿童感兴趣的产品,不愁销量。于是,宗庆后与浙江医科大学朱寿民教授一起研究开发儿童营养液,他们研究出的产品主要以增强儿童食欲、补充儿童缺的营养元素为目标。在成分上坚持采用全天然原料,并且注重产品的口感符合儿童的喜好。产品很快投入市场,再加上出色的销售工作,迅速占领了全国市场,它就是娃哈哈儿童营养液。

请思考:为什么娃哈哈营养液能够迅速占领市场?

二、青年消费群体的心理行为特点

19—35岁的群体被归类为青年消费者。随着身体的快速发育,青年群体的感知能力、思维能力、记忆能力都得到了一定程度的发展,个性也在社会环境的影响下基本形成,心理活动也较为稳定,自我意识基本成熟,自我控制能力在逐渐增强。他们大部分已经有了独立的经济收入,消费行为更加独立自主。青年消费群体的消费行为特点主要表现在以下几个方面:

(一)青年消费者的消费特点

1. 消费群体数量多

青年消费群体人口较多,处在这个年龄段的人大多数都是刚参加工作,经济独立不久,他们的消费独立性才刚实现,因此,消费潜力较大。部分没有结婚的消费者,往往没有什么积蓄,有多少用多少,而有婚姻的消费者需要购置婚房,有孩子的家庭将大部分工资投资在孩子身上。

2. 独立性强

由于此时的消费者经济开始独立,在购买商品上有了自主权。即使还是在校大学生,父母也是按月给足生活费,并不会过于干涉他们的消费行为。随着接触社会的时间越长,消费者越能挖掘自己的需求。另外,由于这部分群体通常会被一些新思想、新的消费观念所影响,关注的事物也较为全面,因此,在家庭大件事物购买的决策中,占有主导的影响地位。

3. 需求个性化

由于这部分群体较自信,思想解放,好奇心强,富于幻想,在消费中表现出较强的个性特征。他们要求自我的消费,购买的商品能够突出个性,不希望自己使用的商品与别人相同,要求独一无二。他们也愿意去尝试一些新鲜事物,体验新奇的消费方式,走在时尚的前端。

4. 倾向于新的消费方式

对于这部分群体来说,除了在商场购物之外,也倾向于网购这样的方式。除此之外,团购和以"拼"字开头的各种新奇的消费方式也是在这部分群体中最受欢迎。

(二)青年消费群体家庭消费心理特征

青年期中期,也就是结婚之后,大多数会离开父母单独生活,成立自己的家庭,这时候他们的自我意识加强。婚后几年,伴随着孩子的出生,这部分人群的人生观大致形成,对家庭和社会的责任感逐步增加。此时,他们的消费行为会因为自身的发展和家庭结构的改变发生一定程度上的变化。

1. 二人家庭

二人家庭也被称为丁客家庭,一般是指婚后没有跟父母居住在一起,也不愿意要子女,只有夫妻二人单独生活。这部分群体由于没有太大的负担,往往只要自给自足即可,因此,消费较为自由,消费潜力很大。例如,他们平时可能会选择去餐厅吃饭,对精神文化的消费逐渐增长。

2. 三口之家

这部分群体一般都属于初为人父母的类型,一般以婴幼儿用品为核心消费支出。他们往往对于孩子的消费表现较为大方,有的父母会购买名牌商品,如婴幼儿护理用品、衣服、玩具等。随着孩子的成长,还会重视孩子的智力开发,因此,在教育投资方面花费较大。

(三)针对青年消费群体的营销策略

1. 产品策略

青年消费者对于创新事物的追求特点较为突出,不仅要求产品的外形新颖,也要求性能具有创新的特点,能够反映时代的潮流发展。他们通常会表现出喜新厌旧的特点,因此,企业需要注重商品的更新,关注市场发展,设计出具有特色的商品。

2. 价格策略

青年消费群体一般对于商品的价格并不是太计较,他们更关注产品本身的设计和性能是否能够达到他们满意程度。对于有孩子的家庭,更是舍得将大部分的收入投资在孩子身上。因此,企业需要确保自己商品具有吸引力,对婴幼儿相关的用品往往可以采取高价策略。

3. 渠道策略

青年人群刚刚进入工作或者是工作不久,工作较忙碌,正处于人生的奋斗阶段,他们只有在节假日有时间进入商场闲逛。而大多数选择网上购物,并且可以通过上网搜寻一些新奇的商品。因此,企业需要构建具有特色的网络平台,并且提供安全的消费方式。在商店的布置上需要讲究风格和特色,符合青年消费者的气质,突出个性和时尚的理念。

4. 促销策略

对青年消费者来说,他们对于促销方式的接受能力较强,只要是具有特色的、新奇的,他们都愿意尝试和体验,成为一种乐趣。例如,企业提供团购优惠服务、套餐组合服务等。

三、中年消费群体

36—55岁的群体被称为中年消费群体,他们在心理上已经成熟,具有较强的自我控制能力,形成了较为稳定的生活方式和消费习惯。这部分群体的收入水平达到了巅峰,消费能力强,并且消费的商品范围较广泛,社会阅历丰富,购买经验充足,在家庭的购买过程中占有重要的地位。

(一)中年消费者的特点

1. 理性消费

中年消费群体虽然可支配收入达到最高的水平,但是注重理财,量入为出,在购买活动中,处处表现出自己的计划性。由于对家庭实际消费的现实思考,不再出现情绪性消费和冲动消费,购买行为趋于理性。能够在购买商品之前做好充分的准备,根据实际需求购买商品。对时尚商品没有较高的敏感度,通常会购买高档的商品显示自己身份地位。

2. 多重角色消费

中年消费群体通常是家庭的中流砥柱,是家庭消费支出的主要负担者。他们正处于上有老、下有小的时期,在实际生活中,不仅要购买家庭日常用品,还要关注老人、孩子的吃穿用度。在购买过程中,不仅是倡导者,还是决策者和执行购买者。

(二)中年消费群体的心理特征

1. 注重商品实用性

中年群体再消费过程中会更关注商品的质量、性能、价格等因素,对于产品的外形和包装并不是太在意。他们一般认为,对于自己使用的产品,为了其美观的外形和精致的包装多花费不值得。

2. 理性、便利消费为主

处于中年时期的消费者往往形成稳定的消费心理,购买商品不会受到情绪情感的影响,着重考虑的是产品的性价比如何、耐用性如何。消费行为经常是有计划性的,有需求才会有支出。在长期的消费中,他们已经有一定的消费习惯,常常会光顾一家商店,购买某一个品牌,成为忠诚客户。在选择商品时,也会倾向于选择能够减轻劳动和精力的便利型商品,从而减轻工作和家庭双重压力。

3. 传统保守消费方式

与青年人群不同,中年消费者受到教育因素的影响,往往会购买自己熟悉的商品,不愿意花费精力去购买需要学习怎样使用的新产品,也不愿意承担风险。对于新的消费方式,他们一般会认为没有必要。除非是有其他的消费者使用后感觉良好的商品,他们认为物有所值才会愿意去尝试。

(三)针对中年消费者的营销策略

1. 产品策略

中年消费群体一般来说消费心理较为稳定,在商品的选择上往往追求实用性。他们对于产品的华丽造型和精致包装并不是很看重。另外,中年消费群体的生活节奏较为紧张,压力较大,通常没有充分的闲暇时间逛街,在购物上也讲究效率,因此,他们会追求购买的便利性,在家和工作的附近进行购买。作为企业需要针对中年消费群体来设计商品,进行适当的定价。

2. 价格策略

中年群体一般倾向于物美价廉的商品,对于日用品的选择,他们往往只看重性价比,企业需要让消费者感受到物美价廉,才能引起他们的兴趣。对于定位高档的商品,要有一定的品牌基础,尽量向他们传递商品的优势特点,让消费者觉得物超所值。

3. 渠道策略

中年消费者大多比较传统、守旧,一般会通过实体店购物,购买方式单一,只有少数的消费者会接受新型购物方式,如网购、团购等。因此,企业实体店销售人员应该热情服务,主动提供建议,耐心解答消费者的问题,赢得消费者的信任,培养其消费习惯,成为企业忠诚顾客。

4. 促销策略

企业在针对中年消费群体开展的广告宣传需要趋向于理性化。在广告传递的信息大多以介绍商品的性能、特点、功效为主。销售人员在提供服务的过程中也需要给与一些专业的意见,通过丰富的知识来打动顾客。

四、老年消费群体

56岁以上的消费者被称为老年消费群体,他们往往是即将退休或已经退休的人群。老年消费市场在不断扩大,不少企业进入老年市场,开发一系列的产品来满足老年人这一特殊消费群体的需要。

由于生理的自然发展,个体进入老年期后,其生理和心理都会发生明显的变化。他们大多记忆力减退,思维能力和反应能力下降,思想较为传统保守,不愿冒风险。

(一)老年消费群体的消费行为特点

1. 习惯性

由于老年人的记忆力和思维能力减退,因此,在活动和行为上往往会依照习惯。老年人在长期的生活中形成了较稳定的态度和行为习惯,对某一品牌的喜好一旦形成,很难被外界事物所影响。在这种情况下,销售老年产品的企业尽量不要随意改动商标,并且可以打出"老字号"标语进行宣传,但也不是一味地守旧,在保持传统风格的基础上可以适当地根据社会发展来开发新产品。

2. 求便性

老年消费群体的消费行为稳定性很高,在商品的选择上更加注重实用性和便利性。由于身体因素,老年人行动较为缓慢,会尽量选择自己经常购买的家附近的购物场所,在选择商品的时候,也会尽量选择自己轻而易举能拿到的商品。因此,企业需要将针对老年人的商品的陈列位置放在适当的高度。

3. 求廉性

追求价格的便宜虽然是消费者的普遍心理,但在老年群体中体现得更为突出。由于我国老年人的早年勤俭节约的经历,促使他们养成了精打细算的生活习惯,另外,退休之后的收入减少,使得他们更倾向于低价消费。在这种情况下,企业可以通过降低不必要的开支来减少成本,以低价策略来满足他们的心理需求。

4. 需求老龄化

由于生理和心理需求,老年人的消费目标发生改变。他们更加倾向于保健品精神娱乐的消费,对高档商品和奢侈品等外在的高昂消费并不太关注。对于自己感兴趣的或对身体有益的商品,往往也会有明显的支出。

(二)针对老年消费群体的营销策略

老年人由于身体的衰退,往往会表现出很多的力不从心,在购买活动中常常会出现视线模糊、动作缓慢等现象,企业销售人员遇到这样的情况要主动给予关怀,热情服务,必要时给出一定的诚恳建议,尽量让他们买到满意的商品。在商品的定价上要考虑到老年人的接受程度,尽量满足其求廉心理。老年消费群体还会对健身、休闲娱乐的商品较为感兴趣,因此,企业可以开发一些"银色商品",挖掘这部分群体的市场。

 **典型案例**

英雄泪与老人宴

1989年，个体户经营的餐馆较受大众欢迎，而国营餐饮业却一筹莫展，门前萧条。当时，34岁的杭州市知味观饭店经理严雄华心事重重，决定率先打破这种局面，让国营餐饮业在市场中争得一席之地。

严雄华把脑筋动在了"情"字上，将主力目标锁定在老年群体上。当时，新闻界披露了不少不尊重老人的行为和事件，他决定在店里为长寿老人提供免费点心宴，以此宣扬中国人敬老孝老的传统美德，以情动人来吸引顾客。为了起到宣传的作用，他利用春节前后阖家欢乐的节日假期背景渲染下，在《杭州日报》发布一则广告，称"知味观为真诚鸣谢众人关心和支持，现特举办免费寿星点心宴——凡满90岁至95岁者，供应点心宴1桌（含家人10位），凡满95岁至99岁者，供应点心宴2桌（含家人20位），100岁以上者，供应点心宴3桌（含家人30位），请凭本市居民身份证联系"。此广告登报后引起了大家的关注，成为了街头巷尾激烈讨论的话题。很多消费者不相信还特意打电话询问广告的真实性。

当人们得知广告确实真实有效之后，纷纷前往知味观，一时间饭店门庭若市，寿星点心宴厅灯火通明，这样独特的经营方式再加上热闹至极的氛围成为了记者们抓抢的新闻。一天之内，三世同堂和四世同堂的一共来了23家。每桌提供的免费点心包括虾肉小笼包、幸福双、长寿面、糯米素烧鹅等七道食品。老人们也很感激知味观提供了这样阖家欢乐的机会，创造了这份天伦之乐，其中有老先生提笔留言："人寿逢圣明，年丰方知味""只有在社会主义制度下，才会出现寿星宴这种创举"等。

寿星宴得到良好的反响之后，严雄华又想出一个独特的宣传方式，即向75岁以上的老红军、老干部专设"功臣宴"。这个举措的目的是为了让人民永远不忘那些为中国革命做出贡献的人们。"功臣宴"厅写有一幅对联："饮水不忘掘井人，美酒一杯寄深情"。老革命们受邀请进入宴会厅，无不感慨万分，有的情不自禁地挥毫抒情。

这些举措通过《中国商报》、省市新闻单位的广为传播，使知味观名声大振，引起一阵轰动，到这儿举办各种寿宴寿酒的顾客络绎不绝。严雄华在发布这些广告之前已经做过估算，其实全市90岁以上的老人都来了，差不多是600桌左右，而实际上，子孙们为了表示孝顺，通常都会另外购买一些美酒佳肴。这样一来，并不会赔钱，反而还有一定的利润。因此，知味观当年的营业额比上年增长1/4，利润上升40%。不仅是金钱的收入，至此之后，知味观几乎成了杭州人为家人做寿的定点饭店。

请思考： 知味观饭店营销的成功之处是什么？

讨论与思考

1. 什么是消费群体？有哪些特征？
2. 消费群体有哪些类型？
3. 男性、女性消费群体分别有哪些消费特点？
4. 少年儿童消费群体分为哪几个时期，分别有什么特点？
5. 企业针对青年消费群体的营销策略有哪些？
6. 中年消费群体的购买行为心理特征有哪些？

第八章 环境因素与消费心理

 **本章提要**

在购买活动中,消费者的消费行为不仅会受到其本身心理因素的影响,还会受到外界环境因素的影响,如社会、文化、家庭等。本章主要介绍不同的国家、地区和民族的文化传统、生活习惯,社会群体和家庭环境对消费者行为的影响。

 **引入案例**

式样层出的木钟

1981年,烟台木钟厂生产的"北极星牌"木钟年产量达到90万支,1992年突破了百万,在全国同行业中排名第一,产品销往全国各地和世界上40多个国家和地区,多年以来,它有着自己的成功之道。

木钟厂会根据各国家、地区或民族的不同习俗来进行设计和生产。国内外一些城镇的大多数消费者对色泽素净清雅的钟壳感兴趣,该厂就针对性地设计了各种具有现代风味,造型美观大方的浅色钟壳。不少农村用户倾向于红火喜气的钟壳颜色,该厂就设计出具有民间传统艺术特色的红漆圆座钟,以及饰有金色云涛和骏马的雕花铜柱各式座钟。西欧市场对外观复古的钟感兴趣,而华侨对一些能够反映民族气派的式样较喜爱。该厂便设计出了雕刻座钟,双历挂钟,落地钟等9个品种和16个花色式样的木钟。

木钟厂还会根据用户的要求,改进木钟的性能。有些消费者希望能够买一种可以控制报时音响的木钟,该厂便设计出"报时止打装置";有的消费者则希望木钟发条走时长一些,该厂便设计了连续走时31天的"月神"。

请思考:该厂生产的木钟为何能够在不同消费群体中广泛受欢迎?

第一节　文化因素与消费行为

一、文化概述

(一) 文化的含义

文化的含义分为广义和狭义。所谓广义文化,是指人类在历史实践中所创造出来的一切物质财富和精神财富的总和。而狭义文化是指社会意识形态和与之相适应的制度和组织,如宗教、科学、道德等。广义的文化一般包含三个层次,即物质文化、精神文化、制度文化。

(1) 物质文化是指社会生产所必须的物质条件,是人类生活的环境基础。它是文化构成的基础,是视觉看得见的,如厂房、住宅、公共交通等。

(2) 精神文化是指指导和支配大多数社会成员的思想意识,如价值观、审美、道德规范等。它是文化的核心,不是通过物质表现出来。

(3) 制度文化是指用来协调社会关系,约束个体行为所形成的制度和法规。它属于文化中较为独立的一个层次。

(二) 文化的特征

1. 习得性

人们的文化意识并不是由遗传决定的,而是通过后天学习得来的。通过学习,文化能够源远流长。不同的国家和地区经过长期文化的延续,形成独特的个性,并不会轻易在其他文化的冲击下发生巨大的改变。另外,不同的国家和民族之间也存在着相互学习,通过学习可以融入其他的文化精髓,从而可以使得原有的文化得到完善和发展。例如,不少中国人结婚会选择穿着西装和婚纱,进入教堂举办婚礼等。

2. 适应性

文化并不是一成不变的,它会随着环境的改变而变化。当个体认识到新的文化,面临新问题时,他们的价值观和行为习惯往往会发生改变,从而形成新的文化。

3. 群体性

文化一般会被特定的社会成员共同接受,并严格遵从。这部分特定的社会集体可能是一个家庭,一个地区,一个民族,一个国家等。例如,在穿着风格上,英国人通常表现为庄重、大方,法国人则时尚、追求艺术感。文化的形成确定了群体之间的界限。

4. 相对稳定性

文化一旦在群体成员中形成,一般以风俗习惯表现出来,保持的时间较长。当然,文化也不是一直不会改变的,科学技术的发展、人口的变化等因素都有可能造成文化的改变。

（三）文化对消费者心理的影响

1. 民族传统

中国传统文化是以儒家伦理道德为核心的，我国社会学家司马杰将其概括为"尊祖宗、重人伦、崇道德、尚礼仪"。沿用到消费心理上，表现为不求奢华、讲究实用性，消费观念上通常表现为精打细算，对商品的评价标准主要是物美价廉、性价比高，通常以勤俭节约作为传统美德。伴随着市场经济的快随发展，人们的生活水平有了质的提高，外来的文化对中国文化也有一定的影响，因此，传统文化也在发生改变。消费者希望自己的行为能够得到社会的认可，能够与周围的人和事保持一致，相互协调，不希望自己的行为受到群体的排斥。这样的表现往往来自消费者的求同心理，因此，对于一些能够满足大多数消费者需求的商品，会引发一阵消费潮流。例如，节假日有请客送礼的传统，这也形成了临近节假日的消费旺季，企业应该顺应消费习惯来针对性地制定营销策略。

2. 风俗习惯

风俗习惯一般反映在日常生活中，如衣食住行、接人待物、传统节日等。一般而言，由于民族的宗教信仰、传统文化、自然环境、经济水平等因素的影响，因此，不同的民族会形成不同的生活习俗。

一个民族的风俗习惯通常联系着该民族成员的感情，因此，企业在营销过程中需要时刻尊重他们的风俗习惯，这样才会受到肯定，有可能转化为购买行为。企业在开发新市场时，需要了解和尊重当地的风俗，设计出符合其风俗习惯的商品，从而迅速打开市场。

每个民族都有自己的传统节日，如汉族有春节、中秋节，傣族有泼水节等。各民族通常都按照自己的传统方式在节日里举行庆祝活动。这个时候一般都是各民族消费者的消费高峰期，如果能抓住这个时机，企业的市场销售额将大幅度上升。因此，企业应该掌握各民族的传统节日和习俗，满足各民族消费者的需要，同时提高企业的经济效益。

3. 价值观念

所谓价值观念，是指个体用来评价和衡量商品价值的心理标准。价值观会根据个体的需求、兴趣的不同而存在差异。例如，发达国家认为能够提供便利性的商品，节省消费时间的就是受欢迎的商品。我国的大多数消费者在购买商品的过程中，较为看重的是商品的性能和价格。通过对不同品牌商品的性价比方面进行反复比较，分析权衡后才会做出购买决策。

价值观并不是单一的作为衡量、评判商品价值的心理标准，并且多个标准也会分为首要标准和次要标准。消费者购买商品时，先要满足首要标准，然后再考虑其他的因素。例如，有的消费者在购买手机时，首先会看造型是否符合其审美观，接下来会考虑价格等因素。一旦商品还没有达到消费者心中的首要标准，那么消费者将会产生消极态度。因此,企业在产品的设计和宣传时,对消费者价值观念中的首要标准要更加重视。

价值观会随着社会环境的影响而发生变化,从而导致消费行为的变化。消费行为的变化会同时给企业带来机会和威胁。企业应该顺应市场发展,尽可能地在市场变化之前做好预判,及时推出符合时代价值观的新产品,同时制定出针对性的营销策略。

4. 宗教信仰

不同的宗教会有不一样的行为准则,对信仰者的约束力也有一定的差异化。随着社会的快速发展,不同的文化之间也存在相互渗透,各取其精华。随着人们对自然界的认识和发现,宗教中的一些说法和认识都在被逐渐淡化。因此,一些起源于宗教的节日逐渐演变成了一种风俗习惯,而并不具有浓烈的宗教色彩。但在节日中形成的消费习惯往往被选择性地保留下来,一致沿用至今,因此,企业应该及时销售一些节令商品,把握市场机会。

二、亚文化概述

(一) 亚文化的概念

亚文化是不同于文化的一个概念,它是指某一文化群体所属的次级群体所共有的价值观、生活习惯和行为准则等,如宗教、种族、语言等。一个完整的文化环境包括文化和亚文化。从消费心理的角度来讲,在购买活动中,通常亚文化对消费者行为的影响力更深远和直接。处于同一文化背景下的成员在消费行为上可能存在一定程度的差别,但属于同一亚文化的成员,在消费行为方面就会有相对较多的相似之处。

(二) 亚文化的分类

亚文化有多种不同的分类方式,目前国内外很多的学者基本都是按照民族、地区、宗教和种族来进行划分。

1. 民族亚文化

我国由不同的民族构成,是一个多民族国家。每一个民族都有自己独特的传统、风俗、习惯。与其他国家不同的是,我国各民族之间的人口数量不平衡,甚至相差较大,居住也比较分散,大多数以汉族为主。例如,蒙古族衣着大多是蒙袍,住在帐篷里。因此,企业营销人员应该注重民族亚文化对消费者行为的影响,避免与其相冲突和矛盾。

2. 地区亚文化

由于地理上的差异,使得人们的生活习惯和消费习俗都会有一定的差异。因地域形成的习惯往往较为稳定。例如,北方冬天寒冷,习惯吃火锅,由于光照和气候的原因,种植物也会有所区别,使得北方人爱吃面食,南方人以大米为主食。地区亚文化直接影响着消费者的生活方式、购买力大小等。

3. 宗教亚文化

不同的宗教信仰会产生不同的文化倾向、风俗习惯。由于宗教可以影响个体的价值观和行为,因此,大多数的宗教群体都有着不同的生活方式和消费习惯。企业在产品的生产中需要注意宗教的禁忌,如伊斯兰教对酒精商品有禁忌,佛教、印度教食素等。当消费者对宗教信仰越虔诚,对其影响力就越强。

4. 种族亚文化

一般而言,可以将种族分为:白种人、黄种人和黑种人,他们各有自己独特的文化传统。即使不同的种族生活在同一个国家或者地区,也会有一些需求和习惯的区别,如商品的品牌、价格、购买方式等。

(三)亚文化消费者心理的影响

1. 国家亚文化的影响

随着我国经济体制改革和对外开放的不断深入,国际上的经济交往逐渐频繁,进出口贸易较活跃。在这种情况下,企业需要了解不同国家的亚文化特点,从而做到知己知彼,取长补短。不同国家的社会环境、经济发展有差异,因此,形成不同的亚文化消费习俗。例如,中国以红色为喜庆的颜色,而北欧的一些国家将红色视为不吉利的颜色。这就要求企业在进入不同的亚文化市场之前,需要备足功课,做到充分了解市场。

2. 民族亚文化的影响

我国有56个民族,大多数民族之间都存在宗教信仰、生活习惯等方面的差异,因此,民族之间会形成相对独立的消费方式,从而影响消费行为。例如,哈萨克妇女喜欢穿马靴,朝鲜妇女喜欢穿长裙等。因此,企业应该掌握各地不同民族生活习俗,设计好生产处能够满足各民族特殊需要的商品,扩大市场范围,满足各族人民的物质文化生活的需要。

3. 地区亚文化群及影响

地理环境、生产条件的不同,往往会形成具有差异性的地区亚文化。对于消费者来说,通常表现为消费心理、消费观念和消费习惯的不同。例如,不同地区人们的饮食特点各不相同,八大菜系就反映了我国餐饮文化的多样性。因此,企业不仅要考虑国家和民族之间的文化差异,还要对地区亚文化的多样性予以重视,在产品进入新的市场之前,做好充分的调查,避免与其亚文化发生矛盾,让消费群体产生反感,影响企业产品的销量。

 阅读材料

丰田汽车的广告失误

日本丰田汽车公司一直擅长于利用广告宣传扩大产品影响力,但是近年曾发生两次重大的失误,给公司造成了一定程度的负面影响。

第一个广告失误发生在澳大利亚,广告推广的主题是宽体轿车,由日本一家广告公司完成设计和制作。广告的画面上是一位怀孕的妇女,腆着大肚子坐在汽车里,广告词是:"没有比坐在丰田轿车里更舒服的了。"表面上看这则广告确实是在体现轿车的宽大舒适性,却在当时招来了澳大利亚消费者的强烈抗议。最终,澳大利亚广告委员会裁定,丰田汽车公司的这则广告严重触犯了怀孕女性的尊严,违反了《广告法》,受到消费者的抵制,一时间丰田公司的形象和名誉大大受损。

第二个失误发生在南非,丰田汽车公司为了体现其小吨位卡车行车稳、牵引力好的特点,利用诙谐的广告方式,将这种汽车和站不稳的猪蹄子相对比。由于公司没有全面彻底地调查清楚当地居民的宗教信仰,只是想当然地认为南非几乎都是黑人和白人,却不知道南非有相当数量的穆斯林,他们在看到这则广告之后提出强烈抗议。无奈之下,公司为了挽回损失第一时间承认自己的失误,并且积极地修改了广告,却也难以在短期内弥补这一过失带来的名誉影响。

请思考:丰田汽车公司的创意广告为何会产生消极效果?

第二节 社会阶层与消费者行为

一、社会阶层概述

所谓社会阶层,是指按照一定的原则和标准把消费者分为不同的社会等级。一般来说,不同社会阶层的消费者具有不同的价值观、行为习惯。同一社会阶层的消费者通常具有相似的消费心理。个体究竟属于哪个阶层一般受到多种因素决定,包括教育背景、经济能力、职业、活动区域范围等。在这些影响因素中,教育背景和经济能力尤为重要。

(一)美国社会阶层的划分

对于社会阶层划分最具有影响力的是美国社会学家华纳的划分方法。他按照个体的教育背景、经济能力、职业、居住条件、活动区域等,将社会成员划分为六个不同的社会阶层,即上上阶层、上下阶层、中上阶层、中下阶层、下上阶层、下下阶层。

1. 上上阶层

这个阶层的社会成员占比较少,成员组成包括一些显赫的家族。这部分成员一般受教育水平较高,生活情趣高雅,社会责任感较强,平时的行为举止和消费习惯都体现着优越的出身。由于世代都需要维护家族的名誉感,他们在穿着上较为传统,讲究名牌,同时也会避免夸张的购买,生活方式以享受型为主。他们的生活方式和消费行为也是其他阶层追求和模仿的对象。

2. 上下阶层

这部分社会成员主要是由一些成功的企业家、政治上的显赫人物、社会名流、具有超级专业知识的人士组成。他们的收入有的时候会比上上层的成员要多。他们的存在往往是投资市场的主体,掌握着政治和经济的脉搏,通过自己的知识或职业能力获取财富,其中一部分人可能会产生炫耀性消费,如购买豪宅、豪车。奢侈品来显示自己的身份地位和经济能力。

3. 中上阶层

中上阶层一般是由一些具有高级专业知识和高超技术特长的人员所组成,如科学家、医师、律师、教授等。这部分社会成员通常没有巨额财富,相对来说,有稳定的收入。他们的收入往往来自知识的积累和应用,重视文化生活,对能够展现自我价值的商品较感兴趣,如书籍、高科技商品、营养品等。

4. 中下阶层

中下阶层一般是由具有中等收入的白领阶层、蓝领阶层、小企业主和教师等组成。这个阶层的人数占比较大,他们往往具有稳定的收入,但收入水平一般。他们的消费观念通常是追求实惠,消费大众商品,在商品的选择上有时候也有一定的品牌意识。他们对于子女的教育较为重视,在教育上的开销比例较大。他们的消费目标倾向于保持家庭整洁干净的商品。

5. 下上阶层

下上阶层的社会成员一般是技术工、基层职员等,他们往往受教育的程度较低,没有专业的知识背景和卓越的技术特长,收入处于中下水平,工作的稳定性不高,由于能力有限,因此,晋升的机会较少。对于这部分群体而言,他们在消费过程中往往追求商品的实用性,倾向于物美价廉的商品,但有时也会产生冲动性购买。

6. 下下阶层

下下层是属于社会的最贫困阶层,如非熟练工、贫困人群。他们往往没有高教育背景,社会地位和收入水平都处在社会的最低层。其中,大部分成员处于长期失业,是政府和非营利组织救助的对象。他们的生活环境较差,一般无积蓄,在没有外界帮助的情况下,很难摆脱贫困的状态。这部分群体一般消费目标仅是日常生活用品。

(二) 我国社会阶层的划分

2002年,中国社会科学院有关专家以职业分类为基础、以经济和文化资源的拥有状况为准则,对中国社会阶层结构进行详细的划分,具体包括十个社会阶层和五种社会地位。其中,十个社会阶层包括国家与社会管理者阶层、经理人员阶层、私营企业主阶层、专业技术人员阶层、办事人员阶层、个体工商户阶层、商业服务业员工阶层、产业工人阶层、农业劳动者阶层和城乡无业失业半失业者阶层。

2003年,中国社会科学院社会学研究所的专家进一步对不同社会阶层的经济属性和消费现状进行了调查,按照恩格尔系数对各消费阶层进行了划分,具体分类包括最富裕阶层、富裕型阶层、小康阶层、次小康阶层、温饱阶层、贫困阶层和绝对贫困阶层。所谓恩格尔系数(Engel's Coefficient),是指食品支出总额占个体消费支出总额的比重,它是由19世纪德国统计学家恩格尔提出的。一般来说,家庭收入越少,收入中用来购买食物的支出所占的比例就会越大,随着家庭收入的增加,购买食物的支出比例会逐渐下降。

1. 最富裕阶层

最富裕阶层是指恩格尔系数在0.29及其以下的社会成员。这个阶层的家庭一般由民营企业家、合资企业老板、名画家、名作家、证券经营获高利者组成。对于这部分群体来说,他们通常掌握着大部分的经济,往往是奢侈品、收藏品的购买者,讲究商品的品牌、品质,购买决策较为果断,高档商品的消费已经成为常规化。他们经常消费的商品如豪华饭店、高档时装、打高尔夫球,对投资型产品较为感兴趣,如股票、房地产、珠宝、古董等。

2. 富裕型阶层

富裕型阶层一般恩格尔系数在0.30—0.39之间,这个阶层主要是由有一定专业技术的管理人员、技术人员、个体经营者组成。由于职业的需要,他们大部分时间会用在工作和社交上。他们在购买活动中,往往倾向于简单快捷型商品,追求新科技,注重时尚、个性化的消费,对住房和交通也有较高的要求,追求品牌消费,能够通过使用的商品突显自己的身份地位。

3. 小康阶层和次小康阶层

这个阶层的成员家庭消费一般恩格尔系数在0.40—0.59之间,这个阶层的成员数量最多。其所包含的家庭包括我国大中城市和较发达农村的大部分家庭。这样的家庭一般衣食无忧,生活水平已经达到了良好的层次,有一定的投资欲望,注重生活的质量,追求个性化消费,对名牌和进口商品较为信任。与前两个阶层的最大差别在于住房和交通水平、高档品的消费。由于人数占比较多,并且具有一定的消费潜力,这一阶层也是各类产品的消费主力。

4. 温饱阶层

温饱阶层的恩格尔系数一般在 0.60—0.69 之间，这部分家庭主要由中小城市普通居民和工薪阶层组成。这个阶层的家庭消费商品大多数是为了满足和维持基本的生理需求，除此之外，只是略有结余。他们往往对于日常需求外的消费品会谨慎考虑，教育子女和储蓄是他们的主要消费倾向。这部分群体一般对商品的价格较为敏感，追求实用性消费，对物美价廉的商品感兴趣，购物时通常会精挑细选，不盲目追求名牌商品。

5. 贫困阶层和绝对贫困阶层

这部分阶层一般恩格尔系数在 0.70 及以上，甚至超过 0.80。其社会成员主要包括失业下岗人员、低收入职工和贫困地区的农村家庭。这个阶层的消费者通常需要将全部收入用来维持基本生活，往往没有独立的消费意识。他们在购买过程中基本属于求廉型。对于购买的商品也只能是勉强度日的生活必需品。

二、不同社会阶层的消费心理差异

由于不同阶层成员的受教育程度、经济能力、职业等都存在一定的差异性，他们的消费心理和行为习惯也有较大的不同，主要包括以下三个方面。

1. 消费观念

不同阶层的消费者，他们在购买商品过程中往往会按照自己的经济能力进行合理的支配和选择。具体表现包括求名、求实、求廉、求新、求美等。

2. 购买地点

社会阶层也会影响其成员消费地点。消费者往往会倾向于选择与自我意识和社会阶层相符合的地点进行消费。例如，高阶层的消费者会选择进入高档商场进行购买，而低阶层的消费者可能会选择批发市场或者地摊。

3. 获取信息渠道

不同阶层的消费者在商品信息的获知渠道上有一定的差异性。例如，高阶层的消费者会从一些宣传广告上得知产品的信息，如电视、报刊、杂志等。而低阶层的消费者往往通过口碑式的人际传播方式获知商品信息。

三、社会阶层在营销策略中的应用

作为企业营销工作人员，需要关注不同阶层消费者之间的消费需要和行为的差别，根据各社会阶层的消费特征制定相对应的营销策略。

1. 广告

企业需要对目标消费者的社会阶层进行定位，根据该群体的受教育背景和相应的信息理解能力，制定与其相符合的宣传广告和选择能够广泛传递信息的传播渠道。例如，低阶层的消费者更容易接受真实感很强的广告，特别是广告的内容能够展现积极生活态度、充满活力。对于高阶层的消费者更倾向于模糊的、微妙的象征性手法，能够潜意识里激发消费需求。

2. 市场细分

不同社会阶层的消费者在各种类型的商品购买商都会有一些实质性的差别，企业营销人员需要分清楚各阶层的消费行为界限。例如，高阶层的消费者在购买电器时不仅看重电器的性能，还强调其造型和颜色等，而低阶层的消费者一般只关注电器的性能，对于其他要素不是特别看重，在价格合理的情况下，处于次要考虑因素。

3. 销售渠道

不同社会阶层的消费者对于经常消费地点的选择有一定的差异性。一般而言，低阶层的消费者倾向于临近的经常打折促销的商场、批发市场等，这与他们的消费行为特点有密切的关系，他们往往追求物美价廉的商品，对价格较为关注和敏感。而高阶层的消费者会选择高档商场。因此，社会阶层消费行为的特征可以为产品销售渠道的策略提供依据和方向。如果目标市场是低阶层消费群体，那么商品的销售场所应该选择这些目标消费者聚集的商场，不能草率地选择大型购物中心。在销售过程中，企业销售人员也需要关注消费者的自尊需求，进行热情友好的接待。如果目标市场是高阶层的消费群体，企业就应该选择将产品进驻高档百货公司进行销售，而且强调商品的新奇、性能等优势。

4. 广告媒体

社会阶层的不同，对商品信息的获知渠道也不一样。各阶层消费者有各自倾向和感兴趣的传播媒体。例如，高阶层消费者倾向于网络、杂志、书籍、报刊，而低阶层消费者喜爱电视。不同的阶层对同一个媒体形式也有不同的类型选择，如不同阶层的个体对电视的频道和节目的主题选择有区别。

第三节　家庭与消费者行为

家庭是建立在婚姻、血缘和继承关系之上的一种社会生活组织形式。它是社会的基本组成单元，也是作为个体首属的一个群体。家庭与消费者心理行为相关的功能包括：经济、情感、教育等。其中，经济功能是提供家庭生活条件处于何种水平的一种支撑和保障。情感功能是指家庭成员之间交流情感和思想的场所。教育功能是指家庭成员接受教育和学习的场所，尤其是儿童。

由于个体受传统的家庭观念的影响，尤其是亚洲，因此，在理解收入的时候一般是以家庭为单位，并统一支配。因此，研究个体消费行为的同时，有必要以家庭为基本单位进行消费者行为的研究。在日常购买活动中，大多数商品都是以满足家庭需要而进行购买，如日用品、家电、轿车等。一般来说，个体的消费心理和习惯最先被家庭所影响。

一、家庭结构

1. 单身家庭

所谓单身家庭,一般是指只有一个家庭成员所组成的家庭。例如,年老单身的鳏夫或寡妇,离异或丧偶一方的独身家庭等。单身家庭的成员数量限定为一人,因此,其对于大宗物件的购买需求较低,对于日常生活用品单次的购买数量也较少。在消费行为上,倾向于简单、快捷的商品。但也不都是如此,现在的年轻人在没有结婚之前,往往都是刚刚有了自由消费的权利,追求时尚、新奇的商品,对于喜欢的商品会产生冲动性购买的行为。同时,他们重视自己的生活品质,对产品的品牌、性能的要求也不断提高,这部分群体有巨大的消费潜力。

2. 核心家庭

核心家庭一般是指由两个成年人组成,存在男女婚姻关系,并拥有未婚子女的家庭。这类家庭也是最为典型的一种家庭类型。需要注意的是,这类家庭中的子女并未独立。一般而言,核心家庭中的夫妻大多数都有自己的工作,经济收入较为稳定,消费心理表现为求新、求奇、求美等。由于子女的出现,家庭的主要支出与子女的教育有关。作为父母不惜一切地培养子女,尽量满足子女的一切合理要求。同时,父母的消费行为和习惯,也会在无形中影响子女。

3. 直系家庭

所谓直系家庭,一般是指包括一对夫妻加上一个已婚子女及子女配偶,或者再加上第三代所组成的多代同堂家庭。这类家庭是我国传统直系家庭的组成形式,通常包含三个或三个以上的层级。家庭的长辈往往处于核心地位,通常也是家庭大件物品的决策者,其余成员的消费心理和习惯也会受到家庭长辈的影响和限制,因此,在消费行为上通常较为传统和保守。家庭成员一般追求价廉物美,注重商品的实用性,由于习惯性的消费占主导,因此,对新产品的购买持有较为谨慎的态度。

4. 联合家庭

联合家庭是指两个或两个以上的核心家庭的合并。例如,家庭中有两个或以上的兄弟姐妹,在父母去世之后,兄弟姐妹们在婚后仍然居住在一起而形成的家庭。这类家庭在我国并不多见。由于联合家庭由人员复杂,实际上是两个以上家庭成员的合并,因此,在消费活动中,并不是家庭所有成员的收入都集中在一起统一消费。在联合家庭中,具有不同经济能力的夫妻成为家庭中不同的消费中心,他们虽然居住在一起,但是各自对不属于集体消费的商品有决策权,他们往往具有不同的消费心理。

二、家庭成员角色

一般而言,家庭成员的购买活动多数是以家庭为单位。但在购买具体商品时,尤其是家庭中的某一个或几个成员对某一些商品有使用权时,家庭成员之间就会存在着合作与分工,在整个购买过程中,每个成员有着不同的影响和角色。在这些角色中,有的人起的作用大一点,有的人起的作用小一点。在家庭做出购买决策的过程中,通常可以发现成员所扮演的角色主要有以下五种类型:倡导者、影响者、决策者、购买者和使用者。

(1) 倡导者是指最初提出或是想要购买商品的人。

(2) 影响者是指提供有关商品信息和建议,影响国脉活动进行的人。

(3) 决策者,即在与家人商议之后,或者单独做出决策购买的人。在家庭中,决策者一般是该商品的直接使用者或是在家庭中经济收入水平较高的人,通常这部分人在家庭中具有一定的话语权。

(4) 购买者是指在商店或通过其他途径进行购买的人。

(5) 所谓使用者是指使用所购商品的人。这部分人的使用体验往往会影响家庭对于类似商品的未来决策。

在日常生活中,每一个家庭成员对于不同商品的购买活动而言,所扮演的角色都可能会不一样。也有可能一个成员是同一商品的购买活动中的多个角色扮演者。例如,化妆品的使用者大多数是女性消费群体,因此,购买的倡导者、决策者、使用者主要是女性。而剃须刀的使用者多数是男性,因此,购买决策者大多也是男性。

在实际营销中,企业需要准确寻找家庭决策的一般规律,并且这个规律必须符合企业销售商品的目标消费者的一般家庭情况。对于企业而言,需要了解家庭中收入水平较高的成员、拥有家庭财产支配权的成员、家庭中日常购买的执行者等。因此,在研究家庭消费行为特征时,必须根据家庭成员决策者是谁,对家庭决策类型进行划分,包括五种:丈夫权威型、妻子权威型、合作依赖型、独立支配型和子女权威型。

不同的决策类型家庭,购买行为千差万别。例如,在丈夫权威型的家庭中,购买决策往往会带有男性心理特征,男性在选购商品时,主要关注商品的性能、质量及实用价值,尤其是针对高科技一类的商品;而对于妻子权威型家庭,通常在选购商品时,较为关注商品的款式、颜色等,尤其是针对衣服、化妆品、装饰品一类的商品,其购买的商品往往带有女性色彩。子女权威型家庭一般是由于长辈的年龄较大,或是子女的购买技能高,其购买的商品往往带有青年消费者的特点,如消费易冲动,决策速度快,购买商品往往具有最先进的技术,注重产品的时尚性、创新性。

三、家庭生命周期

家庭的生命周期是指该家庭从建立、发展到解体的一个过程。一般而言,每个家庭的生命周期都可以被分为五个阶段,包括初婚期、生育期、满巢期、空巢期、鳏寡期。

(1) 初婚期

初婚期一般是指成年异性结婚登记为合法夫妻而建立起来的家庭开始,到生育第一个孩子为止的这段期间。这一阶段的夫妻由于没有生育子女,家庭消费较为自由,没有生活负担。他们的消费特点是支出较大,容易发生冲动消费,购买商品讲究时尚、创新。由于婚后大多数的夫妻将收入合在一起进行统一支配,因此,在购买决策上通常会彼此商量。这个时期的消费主要是享乐型。由于新婚,消费的商品大多数与婚庆用品和新家庭的生活必需品有关。例如,结婚期间需要购买房地产、汽车、家具、家电等。

(2) 生育期

生育期一般是指家庭中的夫妻双方从生育第一个孩子开始,到最后一个孩子被抚养成人为止的这一阶段。对于大多数家庭而言,这个阶段大约要持续 20 年,甚至更长。在这个时期,由于孩子的出现,家庭的大部分支出用于子女的抚养和教育,如儿童食品、儿童服饰、儿童教育等。家庭的所有支出都来自夫妻的收入,在生育期前几年,夫妻压力较大,所以通常表现出求廉心理。随着工作年限的增加,他们的投资意识逐步增强,在满足子女教育支出的同时,也会将部分结余用来投资,希望购买过程简单、方便、快捷。

(3) 满巢期

所谓满巢期,是指从子女长大成人开始,到子女结婚与父母分居为止的这一阶段。在独生子女家庭,满巢期一般会持续很长时间,但对于多子女家庭而言,有可能生育期还未结束,而满巢期就开始了。满巢期的家庭由于子女成年已经有独立能力,随着年龄的增长,子女学业结束开始步入社会,有自己的经济收入,此时的家庭收入达到一个最高峰。同时,由于子女接触社会时间和独立购买商品的机会增加,消费经验也愈加成熟,子女也会逐渐参与到家庭购买活动中,甚至会出现以子女为主导决策的家庭。满巢期家庭的消费目标除了日常生活用品之外,还会提前为子女结婚分居做准备,如购买房地产、汽车、首饰等。此时的家庭储蓄意识较重。

(4) 空巢期

空巢期是指子女成家立业,家庭人口减少,夫妻双方重新相伴生活的阶段。此时,夫妻双方的收入达到最高水平,由于子女独立分居,夫妻双方自由支配的时间增多,消费水平也随之提高,这个时候往往会出现补偿性消费,如旅游和保健。这个时候的家庭支出主要包括:自身消费、子女结婚时的支出、家庭的储蓄、补贴第三代的消费。

在这个时期的夫妻消费会形成两个极端,对于收入水平中上等的家庭来说,随着子女的独立,自身的经济负担减轻,具有充分的时间和享受的条件,这时候的消费通常不会受到限制。对于收入水平原本就不高的家庭来说,他们的消费行为会更加受到抑制,变得愈加谨慎和敏感,追求物美价廉的商品,较为注重家庭的储蓄。

(5) 鳏寡期

鳏寡期是家庭发展的最后一个阶段。它是指从夫妻一人去世开始,到双方去世家庭解体这一阶段。由于夫妻中的一人去世,会造成另一方的心理发生较大的变化。除此之外,一方的去世也会使得经济收入锐减。此时,他们的消费行为往往较为谨慎,大多数老人依靠多年的储蓄来维持正常生活。对于没有劳动能力的老人,有可能依靠社会的救助和福利补助。这个时期的老人消费一般较为被动,消费的商品主要包括日常生活用品、保健品、药品等。

第四节 参照群体与消费者行为

一、参照群体及其对消费行为的影响

参照群体一般是指消费者崇拜和向往的群体,其能够通过直接或间接的途径影响消费者的价值观,从而影响消费者的购买行为。消费者会自觉地将自己的消费行为与这部分群体相比较,从而对自己不符合其标准的行为进行改变、调整。参照群体可以是存在于现实生活中的组织,也可以是想象中的群体。

一般来说,能够对消费者行为造成影响的参照群体主要包括两类,即成员群体和向往群体。成员群体,通常自己也是群体中的一员,如家庭、朋友、同事、团体组织等。向往群体是指由偶像或崇拜对象所构成的群体,这些群体包括明星、社会名流等。

参照群体对消费者行为的影响通常取决于以下几个因素。

(1) 消费者知识和经验

消费者在购买活动中,通常在决策前会对商品进行充分的调查和认识,在了解和比较的基础上,对商品进行评价和购买。如果消费者能够获得关于商品的详细信息,或者对商品已经有一定的购买经历和体验,形成一定的态度,此时,购买决策不容易受外界因素的干扰。如果消费者对商品没有认识基础,那么他们往往会主动寻找值得信任的参照群体,进行模仿性消费,从而降低购买风险。

(2) 参照群体可靠性

如果消费者对自己的决策不够自信,又急于在短时间内获得关于商品的全部信息,往往会听取可靠的、值得信赖的参照群体的建议来进行选择。如果消费者想得到某一群体的认可,被该群体所接受,就会主动选择该群体的购买目标,将自己的消费行为与参照群体保持一致。

(3) 商品特点

一般来说,商品本身具有的特点会对参照群体所产生的影响有密切关系。如果商品具有直接可见的显著特点,如款式、颜色、功能、其他消费者的评价,那么再由参照群体进行推荐之后,参照群体的作用力更大。反之,哪怕是值得信赖的参照群体给出的建议,由于商品优势特征不明显,消费者具有不确定感,也会推迟消费者的决策,甚至是放弃购买。

作为企业营销人员必须找出目标消费群体的参照群体,一般来说,一个人受到参照群体影响的方式可以归纳为以下三种:

(1) 新的生活方式

消费者对其参照群体通常抱有崇拜的心理,向往其生活方式,会自觉地将该群体的价值观、行为准则、消费习惯视作自己的一个衡量标准。消费者希望自己能够融入参照群体中,以其行为准则要求自己,希望被接受、被认可。因此,参照群体的消费行为会对

消费者心理产生影响,甚至是改变消费者行为。

(2) 自我意识和态度

消费者会主动向参照群体靠拢,依照其行为习惯,与群体成员互相感染和刺激,使得群体消费出现一定程度的一致性。这种趋向性又会对群体成员的行为起到影响和制约的作用,从而形成一个循环影响的反应。

(3) 产生顺从压力

在企业的营销活动中,可以巧妙地利用暗示的促销手段,从而影响消费者心理,使其产生顺从的反应。在实际营销中,暗示的形式可以是多种多样的,可以通过宣传广告的隐性诉求、名人广告、营销场所渲染、营销人员语态等。企业营销人员也不能单一地过于依赖参照成员,需要衡量其产品受参照群体影响力的大小。如果参照群体对产品的影响力较小,那么企业营销的重点应该强调产品的价值、品质、性能等自身优势。如果参照群体的作用力较大,那么在营销中应该多利用参照群体中明星或主导者的力量。

二、参照群体在营销策略中的应用

1. 名人效应

名人作为参照群体对消费者的购买行为具有一定的影响。对于消费者来说,名人参照群体往往是崇拜和向往的对象,有一定程度的感召力,他们的生活方式是消费者理想的生活模式。因此,在宣传广告中,企业会请名人来推销自己的商品,给予其积极和正面的评价。

但是,由于消费者个体之间存在较大的差异,他们对名人的喜爱和效仿程度也会有所区别。除此之外,不同类型的产品,名人参照群体对消费者的影响力也会有所区别。因此,企业需要研究自己目标消费群体的偏好、对名人的接受程度、名人形象与企业所要宣传产品的吻合度、名人事业和名誉的稳定性等。名人效应在穿着类、化妆品、护肤品等方面的效果较为显著。

2. 专家效应

专家,即在某一领域受过专业的教育和训练、已具备相应的知识、经验和特长的人。在一般消费者的心中,专家具有一定的权威性,因此,企业往往会通过专家的权威性和公信力,帮助企业产品宣传,增加产品的可信度,达到良好的宣传效果。例如,在医学领域颇有造诣的医生向消费者推荐某一品牌的药品,营养学专家推销某种保健品等。企业在请专家做宣传的时候应该优先选择让消费者信服的、认可度高的专家,如佳洁士牙膏广告就是应用的专家效应。专家效应在医药品、保健品、保健项目等方面应用的较多。

3. 普通人效应

请普通人做宣传,利用其对产品满意的证词也是企业最常使用的一种宣传方式。由于广告出现的代言人和目标客户群体具有一定的相似性,他们往往同属于一个群体,因此,会使得消费者感到亲切,容易引起共鸣。例如,某品牌洗衣粉广告选用普通消费者做代言,在广告中的诉求就是解决消费者经常会遇到的污渍问题,这时更容易引起消费者共鸣。由于采用普通人做宣传的广告更加贴近消费者的实际生活,因此,这类广告常常获得认可消费者的认可。

4. 经理型代言人

目前,越来越多的企业在广告中用公司总裁或总经理做代言人。由于大众消费者对企业家阶层的认可度不断提高,经理型代言人的宣传方式也随之得到普及,成为一种全新的趋势。例如,格力空调请公司董事长董明珠作为代言人,三金药业集团公司生产的桂林西瓜霜使用公司总经理邹节明的图像。

 **典型案例**

可口可乐的中国化

1886年5月8日,药剂师彭伯顿在美国乔治亚州亚特兰大市家中后院调制出新口味糖浆,并以每杯五角的价格拿到当时规模最大的药店出售。由于助手不小心将苏打水打翻,恰巧与糖浆混合,成就了今天的可口可乐。

1892年,艾萨坎德勒用2 300美元购买了可口可乐的配方和所有权,成立了可口可乐公司。1919年,可口可乐公司被亚特兰大的财团收购,逐渐发展成为全球最大的饮料生产及供应商之一,拥有全世界最畅销的五种饮料中的四种,即可口可乐、健怡可口可乐、雪碧和芬达。同时,公司坚持多口味多样化生产,旗下的产品种类达到100多种。经过长久的发展,可口可乐的品牌形象早已深入人心。正如可口可乐公司创始人艾萨坎德勒所言:"假如可口可乐的所有公司所有财产在今天突然化为灰烬,只要我还拥有'可口可乐'这块商标,我就可以肯定地向大家宣布:半年后,市场上将拥有一个与现在规模完全一样的新的可口可乐公司。"

可口可乐为什么能够取得如此大的成功呢?关键原因之一就是其国际化经营中的本土化战略。可口可乐在风靡全球的同时,并没有坚持一味地沿用美国观念,而是根据进入市场的不同文化背景、宗教团体和种族中实施区别化的营销策略,所有的产品和宣传都符合本土文化。例如,可口可乐公司在美国采用"Can't beat that feeling"的广告标语,而在日本却将其改成了"I feel cola",意思是我感受可乐,在意大利改为"Unique sensation",意为独一无二的感受,在智利又将其改为"The feeling of life",意思是生活的感觉,广告所要传递的信息始终避免与当地文化相冲突。可口可乐始终坚持广告内容随着具体的时空情境来及时进行调整。

1979年1月24日,这一年中美建交,可口可乐公司抓住这一时机,将三万箱可口可乐从香港辗转运往北京、上海及广州的各大商场和宾馆,可口可乐开始进入中国市场。1981年,由可口可乐公司提供设备的第一个灌装车间在北京丰台建成。1993年,可口可乐公司与原轻工业部签署合作备忘录,提出了以"真诚合作,共同发展"为原则的长期发展战略。20世纪90年代初,当时风靡全国的天津"津美乐"和上海"雪菲力"汽水就是最早打下可口可乐系列饮料本地化烙印的品牌。1996年,当时非碳酸饮料年销售额增长迅速,年销量增加20%左右,具有巨大的市场前景,可口可乐为了贴合中国市场需求,积极研发新产品,推出"天与地"果汁和矿物质水。1997年8月,果碳酸饮料品牌"醒目"问世。在可口可乐多样化的产品类型中,其中有四分之一是专门为中国市场研制生产的,只在亚洲销售。

可口可乐的中国本土化营销策略体现在从生产到营销的各个阶段。例如,可口可乐公司从工厂、原材料、员工到产品99%都是中国的。产品的包装无论是玻璃瓶还是易拉罐,产品的成分从浓缩液到二氧化碳、糖,甚至含量极小的柠檬酸,都有中国的烙印。在其他竞争品牌开始宣扬国际化的时候,可口可乐却坚持将自己的产品打造的越来越中国化。

从1999年开始,可口可乐开始节日营销,首选的就是中国传统节日——春节,营销方式各式各样,包括贴合中国春节喜庆形象的"大阿福"、十二生肖卡通罐、奥运金罐和茶系列饮料,通过中国化产品的研制和销售,从而拉近与中国消费者的距离。同时,其广告设计采取红底白字,采用红色的背景充分流露出中国传统红色的喜庆气氛。此外,可口可乐投放在中国的广告,聘请本土的明星作为代言人,可以抓住主要目标消费群体年轻人的市场。

除此之外,可口可乐在中国积极展开一系列的公关活动,活动涉及体育、教育、文娱、环保等,努力树立良好的公众形象。例如,可口可乐公司为北京申奥制作"申奥金罐",以及签约"中国队"、押宝"冲击世界杯"等,将自己的产品与中国消费者的民族自豪感融合在一起。可口可乐公司还通过捐款捐书、兴建希望小学、资助大学特困生、创立大学生奖学金、援手教育项目等活动,从而建立正面形象,赢得消费者的一致好评。

请思考:可口可乐公司在中国市场成功的原因。

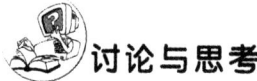

讨论与思考

1. 什么是文化和亚文化?
2. 亚文化对消费者心理有哪些影响?
3. 我国社会阶层如何划分?
4. 简述不同生命周期阶段的家庭主要消费特点。
5. 参照群体对消费者行为有哪些影响?

第九章 消费习俗、消费流行与消费心理

 **本章提要**

在现实消费活动中,消费者的心理活动不仅仅受到社会环境的影响,还会受到消费习俗、消费流行的影响。消费习俗和流行的产生往往是由社会生产方式、社会成员的生活方式等决定的,对消费心理产生一定的作用力,另一方面,消费心理也会促成消费习俗和流行的改变。本章主要介绍了关于消费习俗、消费流行与消费心理的关系,以及其在消费活动中的应用。

 **引入案例**

标新立异才有市场

上海华宝羊毛衫时装公司,一直以"标新立异、避免雷同"为经营宗旨,迅速赢得市场。在公司刚成立之时,公司就设巨奖向广大消费者征集服装款式设计,与此同时,派出大批信息调查员深入许多城市了解羊毛衫市场现状,收集大量市面上已有的款式、花纹等,目的就是为了避免自己的产品设计过于大众化。除了针对羊毛衫款式做到别具一格之外,公司品牌名称的由来也是费了一番心思,因为"阿拉"在上海话中意为"我",因此,公司将品牌名称定为"阿拉"。通过这样充满个性的一系列举措,入市不久的"阿拉"牌羊毛衫便在市场上争得了一席之地,大受消费者欢迎,其羊毛衫的款式大多成为流行趋势。

瑞士有一制表商,摒弃传统采用的金属和塑料材料,选用石料做表壳,凭借石料本身就具有独一无二纹理的特点,生产出的表壳基本都是图案各异的,公司以每只195美元试销,广告投入市场就引起了不小的轰动,销量可观。

请思考:上海华宝羊毛衫和瑞士一制表商如何在市场争得一席之地?

第一节 消费习俗与消费行为

由于自然和社会的原因,不知不觉形成了相互作用、相互影响的群体,群体成员长期相处之下,发展成了独具特色的习俗。消费习俗一旦形成,会对个体产生相对稳定性的约束力,从而对其消费心理产生一定程度的影响。

一、消费习俗的含义与特点

一般说来,消费习俗是指一个民族或地区约定俗成的消费习惯。不同国家、地区和民族都会表现出不同的消费习俗。它通常具有以下五个特点。

(1) 稳定性

消费习俗一般是个体在漫长的生活中发展形成的一种消费习惯,其中具有相似习惯的个体组成一个群体。在群体成员之间的长期作用下,逐渐将生活方式、行为习惯深入其生活的各方面,发挥一定程度的影响力。习俗通常以稳定的、长久的方式存在于某个群体中。

(2) 社会性

消费习俗是在特定的社会环境中产生和发展起来的,带有社会性色彩,它是社会生活的重要构成部分。消费习俗在一定程度上会受到社会环境、意识、形态的影响,会随着社会的发展而发生变化。没有社会大环境,也无法形成消费习俗。

(3) 地区性

消费习俗是在特定地区范围内产生的,往往受到区域性的自然环境和历史因素的影响,带有地方性的色彩,与当地的传统和习惯相一致。尤其是少数民族的消费习俗,更是具有自己的特色。例如,内蒙古少数民族经常饮用烈性酒用来御寒,南方的少数民族擅长制作一些特殊的纺织品等。由于自然环境的差异,也会存在饮食等方面的生活习惯差别。例如,我国南方人喜欢吃米饭,而北方人喜欢吃面食,实际上这与农作物生长规律有关。随着社会经济不断地发展和进步,群体之间的交集变多,地域性的消费习俗有所淡化,但仍在继续保持。

(4) 非强制性

消费习俗的形成并不是依靠强制性的手段实行的,而是人们在不知不觉中形成的一种社会习惯。它约束着消费者的行为,产生无形的影响力,促使生活在一定区域范围内的人们不自觉地遵守着一些习俗。

(5) 发展性

消费习俗在长久发展中形成后,会随着社会、经济等因素的影响而发生一些变化,因此,消费习俗具有相对稳定性,但并不是一成不变的。例如,各民族、各群体之间的文化界限越来越模糊,逐渐相互融合,某些地区的习俗也在慢慢发生改变。

二、消费习俗的分类

在实际生活中,由于人们所处的自然环境、政治环境、社会环境、文明程度和宗教信仰的不同,其消费习俗也存在差异性。一般而言,可以将消费习俗划分为以下几种类型。

(1) 节日型消费习俗

不同地区或民族都可以通过一些节日来表达感情和美好生活。节日型消费习俗也是最主要的一种习俗类型。这种类型的消费习俗形成的时间较长,一旦形成会具有长时间的稳定性。例如,春节意味着阖家欢乐的喜庆团圆的日子,人们通过张灯结彩、燃放鞭炮、赠送礼品来表达自己的情感。

(2) 纪念型消费习俗

所谓纪念型消费习俗是指为了表达对某人或某个事件的纪念之情而形成的一种消费习俗。这种类型的消费习俗也是较为普遍的一种形式。它通常与重大的历史事件有密切的关系,具有较强的民族性和地区性。例如,我国清明节,人们按照习俗会购买祭祀品、鲜花来祭祀祖先或烈士。

(3) 宗教信仰型消费习俗

这种类型的消费习俗一般受到宗教教规的制约,带有浓厚的宗教色彩。教徒会严格遵守宗教的教义和规定来约束自己的行为。目前,大多数的宗教对于教徒的婚丧、嫁娶、饮食和穿着等方面都有明确的规定。例如,佛教禁止杀生和食用肉类食品,禁止饮酒,禁止穿戴华贵等。

(4) 社会文化型消费习俗

这种类型的习俗一般是由社会文化发展到一定水平而形成的,它的形成和发展通常基于较高的社会文明程度,与现代文明具有一定程度的相容性。例如,我国不同地区所具有的地方性戏曲。

(5) 地区型消费习俗

地区型消费习俗通常是由自然环境及气候的不同而形成的。这种地区性的习俗差异不仅存在于不同的国家,还存在于同一国家的不同地区。例如,我国素有"南甜、北咸、东辣、西酸"的说法,该说法体现了我国不同地区消费者的饮食偏好,另外,我国南北气候之间的差异,不仅存在饮食习惯的区别,对穿着等方面都有一定的影响。

三、消费习俗对消费行为的影响

随着社会的进步,人们的生活习惯和消费行为都有一些改变,新的消费方式被大众所接受,融入人们的生活中,形成新的消费习俗,从而影响消费者的消费行为。

(1) 消费习俗使得消费行为具有相对稳定性

消费习俗是通过长期发展而形成的,具有相对稳定性的特点,对个体的生活习惯和消费行为产生较大的影响力。一般而言,由消费习俗派生出的消费心理也同样具有一定的稳定性。在购买过程中,消费者会受到消费习俗的影响,产生习惯性的购买行为。消费习俗也会促使消费者产生周期性的消费行为。例如,中国人每年中秋节都有吃月饼的习俗,体现了消费者周期性的消费行为。

(2) 消费习俗促使消费行为具有普遍性

消费习俗是个体按照特有的自然环境、生活方式,在一定物质生产条件下形成的,并且具有延续性。由于消费习俗能够在群体中具有一定程度的影响力和约束力,成为群体不自觉遵守的一种习惯性规范,因此,它能引起消费者对某些商品的普遍需求。例如,人们在春节会购买礼品走亲访友。因此,在节日期间,消费者的需求会增加,并且节日型的消费习俗是一种普遍现象。

(3) 消费习俗强化了消费者心理和行为

消费习俗对消费者心理和行为常常起到促进或阻碍的作用。随着时代的进步,往往会产生新的消费方式,一般而言,当某种新的消费方式与消费习俗具有共同点时,两者就会产生较好的融合,消费习俗对新的消费形式的普及,具有一定程度的促进作用。反之,当两者之间发生冲突时,在大多数情况下,消费者的消费心理会倾向于旧的消费习俗,因此,往往不能接受新的消费方式,甚至产生抵制心理。在这种情况下,消费习俗对消费心理的变化就会产生阻碍作用。

(4) 消费习俗所引起的消费行为具有无条件性

消费习俗存在于一个具有共同思想、价值观的群体中,可以促使群体成员形成相似的消费心理活动和态度,这些心理和态度影响消费者的消费习惯和消费行为,并且可以进行无限期的延续和传承。这些统一的、和谐的行为来自群体成员的从众心理。由于存在于群体中的消费习俗的制约,消费者为了能够融入群体,被大家所接受和认可,往往将自己的消费行为调整与习俗相一致。在经济能力有限的情况下,消费者甚至可以减少其他方面的支出来购买符合群体习俗的商品。

 阅读材料

龙形图案的学问

我国的龙形图案具有东方特色,民族特色,在众多出口商品中较受欢迎。但是,其实在使用龙形图案时也有一些注意点,企业需要事先了解进口国消费者的习俗与偏好。例如,龙形图案的地毯一直是我国出口的热门货,有一年秋天的广交会上,龙毯依然是外商争购的对象。但同样是龙毯,有一部分厂家却怎么也卖不出去,这是什么原因呢?询问外商才知道原委,原来在国外,尤其是华侨中,流行着一种说法,我们所熟知的龙其实分为吉祥龙和凶龙两种,区别在于龙爪的不同,吉龙生五爪,凶龙则生三爪、四爪,谁都不愿意买个凶龙回家。厂家一听,立即对滞销的龙毯进行查看,果然大多数都是三

爪、四爪的龙形图案。

同样,商品包装的颜色、标记等也有一定的讲究。例如,在我国,红色代表喜庆,在有一些国家却代表死亡;黑色在西欧代表丧服颜色,在日本则被认为是优雅、高贵的体现;巴西人忌黄色,比利时人忌蓝色,日本忌绿色,而土耳其人认为五彩色是凶兆。就商品的标记形状来说,捷克斯洛伐克认为三角形代表其有毒,土耳其则用绿色三角形表示免费样品。

请思考: 从上述两个案例中,你能得到什么启示?

第二节 消费流行与消费行为

一、消费流行概念

所谓流行,一般是指在一段时间内,迅速传播或被人们所追求的事物。流行在心理学中通常解释为以某种目的开始的行动,促使社会群体中的一部分个体,在一段时间内形成一致行为方向的心理机制。一般来而言,一些吃、穿类的商品很容易成为流行商品。消费流行的形成具体包括三个原因:① 商品的主要特征符合大多数消费者的需求;② 社会群体的意见领袖或明星经常和推荐使用的商品;③ 商品的宣传广告产生的积极作用。可以在社会活动中形成的流行商品种类十分广泛,可以是物质产品也可以是精神产品。

消费流行是社会流行的一个关键类型,它属于一种经济现象,消费者往往会在一段时期内热烈追求商品的某些特性。这种流行同时包含着消费者的从众心理,将自己的选择和消费行为服从于大众消费目标。消费者通过对所向往事物的追求,获得满足感。

一般而言,消费流行是客观存在的,是一种社会普遍现象,并不会因为个体意志转移而发生变化。消费流行一旦出现在消费者群体当中,就会对其成员形成一种强大的心理强制,使得消费者行为趋向一致。消费流行一般要经历以下几个阶段:

(1) 初级阶段,这个阶段一般针对具有较高收入的消费者,他们往往对具有特色的商品较为敏感,即使价格昂贵也愿意购买。

(2) 模仿阶段,一般来说,当消费者市场中出现一些具有一定特色的、新颖的商品被少数消费者或具有较强感召力的人群使用以后,会迅速成为其他消费者争相模仿的对象,因此,该产品在市场上的供应量和销售量都会增加。

(3) 经济阶段,这个阶段的商品往往已经得到普及,在大多数的消费者中间流行,企业在该商品上经过模仿阶段后获得大量利润,进入经济阶段后销量下降,利润开始减少。这时企业通常会根据市场的供需状况开始准备抛售库存,继续新一轮特色产品的开发,建立起新的消费流行。

通常在市场供不应求的时期,消费流行表现得较为突出。例如,20世纪60年代,我国出现了以"三大件"为代表的流行商品,即手表、自行车、缝纫机,并且流行的范围较广泛。到了20世纪70年代,逐渐形成了新的流行趋势,即黑白电视机、洗衣机、收录机。进入我国改革开放初期,在较为发达的一线城市,彩色电视机、电冰箱、录像机又成为新的消费流行。消费流行的变更最频繁的要属穿戴类商品。从20世纪90年代起,随着社会经济的持续发展,商品短缺现象减弱,逐步形成供大于求的市场现象,买方市场随之而来。在这个阶段,消费流行出现了"排浪式"的变化趋势。

随着时代进度,市场经济快速的发展,流行商品变更的速度越来越快,尤其在西方发达国家,商品的流行持续时间变得较为短暂。例如,电脑、手机等高科技产品的更新速度较快,时装更是一季一个新趋势。

消费流行往往受到消费心理的影响,例如,对于穿着类商品,消费者常常会根据崇拜的明星的喜好来进行效仿,从而影响自己的购买行为,因此,这样的消费行为体现了消费者的模仿心理。

二、消费流行的特点

(1) 骤发性,表现为消费者有时会突然对某种产品或服务的需求迅速增加。

(2) 短暂性,随着市场经济的快速发展,消费流行更新换代的速度加快,往往会出现来势猛、消失快的现象。例如,手机、电脑等产品每年都会有技术更新。除此之外,消费者对于流行产品的购买往往是一次性行为,因此,也缩短了流行的持续时间。

(3) 一致性,消费流行是存在于社会群体中的,被大部分消费者所认可和追求的商品。因此,其在消费心理和行为上具有一致性。

(4) 集中性,消费流行属于一种从众化、模仿性的购买活动,流行时间较短,因此,在商品流行期间,企业的销售活动和消费者的购买活动都较为集中,形成流行高潮期。

(5) 地域性,消费流行受到地理位置和文化因素的影响,通常我们所理解的消费流行是存在于一定的区域范围内,被具有相似的生活方式和行为习惯的人所构成的社会群体所认可和追求的,所以具有一定的地域性。例如,一种款式的衣服在甲地供不应求,但在乙地滞销。

(6) 梯度性,消费流行除了受到地理位置、文化因素的影响,还与社会经济发展程度、居民收入水平等多种因素有关。因此,消费流行总是从某一地区范围内首先兴起,然后逐渐影响周围国家或城市,形成扩散趋势。于是这种流行往往在不同的地区形成一种时间上的滞后,这就是流行梯度。这种梯度差使得不同地区的消费流行处于流行周期的不同阶段。

(7) 变动性,一般而言,消费流行总是在不断变化,消费者往往具有求新求美的心理,随着社会的进度,消费者对于商品的要求也在不断地提高,需求的提升必然会引起流行商品的不断涌现,从而导致消费者的追求目标发生变化。

(8) 群体性,消费流行一般产生于一定的区域范围内的群体中。这种消费流行一旦在该群体中被大多数人接受和认可,就会产生群众性,从而获得更多群体的认可和模仿,逐渐发展和扩散。

（9）相关性，消费需求对象往往相互关联，根据其系统的特征，从而构成一个消费需求群。例如，消费者需要购买电脑，但他们的需求并不仅限于电脑，对电脑相配套的产品需求也会随着电脑需求量的增加而上升。消费者对电脑的需求实际上就是一个需求群或需求系统。

（10）回返性，人们消费的需求、偏好和习惯往往具有回返的特征。消费流行往往在一段时间内会成为消费者所偏爱的对象，这时候市场会发生供不应求的现象，但这样的现象具有一定的时效性，通常在一段时间后，这部分商品会逐渐无人问津。然而，再过一段时间后，那些以往流行过的商品又可能会在市场重新出现，再次流行。这种现象较为普遍，被称为流行的回返性，通常是由于消费者受到外界的某种刺激物影响，产生怀旧和复古的情怀。尤其是对于时装类的商品，经常会出现这种消费流行的周而复始现象，如被大众所追捧的"复古风"正是体现了这一特征。

（11）周期性，消费者对于商品的热情追捧到无人问津态度的转变体现了消费流行的周期性，流行开始于市场、消失于市场，其中的过程包括开始、发展、盛行、衰老、过时。

三、消费流行的分类

消费流行的变化趋势较为复杂，流行的商品、时间和速度都不一样，但从市场的角度考察，消费流行具有一定的规律可循。因此，在研究消费流行时，需要将其进行分类。

1. 消费流行可以按照其性质分类，即吃的商品、穿的商品和用的商品的消费流行。

（1）吃的商品引起的消费流行

这类消费流行通常是由于有关吃的商品的某种特殊性质而产生的，这类流行往往是随着消费者口味的变化和对健康饮食的认识而引起的，流行时间持续较长，而且对于流行的商品价格要高于普通商品。例如，葡萄酒的口感和保健作用深入人心，因此，其可以在长时间内保持着消费流行。近年来，消费者越来越关注饮食健康，倾向于购买天然食品、有机食品等，此类商品在一些国家形成了消费流行。

（2）穿的商品引起的消费流行

一般而言，这类商品之所以能够成为流行，并不是因为其本身具有的性能，而是由于商品所附带的特性，往往由于款式、花纹、颜色和面料形成流行趋势。此类商品的流行时间较短、更新较快、往往还会出现回返性，如近几年流行的复古风。流行商品在一段时间内具有较大的优势，其价格要远远高于非流行商品，在流行末期，价格会大幅度下降，甚至会出现倾销价。

（3）用的商品引起的消费流行

此类商品一般会给消费者的生活带来便利，从而形成大众购买的趋势。例如，手机让人们在工作和生活中的沟通变得快捷，电脑可以使得人们足不出户就可以知晓天下事，微波炉对消费者的饮食提供方便等。相对于吃的商品来说，用的商品流行的时间要稍短，范围也会小一些。此类流行商品与其他商品相比较，价格优势要明显得多，可以高出几倍至十几倍。这类流行一般可以分为两个方面，新产品的消费流行和功能改进后的商品的流行。

2. 按消费流行的时间分类

将消费流行按照时间进行分类,有长期流行、中短期流行和短期流行。对于不同的商品,流行的时间具有差异性,即使是同一种商品,在不同地区的流行时间也有长短区别。

(1) 长期流行

长期流行的时间范围一般是3—5年及以上。此类流行的商品种类较多,属于一种笼统的消费趋势。例如,一些绿色食品、健康食品的流行就是属于长期流行商品的一种,包括获得消费者认可的无公害蔬菜、有机大米、绿色食品等。这样的消费流行可以持续多年,甚至可能更长。

(2) 短期流行

短期流行的时间范围从一个季度到两三年,通常持续的时间短,市场反响较大,但是消失得也很快。有时候会由于季节、气候的原因形成短季流行商品。例如,儿童时期喜欢的玩具、节日里送的贺卡等。此类商品一旦过了流行期,就会很快没有市场。

(3) 中短期流行

中短期流行的时间范围处于长期和短期流行之间。例如,消费者购买电脑这类使用周期长,但更新较快的商品。由于电脑价格并不便宜,购买准备较为充足,花费在选择上的时间长,因此,消费者往往会结合行业技术更新和自我需求进行更换,从而产生一定的流行趋势。

3. 按消费流行的地域范围分类

按照消费流行的范围进行分类,可以将其分为世界性、全国性、地区性和阶层性的消费流行。

(1) 世界性的消费流行

世界性的消费流行一般是指流行范围极广,流行源自世界范围共同面临的问题,从而受到多数国家消费者关注的商品。例如,健康食品、保健食品在世界范围内的流行,通常是来源于环境对饮食产生消极影响的担忧。这种流行一般对发达国家的消费产生较大的影响。由于各国、各地区、各民族的消费习俗界限越来越模糊,文化和习俗间相互影响的现象增多,消费流行逐渐成为了全球化的趋势。例如,我国年轻人对西方圣诞节、情人节较为重视,常常出现此类节日的消费高峰期。

(2) 全国性的消费流行

所谓全国性的消费流行的范围并不能涵盖一个国家的所有地区,只能是就大多数地区而言,影响力较为广泛。此类消费流行一般持续的时间长,扩散的速度较慢,容易受到社会经济发展水平和消费者行为习惯的影响和制约。其通常会受到世界性消费流行的影响,如健康饮食类商品。此类消费流行一般从经济较为发达地区和沿海城市开始扩散,由于部分地区流行时间存在滞后性,因此,此流行呈现出明显的波浪性,会出现在一些地区已经处于流行高峰时期,而在其他地区已经进入流行低谷阶段。尤其是穿着类商品,常常会出现某种款式的时装在大型城市流行,逐渐扩展到大中型城市,最后在中小型城市和农村流行,然而此时大中型城市的流行热潮已经开始慢慢消失。

(3) 地区性的消费流行

地区性消费流行是最普遍的一种类型,其流行的根源包括两类:一类是来自全国性的消费流行,另一类是纯粹的地区性流行。前者往往是各地区受到全国性消费流行的影响,在本地区进一步的将流行强化,由于地区间的流行时间存在差异,因此,在某地区流行形成高峰期时,往往会被认为是地区性流行。后者则纯粹属于一种区域性流行,有部分中小型城市的消费流行趋势具有自己的地方特色,经济较发达的地区会有强烈的求新求奇的消费心理,从而带动了商品的流行,这种流行有时候也会对相对落后或封闭的地区的消费者所模仿。

(4) 阶层性消费流行

根据不同的侧重点可以对社会成员进行群体细分,如通过年龄、收入水平、职业类型、教育背景等方式划分社会群体。不同的细分市场可能会出现不一样的消费流行,有些流行商品只会出现在某个社会阶层。例如,奢侈品消费流行通常限于高收入水平消费者。

四、消费流行对消费者心理和行为的影响

(一) 消费流行的影响

对消费流行产生的影响主要包括以下三个社会阶层。

(1) 高收入阶层

这部分阶层由于收入水平较高,因此,消费水平相对其他阶层的消费者而言也较高。他们在商品上的选择性较大,通常不受价格的限制,购买目标往往符合自己的身份地位,消费类型表现出多样化的特点。一旦有喜欢的商品,他们通常会表现出果断的态度,是高档流行商品的主要消费人群。

(2) 社会地位较高阶层

这个阶层一般包括社会名流、明星等,这部分群体的言行举止都会受到大众的关注,他们在消费过程中比较自由,一般会选择能够维护自己形象和名誉的商品,形成稳定的消费习惯。一般而言,这个阶层的大部分成员对商品都有良好的判断能力,在选择中倾向于名牌、美观、时尚的商品。他们通常也是消费流行的领跑者,对消费流行的形成产生较大的影响力。由于高收入,他们通常敢于尝试新奇商品,对时尚性较强的商品较为敏感。其中不少消费者的购买目的是为了显示自己的社会地位,因此,对于商品的品牌和品质较为关注,反而倾向于价格高的商品,体现了其求名心理。当某些新产品投入市场后,一旦符合这部分群体的消费心理,很快便会形成消费流行态势,成为其他消费者模范的对象,从而打开了消费流行的第一阶段。

(3) 其他阶层

其他阶层指的是收入中等或偏的消费群体,他们往往也是市场主力消费者,虽然收

入水平和消费能力不及前面两个阶层,但消费数量占比高。对于中等收入的消费者来说,随着自身的发展,收入水平也会不断地攀升,消费能力提高,常常会出现与高阶层消费者攀比的心理,产生较为普遍的模仿性消费。企业在营销活动中需要把握这种心理,加强对前两个阶层消费者进行广告宣传,使得其产生认同感,引导其他阶层消费者的购买行为。由于中低收入的消费者人数较多,他们通过模仿心理产生购买行为后,通常还可以激发该群体其他成员的从众消费心理,在各阶层开始出现普遍流行现象后,消费流行就发展到了第二阶段。

(二)消费流行与消费者心理

在研究消费流行与消费心理的时候,需要了解消费心理对消费流行的形成和发展存在一定的影响,同时,消费流行也会引起消费心理的变化。一般来说,消费者购买商品的心理活动过程存在一定的规律性。他们在整个购买过程中,都是需要先对商品的信息进行调查,经过整合分析后,进行决策,这就是其中一个规律性的行为表现。消费者往往在对商品进行使用体验后会产生一些购后评价,这也是属于心理过程的发展阶段,也具有一定的规律性。这样的购买过程和消费心理活动通常会出现循环现象。但是,消费者有时会在消费流行的影响下,其消费心理会产生一系列微妙的变化,作为企业营销,需要了解这些具体变化,掌握消费者的心理活动,针对性地制定市场营销策略。

(1)认知态度的变化

对于消费者来说,在刚开始接触新产品的时候,往往会表现出一种怀疑的态度,通常会担心购买和使用风险,这其实是一种正常的消费心理现象。个体对事物都有一个学习和认识的过程,根据消费者个性和气质的不同,通常会出现不同的认知方式,如有的人会通过传播媒体了解,有的会主动上网搜索信息和评价,有的会通过亲朋好友了解使用体验等,这其实就是属于一种消费心理的学习过程。消费者通常会对自己感兴趣的商品进行主动的信息收集。在这个过程中,由于消费流行的产生,对于流性商品,消费者往往一开始就会产生积极的、肯定的态度,从而减少学习和认知的时间,购买决策速度加快。在现实购买活动中,消费者往往在获知流行性信息后,就立即付诸购买行为,因此,消费流行强化了消费者的购买心理。

(2)购买心理驱动力的变化

消费者在发生购买行为时,有可能出于多种原因,如有的人是日常生活需要,有的人则是由于社会交往而产生的需求,这两种原因实际上是由生理动机和心理动机引起的,并且两者都比较稳定。心理动机除了社会交往需求之外,也会因为一些情绪因素产生冲动性的购买行为。当消费受到消费流行的影响,其购买商品的驱动力也会发生一定程度的变化。例如,消费者本身并没有消费的需要,但当获知流行信息后,也会产生一种盲目的购买驱动力,付诸购买行为。例如,消费者通过消费流行,满足了自身求新、求美、模仿和从众心理的动机。但事实证明,消费者盲目追求流行商品,有时并不能满足其心理需要。因此,消费流行可以促使人们产生一种新的购买心理驱动力。

(3) 原有的消费心理发生反方向变化

大多数消费者在正常的购买活动中,通常进行对比分析,尽可能地购买物美价廉的商品。但是,在消费流行的影响下,消费者往往会不自觉地放弃传统消费心理,对流行商品产生强烈的购买欲望,即使商品的价格要远远高于它的价值。由于不计高价购买流行商品,对其它商品的支出明显降低。对于一般消费者而言,购买商品主要是通过某些消费心理动机起主导作用。例如,大多数消费者在购买时主要关注商品的实用性和便利性,体现出求实心理动机,一旦出现消费流行,这种心理动机就会发生改变。对于高科技产品,消费者往往认为新产品会带来更多的惊喜体验和便利,因此,会更加强化其消费心理。

(4) 消费者原本的偏好心理受到冲击

消费者在长期的购买活动中形成了一定的消费习惯,对某些商品产生了信任感,并且长期使用,已经成为该品牌的忠实客户。但这些消费习惯往往在消费流行的冲击下,会产生一定的影响。虽然消费流行并不会使得消费者对原本的偏好产生厌恶和失去信任,但在不断受到流行趋势的影响和冲击后,会逐渐失去原本的偏好。在这种情况下,如果老品牌不能对其商品款式、性能等进行更新,不能适应消费流行的需求,就会逐渐失去相当一部分忠实客户。

总而言之,消费者的购物偏好是在长期购买活动中形成的一种行为习惯,它是建立在生活习惯、兴趣爱好等之上的。当消费流行介入,根据个体的不同,这种偏好心理就会发生不同程度的改变。这种改变一般分为主动和被动,可能是消费者自己意识到应该发生的改变,也可能是社会流行趋势带来的压力发生的改变。因此,消费流行会影响消费心理,但是任何的需求转移都不会从根本上脱离消费心理动机,其改变的基础依然是原有的心理动机。

 典型案例

星巴克打出文化牌

1971年西雅图的一间小咖啡屋,在经过40多年时间,目前已经发展成为世界最著名的咖啡连锁店品牌之一——星巴克(Starbucke Coffee)。1992年,星巴克在美国上市,股票价值在经历了四次分拆之后,如今已经上涨了20多倍,其在全世界的连锁店数量达到4 000多家。1996年,星巴克开始进军国际市场,首选的国际市场为日本,在东京银座开了第一家的海外咖啡店。到目前为止,星巴克的增长速度惊人,平均每天这个地球上就多了3—4家星巴克连锁店。

星巴克最吸引消费者之处就是把已经在西方传承数百年的古老消费品,变成一种

时尚的代名词,重新演绎这现代人的生活方式和文化内涵。星巴克董事长霍华德·舒尔茨(Howard Schultz)说道:"我们喜欢打破规则,做到别人说不可能的事情。"星巴克能够成为知名品牌并不只是在销售香浓的咖啡,更多的是提供一个优雅的氛围,使得消费者能够在放松、愉悦的心情中享受咖啡。星巴克这样独特的文化定位,促使其在众多咖啡店品牌中脱颖而出。

1983年,舒尔茨到米兰参加商展,他在路过一家又一家咖啡馆,发现每一家都挤满了人。原来,意大利人早中晚都会在咖啡馆小歇片刻才回家,这个时光对于大家来说就像参加朋友聚会,在咖啡馆中播放的歌剧和音乐声中相聊甚欢。他领悟到吸引消费者的正是那一种舒适的人文环境和生活体验。于是,舒尔茨将咖啡馆中的歌剧音乐换成了美国崇尚流行的爵士乐,在柔和的灯光下,星巴克提供给消费者的是一种悠闲和自在。通过一系列的改变,星巴克开启了颇具文化氛围的经营模式,打开了现代都市人们自己都不曾觉察到的需求。于是星巴克成了都市白领小聚的社交地,成了人们静静思考的办公室,也成了除了家和办公室之外人们最爱去的第三类场所。

星巴克在中国的经营也取得一定的成功,其秘诀也是有赖于咖啡馆中浓浓的文化情调和舒适的氛围,这样的设计正符合星巴克的目标消费群的偏好,他们是具有一定消费能力的"小资"人群和商务人士。一般而言,人们不会为喝一杯咖啡而跑得很远,通常都是就近消费。所以星巴克根据目标消费群体的活动范围来选择在写字楼集中的商务区域、休闲娱乐场、繁华的商业区等地方开设咖啡馆。为了确保每个新店的装修效果符合星巴克的经营风格,当新店选址完成之后,都会将店面结构图纸发往美国,由西雅图的星巴克总部统一设计装修图纸。星巴克的店面色调一般选用的是暗红与橘黄色,配合柔和略带暖色的灯光,每个店面都会要求摆放一些流行时尚的报刊杂志、精美装饰品等,在富有亲和力的环境中加入时尚元素。

星巴克的店内会经常播放一些爵士乐、美国乡村音乐以及钢琴独奏等,这样的音乐背景恰恰迎合了追求时尚、前卫的白领消费群体。这部分人群通常在工作中有较大的压力,柔和、放松的音乐正好起到了舒缓压力的作用。

讨论与思考

1. 什么是消费习俗?有哪些特征?
2. 消费习俗有哪些类型?
3. 简述消费习俗对消费行为的影响。
4. 什么是消费流行?有哪些特点?
5. 简述消费流行的分类。
6. 消费流行对消费心理的影响有哪些?

第十章 产品与消费心理

**本章提要**

产品是消费活动中的购买对象,消费者的需求、动机和决策一系列的活动都是建立在产品之上的。企业的产品能否具有竞争力,关键在于能否得到消费者的认可。本章主要讲述了企业新产品的开发与消费心理,介绍了商品名称、商标、包装与消费心理。

**引入案例**

免费使用的雨伞

日本大阪新电机日本桥分店,一直以来有着独特的品牌宣传方式,每逢雷雨将至之时,店员们就将雨伞架放置在商店门口,每个伞架上大约有三十把雨伞,伞架上写着:"亲爱的顾客,请自由取用,并请下次来店时归还,以利其他顾客。"对于顾客来说,看到免费用伞的标语,欣然取伞而去。当有人问及,如果顾客取走伞却不归还怎么办?经理笑着答道:"这些雨伞都是比较廉价的,每把伞上都印有新电机的商标,即使顾客不送回也没关系,就当作是一种行走的广告也是值得的。"原来,经理是借行人手中的雨伞让新电机的商标得以传播,扩大了知名度,是件惠而不费的两全其美之事。

请思考:案例中免费使用的雨伞如何使得该商店增加知名度?

第一节 新产品的开发与消费心理

产品的各种特征都会对消费者的心理活动产生影响,从而刺激消费者的购买行为。因此,在企业的营销活动中,通常需要根据消费者心理来开发设计新产品,对产品的名称、商标、包装进行一系列的营销策略制定。

一、新产品的概念

有的学者认为只要消费者意识上认定的产品构思具有一定的创新性,就属于新产品。但是这个概念中有一个不确定的因素,就是消费者的主观意识,由于每个个体对"新"的看法不一致,因此,这个定义并不能被广泛接受。关于新产品的定义,巴奈特指出凡是思想、行为或事物在本质上与现存者不一样的,即可被视为新产品。在消费活动中,往往可以将新产品理解为产品特性经过翻新的商品。总体而言,新产品的概念是从整体的角度来理解,只要产品特性中的任何一个要素发生变革和创新,促使产品整体具有新的结构、性能、种类或服务等,与原本的特性产生差异,即是新产品。例如,电动汽车的出现就是属于新产品,将汽车的某方面性能提高,这种改变也是一种新产品。

新产品的概念范围较为广泛,因此,在理解其概念的同时,需要将其类别划分清楚。根据新产品对社会结构的影响和消费者对新产品的认可程度来看,创新可以被分为以下三种类型。

(1) 连续创新

这种创新的改变程度并不是太大,从而对消费者原来的消费行为影响较小,实际上它只是一种产品的更换及替代而已,并不是开发新的产品。例如,电脑、手机使用时间较长后的更新换代等。

(2) 动态连续创新

这种创新改变的程度较大,一般会在原来产品的模式及本质上开发新的性能。例如,电动汽车、平板电脑等。

(3) 非连续创新

这种创新改变的程度最大,往往重新建立行为模式,对消费者的购买行为产生较大的影响,甚至会改变人们的生活方式。例如,网络、扫地机器人等均为非连续创新。

二、新产品的类型

1. 按照新旧产品的差异程度进行划分

(1) 全新产品

所谓全新产品,是指利用新技术创造的,对于产品整体性能进行更新或为了满足消费者新需求而发明的产品。全新产品从整体角度看,从产品各层次与旧款进行比较都完全不同,一般属于首创产品。例如,微波炉、电脑、手机、空调等产品的研制成功就属于全新产品。全新产品投入市场后,往往会改变消费者原有的消费心理和消费习惯,甚至影响其生活方式。以微波炉为例,由于它具有加热功能,消费者购买该产品后对食品种类的需求可能会发生变化,如购买速食商品等。

(2) 革新产品

革新产品是指在市场已有的商品上利用新技术或者采用新材料,使得产品性能有了较大的突破,或是将只具有单一性能的商品发展成具有多种性能及用途的产品。例如,洗衣机从半自动过渡到全自动,手机由只具备通话功能发展到具有上网、照相等多种功能等。革新产品的出现,会对消费者已有的生活方式、行为习惯发生某些改变,因此,往往会给消费者的心理带来更大的满足感。

(3)改进产品

改进商品是指在原有的产品性能上做出一些改进,发生的变化较小,因此,对消费者心理和行为的影响也较小。这种改进型产品变化的内容包括商品的外观造型、颜色、结构等。例如,牙膏添加一些药物成分,变成药物牙膏。由于改进产品的基本性能并没有明显的变化,因此,一部分消费者可能还是愿意使用旧产品,即使选择新产品,其消费行为和心理也不会发生大的转变。

2. 按照空间范围划分

(1)世界范围内的新产品

世界范围内的新产品指在全世界范围内首创的新产品。研制这种新产品对消费者来说具有极大的吸引力,并且产品具有巨大的市场潜力。

(2)国家范围内的新产品

所谓国家范围内的新产品,是指在某一国家范围内首次开发成功的产品。例如,全部国产化的汽车。发展此类型的新产品有助于开拓本国市场,减少产品进口,同时可以促进国内市场与国际市场接轨。

(3)地区范围内的新产品

地区范围内的新产品是指某个地区范围内首次出现的新产品。这种新产品可以是其他地区研制成功后,首次进入某地区市场的产品,也可以是本地区首次开发成功的产品。

总而言之,无论是何种类型的新产品,只要能够给消费者带来新的满足和利益,都会得到消费者的认可,被广泛接受。反之,如果消费者认为所谓的新开发产品没有任何新的特点,那就不能称为新产品。

三、新产品购买者的类型及心理分析

当新产品开发成功后投放到市场时,由于消费者对新产品的接受快慢程度的不同,往往会在不同时间进行购买。根据消费者对新产品的态度和购买行为的差异性,可以将其分为以下五种类型。

(1)最早购买者

最早购买者是指在新产品上市之初,最先付诸购买行动的消费者,这部分消费者被称为新产品消费带头人,人数占比较小。这部分群体一般具有求新、求奇、求美的心理,敢于冒险的精神。他们大多受教育水平、经济能力和社会地位较高,因此,对新产品可能会带来的风险具有一定程度的承受能力。他们大多数是年轻人,信息获取能力较高,对市场较为敏感,对于这部分群体来说,他们的消费行为往往起到示范作用,可以带动其他消费者,也是新产品进入营销推广阶段的首选对象。

（2）早期购买者

早期购买者是指在新产品投入市场的初期，在最早购买者之后就立即付诸购买行动的这部分消费群体。这部分消费者大多数是较有威望的人，他们往往受到社会其他成员的崇拜和追随。他们通常对新事物较为感兴趣，对新产品有较强的购买欲望。他们虽然人数不多，但本身具有权威性，因此，这部分消费者通常可以带动其他消费者购买新产品。

（3）较早购买者

较早购买者也被称为早期大众。它是指经过"最早购买者"和"早期购买者"对新产品的性能进行使用体验之后，才会发生购买行为的消费者。这部分消费者比一般大众购买时间要早，他们购买行为发生在产品的成长阶段。他们一般具有模仿心理，虽然对于新事物较为感兴趣，但是在决策上比较小心谨慎，因此，在购买时间上并不太及时。当新产品投放市场时，他们往往有一个短暂的观望期，通过一小部分消费者使用之后，证实商品性能有一定价值，就会立即产生购买行为，对新产品的普及起到一定的推动作用。此类消费者数量较多，可以促使新产品在市场上快速进入成熟阶段，同时也会影响其他消费者的购买行为。

（4）晚期购买者

晚期购买者也被称为晚期大众，他们往往在大部分消费者都购买和使用新产品之后，才开始进行购买。这部分消费者购买的时间要晚于市场平均购买时间，他们一般思想较为谨慎，对新事物不敏感，很少主动接受新产品，通常是看到使用的人越来越多，并且产品性能已经被肯定之后，发现自身消费滞后，才会产生购买行为。这部分群体的购买会促使新产品市场进入成熟饱和阶段。

（5）最晚购买者

最晚购买者也被称为守旧者，是指在产品投放市场较长时间后，最后进行购买或拒绝购买的消费者。此类消费者一般思想比较传统、保守，文化水平有限，社会地位和经济能力较低，常常会表现出对新事物的反感。他们往往当新产品已经进入衰退阶段才会考虑购买，或者拒绝购买。随着社会不断进步和受教育水平的提高，此类消费者的人数占比会越来越少。对于拒绝购买新产品的消费者，他们拒绝的原因主要有三个方面：

① 文化障碍，由于这部分消费者的消费观念与新产品冲突较大，因此，他们很难接受，这种冲突越大，就越不容易被接受和认可，更不会产生购买行为。

② 社会障碍，个体总是存在于一定的社会关系中，并不是单一存在的，而是与其他的社会成员互相影响和作用。如果群体成员之间的关系密切，较为团结，那么成员对于新产品的接受能力就越低；如果成员越是循规蹈矩，那么他们对于反常规的新事物认可的可能性就越低。

③ 个人障碍，个人障碍一般包括个人习惯和知觉的风险。大多数消费者对外界事物的知觉是维持不变的，因此，人们通常会按照以往的习惯进行购买，这样可以使人感

觉轻松，不需要重复地进行信息收集和分析。而新产品的出现会对消费者的认知提出新的要求，因此，个体往往会因为麻烦而拒绝购买。

四、影响新产品购买行为的心理因素

导致消费者对新产品购买态度和行为的差异因素多种多样，一般包括性别、年龄、经济能力、职业等，消费者的心理活动的差别也会对其购买行为造成一定的影响，如个性、认知、需要、情感等。一般而言，心理因素的影响要更为突出。

（1）消费者对新产品的需要

消费者的一切购买行为都产生于其需要，它是发生购买行为最初的动力产生因素。在实际购买活动中，只有能够满足消费者需要的产品，才能激发其购买行为。不同的消费者之间购买需要千差万别，因此，他们对新产品的购买决策也会有所不同。

（2）消费者对新产品的认知

消费者在产生购买行为之前，往往需要对新产品的性能进行调查和信息的收集，从而进行分析和评价。当消费者认为新产品确实能够满足自己的需要，并且能够带来良好的使用体验，就会激发其购买的欲望。因此，消费者的对新产品的认知程度直接影响其接受产品信息的准确度，如果消费者对新产品的反应并不敏锐，那么接受时间相对来说会较长。

（3）消费者的个性

消费者的性格、气质、价值观、兴趣爱好等个性心理特征都有较大的差异，这样的差异足以影响消费者对新产品的接受能力和速度。如果消费者本身属于乐观、灵活、敢于冒险的性格，那么其对新事物的接受时间会较短。反之，如果消费者传统、保守、小心谨慎，那么其接受新事物的速度较慢，甚至产生拒绝购买的结果。

（4）消费者对新产品的态度

消费者在对新事物的特性进行感知的基础上，对其各个层次进行比较和分析，往往会形成一定的态度。如果消费者对新产品的特点认可，那么就会产生积极和肯定的态度，从而付诸购买行动。反之，则会产生抵制情绪，抱有反面消极的态度。

五、消费者对新产品的心理要求

随着社会经济的发展，消费者的心理活动越来越复杂。消费者是否会最终购买商品，取决于该商品是否能够满足消费者的心理需要。因此，新产品必须要适应消费者心理的发展和变化。新产品在投入市场后会成为畅销品还是滞销品，关键在于它是否满足了消费者以下六个方面的心理要求。

（1）时尚、流行的心理要求

时尚和流行不仅代表了社会的进步，也反映消费者渴望市场发生变化，从而满足其求新、求美的心理。消费者存在这样的需求心理其实是普遍存在消费现象。它往往反映了消费者希望能够顺应时代发展、从众的心理。部分消费者对于新产品，尤其是极具特色的新产品具有热情,倾向于主动体验新产品,经过他们的示范与宣传,从而促使其他消费者产生模仿消费行为,逐步形成消费流行。因此,企业需要不断地进行创新,不然新产品带来的消费热潮会进入周期性的衰退,将会被其他产品替代。新产品不仅需要在其用途、功能、结构等方面进行更新和改进来适应时尚潮流,对于企业而言,还需要通过一定的传播媒介将其特点传递给消费者,推动流行趋势的形成。

(2) 便利的心理要求

随着社会经济快速发展,人们的生活节奏在不断地加快,大多数消费者承担着工作和家庭的双重压力,因此,他们往往更倾向于能够减轻家庭劳务时间的商品。他们希望可以通过一些商品节省时间,用来从事自己感兴趣的活动。便利和高效的产品顺应时代的发展,越来越受消费者的欢迎。比如,微波炉、速食食品、全自动洗衣机、扫地机器人等都是热门产品。

(3) 安全、享受的心理要求

消费者在购买商品时,最关心的就是商品的安全性,是否会在使用过程中有风险。例如,消费者在购买装修产品时会关心其是否甲醛超标;购买食品时,注重商品是否绿色,有机等。除此之外,消费者希望商品能满足自己的享受心理,新产品在结构设计上是否符合人体生理结构的比例,提供舒适感。例如,汽车座椅的设计。因此,企业在设计新产品之时,应该强调产品的安全性和舒适性,满足消费者的心理需求,从而赢得市场。

(4) 求美的心理要求

消费者最基本的心理需要就是对美的追求。在购买活动中,大多数消费者会首先关注商品的款式、颜色等特征。尤其是女性消费者,在购买商品时既满足物质需要又可以同时满足精神需求。消费者通常对于设计新颖、造型别致的商品关注度更高。因此,企业在新产品设计上需要满足消费者对美的追求,所设计的产品不仅有一定的实用价值,还需要具备观赏价值。

(5) 求名的心理要求

具有较高社会地位的消费者往往为了体现其身份地位,趋向于购买与其所属阶层一致的商品,如购买豪华汽车、高档手表、名牌西装等。因此,企业可以在设计这一类型的商品时,用较为贵重的材料,确保一流的设计、工艺和质量,并且为了满足这部分群体的购买需要,需要在产量上予以控制,运用高价策略。

(6) 追求个性特征的心理要求

消费者的个性消费越来越突出,大多数的消费行为体现了其追求自我的心理。由于消费者不同的性格、气质、兴趣等,往往会选择购买不一样的商品。因此,为了满足消费者追求个性特征的心理需要,企业在设计新产品时一定要新颖,并且具有突出的特性。除此之外,消费者会经历各个年龄阶段,不同的年龄具有不同的心理需求。因此,企业在设计商品时还需要考虑不同年龄消费者的心理成熟度,可以通过具有个性特征的广告宣传来传递给目标消费群体,从而引起该群体的强烈消费欲望。

六、新产品推广的心理策略

新产品投入市场之后,企业需要考虑的是如何使得消费者能够认识并接受新产品。消费者形成对新产品的认可态度主要经过注意、兴趣、联想、欲望、购买者五个阶段。是否能够顺利进行到购买行为这一阶段,不仅取决于新产品本身的性能、价格等因素,还与消费者心理活动过程有密切的关系。因此,企业在营销过程中,不仅需要设计出能满足消费者需要的产品,还要根据消费者的心理特征,针对性地制定营销策略。

(1) 产品设计具有优越性

企业在研发新产品时,应该注意其整体性能明显优于老产品。消费者往往会将新产品与老产品进行对比分析,如果新产品占有明显的优势,那么消费者就更容易被激发购买欲望。当新产品的创新程度越高,消费者的购买欲就越强烈,新产品的市场占有率也就随之升高。

(2) 产品的可试性

消费者如果可以亲自体验新产品,那么会比其他宣传方式更为直观,影响程度会更大。例如,商场的服饰可以试穿、超市的某些食品可以试吃等,通过尝试后,能够直接感受到商品带来的美感、舒适感等,通过体验比语言和文字的信息传递会更有效。

(3) 重视最先和早期购买者

最先和早期购买的消费者虽然人数占比较小,但是他们往往属于社会层级较高,具有一定身份、名望的群体。他们对其它消费者起到一定的示范作用,影响力较大。企业需要善于发掘这部分带头消费者,提高其满意度,加强与这部分群体的沟通,使得新产品的推广速度加快,扩散性加强。

(4) 挖掘潜在购买者

在把握好最先和早期购买者之后,消费流行开始逐渐形成,企业这时候的任务应该是扩大销售范围,赢得最大市场占有率,将新产品的销售推向高峰期和成熟期。因此,企业可以从购买频率、购买数量和对新产品持有的态度等方面对潜在的购买者进行调查分析,建立和完善客户的档案,尽快对这部分潜在消费群体展开宣传,刺激消费。

(5) 营销方式多样化

新产品投放市场后,企业需要实施多样化、多途径的推销方法。例如,电视媒体推销法、样品推销法、网络推销法等。企业在选择何种推销方式时,首先需要根据新产品的特点和目标消费群体的心理活动、分布范围等,要根据新产品的特点、目标群体的特征及分布等来采取灵活有效的推销方法。

由于新产品刚进入市场,消费者对其认知一片空白,往往抱有怀疑的态度,缺乏安全感,因此,不少消费者会处于观望状态,企业需要找到带头消费者,进行针对性的宣传,将新产品的优势信息进行有效的传递。在新产品进入成长阶段的时候,基本已经立足。这时候,企业在宣传时,需要采用大众消费者能够接受的方式,强调新产品的科学性、优越性,尽量在短期内消除消费者的顾虑和消极情绪。

在这个阶段,企业需要不断收集产品宣传的效果反馈,及时根绝市场状况和消费者反应调整宣传方式和内容。

第二节 商品命名、商标、包装与消费心理

消费者在购买商品的过程中,会对商品的品牌名称、商标和包装产生一定的感觉和认知,从而引发相应的心理反应。作为企业,应该根据目标消费者的心理活动特点,有针对性地对新产品进行命名、设计商标和包装,从而更好地对其进行推广。

一、商品命名与消费者心理

(一)商品命名的作用

商品命名实际上就是指通过选定适合的文字,概括地反映商品的性能、用途的特点。消费者往往在接触到新产品之前,会通过其名称来判断商品的设计和性能等,一个好的名称通常可以吸引消费者。一个富有感染力的名称,往往会给消费者带来美的感受。商品命名的作用主要表现在以下五个方面。

(1) 标志作用

商品名称必须要与其外形、性能等特点相符合,其名称和商品本身具有一致性,从而形成一种标志。例如,不少保健品和药品采用其主要成分进行命名,让消费者闻其名知其用。

(2) 显示作用

许多商品的名称和其功能、效用结合在一起,能够通过其名称了解其用途,尤其是药品。例如,克咳胶囊主要功能就是缓解咳嗽。

(3) 记忆作用

商品的名称要求简洁明了、引人注目,这样便于消费者快速记忆,消费者往往只需要通过其名称就知道商品的具体信息。例如,提到耐克,消费者就知道它是著名运动品牌。

(4) 传递作用

商品的名称是选定的语言文字,企业将新产品投入市场,不管是运用什么媒体、何种途径,都需要借助商品的名称来完成,它是企业营销宣传的基本要素。

(5) 激发作用

商品的名称可以向消费者传递其外形、性能,从而使得消费者产生注意、好奇和形成一定的态度,激发购买行为的发生,如驴打滚等。

(二)商品命名的心理要求

给商品命名是企业的一个重要任务,它关系到商品投入市场后的消费态度和行为

反应。商品命名的目的就是使其名称能够和消费者的心理相符合,从而使得消费者通过名称对商品产生初步的认识和良好的印象。因此,在商品命名时应注意以下一些心理要求。

(1) 名副其实

商品命名时要用简洁明了的文字来表达商品的性能和用途,使得名称和实际特征相一致。让消费者通过商品名称就可以进行初步的了解。例如,热得快电加热器,通过名称就能获知它的功能。

(2) 便于记忆

商品命名的根本目的就是能够吸引消费者,使得消费者通过名称能够加深印象,因此,其名称应该易读易懂、言简意赅,从而可以减轻记忆难度,并且有助于记忆的长期保存。因此,企业在命名的时候要注意商品名称最好以 2—5 个字为宜,发音要易读、响亮、通俗易懂,名称的理解程度尽量符合目标消费群体的水平。例如,可口可乐给消费者的印象就很深刻,利于记忆。

(3) 引人注意

注意是商品命名最重要的目的,能够引起消费者注意的商品,就会促使其产生强烈的心理效应,从众多商品中脱颖而出,推动消费者进行深入的了解。因此,企业应该根据消费者的性别、年龄、收入水平、职业等特点对其进行定位,针对目标消费群体的心理要求,给商品命名,这种针对性的命名方式,能够给消费者留下良好的印象,引起他们的注意。例如,针对女性商品,名称应该柔和、高雅;针对儿童商品,名称应该活泼、富有童趣。

(4) 激发联想

激发联想是商品命名的潜在功能。企业一般通过商品名称的文字和发音能够使得消费者产生恰当的联想,产生良好的印象,激发其购买欲望。例如:蒙牛特仑苏牛奶中的"特仑苏"在蒙语中是指金牌牛奶的意思,该名称使得消费者联想到纯白的牛奶,产生香甜可口、富有营养的感觉。

(5) 避免禁忌

由于不同的国家、地区、民族、种族都有一定的文化差异,因此,商品命名时应考虑是否符合消费者的文化、习俗、习惯等,避免产生冲突,触犯禁忌。

(三) 商品命名的心理策略

企业针对商品命名的心理策略主要有以下几种。

(1) 以商品的主要效用命名

此命名方式主要是名称可以直接反映商品的性能和用途,促使消费者通过名称就可以迅速了解其效用,加深对商品的认识,也是企业信息传递的有效途径。这样的命名方式比较适合化妆品、医药品和日用工业品等。商品所针对的目标消费者往往具有求实心理,较关注商品的功能。例如,汰渍洗衣粉、竹盐牙膏。

(2) 以商品的产地命名

以商品的产地命名主要是由于该产地具有一定的历史文化,具有特色,能让人产生信任感,以此命名可以借由产地的高知名度和特点赋予商品相应的魅力。因此,新产品利用产地命名不仅能够突出地方特色,还能促使消费者慕名购买,刺激消费者产生强烈的购买欲望,是一种良好的宣传方式。例如,北京烤鸭、云南白药、金华火腿、景德镇瓷器、贵州茅台等。

(3) 以商品的主要成分命名

这样的命名方式主要是为了突出商品的成分和原材料,尤其在化妆品、医药品、保健品类的商品中应用得较为广泛。通过直接用成分命名,使得消费者从名称上直接可以对商品产生了解,帮助消费者根据自己的需要选择正确的商品,给人以货真价实的感觉,更加容易赢得消费者的信任。例如,人参蜂王浆、螺旋藻麦片。

(4) 以制作工艺命名

这种命名方式一般是用于具有独特加工方式、突出精良工艺的商品,消费者通过名称就可以了解其上乘的制作工艺和过程,从而对其品质产生信任感。例如,北京著名的"二锅头"酒,此酒在蒸酒过程中需要经过换水,最终只留取第二锅酒液的中段,正因为经过如此制作过程,使得酒质醇厚,深得消费者的喜爱。消费者通过其名称能够深入了解酒的制作过程,提高商品的品牌信誉。

(5) 以人名命名

以人名命名通常是指使用新产品的研发者、制造者或历史人物、当代知名人士的名字来命名。这种方式使得将商品和特定的人联系在一起,从而可以展现商品的品牌历史悠久,受名家推崇等,从而使得消费者产生崇敬感和信任感。例如,孔夫子酒、圣罗兰、老干妈等。

(6) 以外来词语命名

这种命名方式一般在进口商品中应用较为广泛,可以满足消费者求新和求奇的心理,还可以避免消费者因为文化水平限制出现名称翻译上的困难。需要注意的是,企业在为商品命名时不论是直译还是意译,都要注意到需要投入市场所在国家、地区和民族的文化和习俗,不能与之相冲突,并且名称需要朗朗上口,寓意美好。

(7) 以商品外形命名

以商品外形命名的方式大多数应用在食品和工艺品类的新产品。通过外形命名能够突出商品优美、奇特的特点,使其更加形象化,消费者根据名称产生一定的联想,从而引起消费者的注意和兴趣。例如,喇叭裤、佛手酥等。

二、商标与消费心理

商标实际上就是指商品的标记,它是商品的制造者或者经营者为了使得该商品与其他商品有所区别而采取的一种特殊标记。商标的表现形式一般由字母、文字、图案、线条、颜色等构成,部分商标还可以体现商品的某些特征。一般而言,商标必须要经过工商管理部门注册登记后,才能具有专利,从而受到法律的保护。目前商标已经成为企业的无形资产。

(一) 商标的心理价值和心理功能

1. 商标的心理价值

商标是产品的重要组成部分,没有商标就不能构成完整的产品。商标不仅代表商品的名称,还表示商品的性能、质量等特征。因此,对于消费者来说,商标往往蕴含着一定的价值意义。商标有具有的价值一般分为两类:① 商标能够传递给消费者商品的良好形象,消费者只要一看到某商标,就会对其所代表的商品质量深信不疑。② 商标本身蕴含了特殊的意义,某些商标具有一定的纪念价值,消费者只要一看到某商标,就会联想到某些特殊事件。

2. 商标的心理功能

(1) 识别功能

商标是商品的标志,用来区别其与其他商品,消费者通过商标可以对不同的商品进行识别。除此之外,商标便于消费者认知、记忆其所代表的商品的质量、性能等特征,识别自己感兴趣的商品。在现实购买活动中,消费者往往是通过商标进行辨认和购买商品的。

(2) 保护功能

商标经过注册登记后,就具有专利权,同时受到法律保护,任何仿冒品牌都将受到法律的制裁。通过这种方式可以维护生产、经营企业的形象和名誉,同时也保护消费者的合法权益,避免受到假冒产品的侵害。

(3) 强化功能

商标的强化功能一般具有两个方面的影响:如果商标设计时尚、富有想象力,便会吸引消费者,留下深刻的印象,如果在使用后有良好的体验,就有可能形成品牌忠诚。反之,如果商标设计本身与消费者的心理不相符,那么就会强化消费者拒绝购买的心理。因此,强化功能可能具有积极和消极两个方面的影响。

(二) 商标设计与消费心理

商标的设计关系到消费者的心理活动,其采用文字、图形等各种表现方式构成商标,在设计中必须考虑到商品的特征和消费者的需求,不能随心所欲,而是建立在市场之上。因此,商标的设计需要注意以下几个心理要求。

(1) 设计新颖、个性

消费者一般会对特别的事物留下深刻的记忆,通过商标能够让消费者在众多商品中识别自己偏爱的品牌,因此,商标的设计需要新颖、具有个性,从而引起消费者的注意。企业在设计商标时,需要集思广益,不拘泥于传统,寻找创新。例如,捷豹(Jaguar)

汽车的车标是一只正在跳跃前扑的美洲豹形象,其商标展现了时代感,给消费者带来了视觉冲击,通过商标,消费者感受到其寓意汽车向前奔驰的力量与速度。因此,从伊丽莎白女王到查尔斯王子等皇室贵族都对捷豹产生青睐。

(2)文字简便,形象优美

现代的商标不仅仅要求其具有明显区分其它商品的标识作用,还需要具有美学的价值。商标的设计需要符合消费者的审美标准,形象生动、简洁鲜明,从而使人在短时间的接触过程中能够记忆深刻。设计的形象不仅是指商标的图文表现,还包括商品品牌的名誉,在设计商标时需要注意其图文形式和商品所要表现特征的结合。

(3)体现商品的特色

商标的设计并不是简单的文字图案的组合,而是需要具有一定的代表性,企业需要根据自己的商品特色,来选择合适的文字、图案进行设计。商标往往起到消费心理的强化作用,这就要求企业设计的商标能够准确反映商品的性能,将商品的信息进行精确的传递,突出商品优势。

(4)尊重习俗

对于不同的国家、地区、民族和种族来说,都有不一样的文化背景和风俗习惯,因此,企业在设计商标时,需要顺应各区域范围内消费者的心理习惯,避免违反禁忌,造成消费者的反感和抵制。例如,不同的国家对颜色的寓意并不完全一致。

三、包装与消费心理

在包装出现在市场上时,最开始的目的是用于承载和保护商品的,防止商品在运输过程中发生损坏和变质等影响商品质量的问题出现。随着市场经济的发展和材料技术的进步,包装的材料和方法越来越先进,呈现出多样化的趋势,企业也开始通过对包装进行研究来吸引消费者。包装对消费者心理有较大影响,可以转变其对产品的感觉和认知。因此,企业往往将新产品投入市场之前,对包装也会进行深入的研究。

(一)包装的心理功能

随着人们生活水平的提高,消费者对美的追求逐渐强化,对商品包装的要求不仅限于保护作用,而是希望能够美化商品,提升商品的档次,具有艺术和个性化的效果。包装上内容包括文字、图片等信息,同时通过包装给消费者提供一定的便利性。包装可以给消费者带来直观的感受,具有刺激特性,如果包装足够有吸引力,会促使消费者产生较大的兴趣,通常会加速消费者的购买决策。反之,消费者会表现出不屑一顾,不愿意靠近和购买。因此,可以说包装是商品的脸面,对消费者的行为具有较大的影响作用,被称为"沉默的推销员"。包装的心理功能包括以下五个方面。

(1)识别功能

随着市场的进步和发展,竞争力越来越大,市场上商品同质化严重,商品的质量、款式、性能，甚至价格都没有明显的差异。因此，一个设计精美、具有特色的包装就可以让商品在同类产品中脱颖而出，吸引消费者的注意，从而留下深刻的印象。这样的方式有助于消费者通过包装辨认不同的品牌。另外，商品的包装往往附有文字说明和图片，消费者可以通过包装详细的了解商品的产地、成分、性能和特色，这也是一种传递商品信息的方式。

(2) 便利功能

设计良好的包装不仅可以带给消费者美感，还有一定的实际用途，可以很好的保护商品，便于提携和长期保存，从而延长商品的使用时间。因此，设计合理、提供便利的商品包装，往往给消费者一种安全感和便利感，方便其购买、携带、运输、储存。例如，咖啡的包装方便携带。

(3) 美化功能

消费者对商品的要求越来越高，除了关注商品本身的性能、用途、质量等方面，还注重其包装。消费者通常希望商品包装能够具有艺术性，具有一定的欣赏价值，从而满足其求美心理。制作精良的包装能够给商品锦上添花，强化消费者的购买欲望。而设计落后、制作粗劣的包装会直接影响消费者的行为，从而产生抵制情绪。部分消费者在进入商店后，并没有明确购买目标，他们往往是先接触和感受到商品的包装，从而形成第一印象。因此，精美的包装是促进消费者产生购买欲望的重要原因之一。

(4) 联想功能

能够吸引消费者的商品包装一般能够让消费者产生有助于体现商品特色的美好联想，促使消费者对商品产生肯定的态度。例如，老字号的商品采用古色古香的包装材料和形式，牛奶的包装大多采用绿色和白色，以此表现牛奶的天然和纯正。

(5) 增值功能

被认为良好的、成功的包装往往具有艺术性、信息性、趣味性、时尚性、便利性。由于包装是直观感受的，所以消费者通常在选购商品时会通过包装感受商品的价值。对于高雅华贵的包装，往往会提升商品的整体档次，让消费者感受到购买商品后自己的身份地位会随之提高，使其求名心理得到满足。因此，商品的包装具有一定的象征意义，高档的包装体现商品的高价值。

阅读材料

沉默的推销员

早些年间，我国出口英国十八头莲花茶具的原包装是瓦楞纸盒，这样的包装不仅不美观，还不能让消费者清楚、直观地了解包装盒内的产品，结果无人问津。但这些茶具在伦敦某家百货商店出售时，摒弃了原有的包装，重新设计了一款较为精美的包装，而且包装上面印有茶具彩色图案,将其套在原包装外面,价格从我国出口价的1.7英镑立即提升到8.99英镑,结果销量大涨。因此,可以说良好的包装是一个沉默的推销员。

请思考: 为什么良好的包装是一个沉默的推销员呢?

(二)包装对消费者心理的作用过程

(1) 引起注意

商品之所以需要包装,除了起到保护作用之外,还要引起消费者的注意,给与消费刺激。一般而言,不同的包装对于消费者的刺激强度也有一定的差异。消费者在购买活动中,部分购买行为往往来自无意注意,因此,企业需要使商品的包装足够引起消费者的无意注意,并且不断提高刺激强度。

(2) 激发兴趣

消费者的购买欲望因为往往通过有意注意和无意注意而产生的,企业在设计商品包装之时,需要激发消费者对商品产生兴趣,从而产生有意注意。由于消费者的年龄、文化背景、收入水平和职业的不同,对包装的设计兴趣也有所不同。这种情况下,企业需要针对目标消费群体进行研究,设计出符合商品风格并且满足消费者兴趣偏好的包装。

(3) 刺激需求

消费者在对某商品产生购买动机时,此时还需要一定的外界刺激才能够产生购买行为。而包装是消费者能够直接感受到商品各种特征,并且形成良好印象的最好手段。

(4) 发生购买

商品的研发、包装的设计最终都是为了促使消费者对商品的认可,产生购买行为。具有特色的包装会让消费者产生好感,形成深刻的印象,促使其产生试用的心理,从而产生购买行为。

(三)商品包装设计的心理要求

企业在设计商品包装时要充分理解消费者的心理需要,需要在商品包装的设计中考虑以下几个方面。

(1) 安全实用,方便携带

商品包装的设计需要从消费者的角度出发,站在消费者的立场去思考究竟消费者需要什么样的包装。消费者往往会考虑其安全性、实用性和便利性,因此,商品的包装需要为消费者观察、挑选、携带提供方便。包装还需要根据不同的商品需求来设计,例如,针对食品类,容易过期的商品需要采用密封的真空包装,而饮料为了方便被携带,采用易拉罐等包装形式,咖啡的包装带杯托等。企业在设计包装过程中,为了消费者的健康与方便,对包装的材料也要进行针对性的深入研究,如易燃、易爆、有毒的商品,并且在包装上做出明显的标识。

(2) 新颖独特,艺术性强

消费者对于商品包装的要求越来越高,企业为了满足消费者求新、求变的心理,其商品包装需要符合新颖独特的特点,从而吸引消费者的注意。当一种包装投入市场一段时间后,需要不断地进行更新,跟上时代的步伐,从而满足消费者求新的心理。商品的包装不仅要考虑新颖,还需要具有一定的艺术性。对于商品的材料、工艺、造型、颜色等,需要采用最先进的科学技术,符合最新时尚趋势。同时,商品包装要做到美观、大方、生动,运用艺术的设计方式。

(3) 诱发联想,锁定目标

消费者年龄、收入水平、生活方式、行为习惯各有差异,导致他们在商品的性能、款式、用途上的要求也各不相同,对包装也形成一定的差异化需求。因此,商品的包装需要有一定的针对性,企业首先根据商品的性能对目标客户群进行准确定位,考虑该市场消费者的偏好,有针对性地设计商品包装,从而获取这部分目标群体的好感和认可。除此之外,企业需要将包装设计得符合消费者的风格特色,从而诱发他们的美好联想。例如,包装颜色的选择就有讲究,会使得消费者产生一定的联想,红色是一种温暖热情的颜色,常常用于礼品的包装;绿色充满宁静、生机,适合作为药品、保健品的包装,另外,黑色沉稳庄重,可以与其他颜色搭配使用,单纯使用黑色和白色,会给人以不吉利的感觉。

(4) 风格一致,简约得体

商品包装设计要与商品本身的特点相一致,包装的形象与产品品牌形象要统一和谐。包装的材料、制作工艺都涉及到商品的档次,也需要和商品身价相匹配。不同类型的商品对于包装的材料选择也会不一样。例如,日用品的包装大多较为简单;保健品通常被当作礼品,因此,其包装较为复杂,做工精致,为了突出其价值。另外,企业要防止过度包装,避免华而不实,让消费者产生反感。

(四) 商品包装的心理策略

1. 尊重习惯的包装策略

商品的包装的设计通常会尊重人们的消费习惯,这样的方式有助于消费者通过包装来辨别和记住该品牌。

(1) 配套包装

配套包装一般是指消费者已经习惯的关于商品连带使用或匹配使用的包装,通常将商品与其组合起来进行包装,方便使用和携带。例如,女性的化妆包,婴幼儿的奶粉盒等。

(2) 系列包装

系列包装是指将同一品牌或者用途相似的商品,采用同一款式、图案、颜色的包装。这种包装方式可以借某一商品的知名度来打开其它新产品的市场,增加消费者对于新产品的信任感,并且可以强化记忆。经常会使用这种包装方式的商品类型包括食品、化妆品、洗漱用品等。

(3) 分量包装

分量包装一般是指根据消费者的行为习惯来设计不同容量的包装,如果是针对家庭用品,也会结合家庭规模大小差异来考虑设计。例如,零食的大包装内有小包装,酱油有多种容量的包装。这种包装形式不仅可以适应不同消费者的需求和习惯,而且方便携带,给人以精确感。

(4) 惯用包装

惯用包装一般是为了尊重消费者的传统观念而采用的一种包装形式。这样的包装容易被消费者接受和认可,产生兴趣。例如,香烟的包装一般来说都是长方体盒装,家喻户晓的被大家使用习惯的包装,企业最好不要轻易改变,过于标新立异,反而会让消费者产生抵制情绪。

2. 差异性包装策略

不同的消费者由于其生活方式、经济能力、社会地位等有所不同,对商品包装要求也不一样。除此之外,同一个消费者由于在不同年龄阶段和购买时间、购买目的的差异,对商品包装也会形成多样化的需求。因此,商品包装设计需要有针对性,强调目标消费群体。

(1) 简易包装

简易包装一般是指设计简单、成本较低的包装方式。这种包装方式一般针对的是在购买过程中追求实惠、价格便宜商品的消费者,为了满足其求廉、求实的心理。这部分包装一般在食品类、日用品类应用较为广泛,迎合消费者心理,从而激发其购买欲望。

(2) 分档包装

同种类的商品也可以被分为高、中、低三个档次,企业往往会针对不同档次的商品设计与之相匹配的包装,从而符合具有不同消费能力、经济收入水平、社会地位的消费者需求。例如,针对商品的不同档次可以将其包装分为精装和简装。

(3) 特殊包装

特殊包装即专门为特殊商品而设计的包装。这种包装设计独特、有艺术感、保护性强,甚至单独的包装就可以作为艺术品观赏。此类包装一般会应用在珠宝首饰、收藏品、艺术品、名贵药材等商品。通过包装就可以体现商品的价值,同时也满足消费者对艺术的享受需要。

(4) 复用包装

复用包装一般是指能够多次重复使用或者具有多用途的包装。消费者在使用完商品之后,还可以将包装留做他用,满足消费者一物多用的心理需要,也为企业宣传提供更多、更久的机会。一般而言,此类包装在设计上需要具有耐用性,做工精良,或具有一定的观赏价值,才会引起消费者的注意。

3. 个性需求包装策略

商品的包装需要因人而异,针对不同消费群体设计与之相符合的包装。消费者的性别、年龄之间的差异,会形成不同的个性、偏好。因此,企业在包装上需要针对性设计,满足目标客户群的个性需求。

(1) 性别差异

① 男性化包装

企业商品定位人群如果是男性,那么相对应的包装应该需要体现男性的坚毅、沉稳、刚劲的特点,满足其男士风度的需求,往往会受到他们的肯定,从而产生消费兴趣。

② 女性化包装

如果企业商品的销售目标是女性,那么商品的包装需要设计得柔和、精致,从而体现女性温柔、优雅的心理需求。能够展现女性特点,符合其气质的商品包装往往会受到女性消费群体的青睐。

(2) 年龄差异

① 儿童包装

商品的定位为儿童群体,需要针对儿童天真、活泼的个性来设计其包装。此类包装需要注意趣味性,可以将在儿童群体中流行的动画人物等元素体现在包装上。儿童一般是其商品的主要倡导者,但父母往往是决策者和购买者,因此,企业对于此类包装还可以加入知识的元素,将知识性和趣味性相融合,同时引起儿童和父母的兴趣。

② 青年用品包装

青年消费群体一般追求时尚、新颖、奇特,购买的商品希望能够同时具有实用性和新潮感。企业在设计针对青年消费群体的商品包装时,应该考虑其个性元素,符合青年群体气质。

③ 中老年用品包装

中老年人的消费理念主要是求实,对于包装不喜欢华而不实,倾向于包装的实用性和传统性。因此,企业在设计针对中老年消费群体的商品包装时,需要讲究以实用和便利为主,体现中老年群体的庄重、淳朴。除此之外,这部分群体思想较为传统、守旧,接受新事物的能力不强,趋向于习惯性消费方式。因此,企业并不需要频繁地换包装,注重包装的传统性。

4. 情感性包装策略

消费者对于商品和包装是否满意,都会产生截然不同的态度和心理。当消费者满意时,就会产生愉快、兴奋、喜欢的情感体验,反之,则会产生沮丧、失望甚至愤怒的情感体验。消费者在长期的购买活动中,面对各式各样的商品,已经形成较为稳定的情感体验,因此,企业需要根据消费者不同的情感心理需求来设计包装,从而激发其情感,产生购买欲望。

(1) 礼品包装

礼品包装实际上常常被用来馈赠他人,消费者一般对此类包装要求高雅、体面,从而表达赠与者的情意,将包装赋予一定的社会象征意义。例如,我国的春节、中秋等节日,消费者习惯走亲访友、馈赠礼品,包装一般采用红色、金色,寓意喜庆,提升商品的价值。

(2) 趣味包装

趣味包装一般是指在商品的包装上增加一些幽默感和趣味性,常常采用夸张、拟人的手法来吸引消费者,有时可以与一些历史典故、成语故事和社会民俗相联系。企业需要善于发挥自己的想象力,通过趣味包装创造一种独特感,同时也可以满足消费者的求奇、求异心理。

(3) 怀旧包装

采用怀旧包装的目的是为了迎合消费者追求返璞归真的心理。随着市场经济快速的发展,商品的更新换代速度也会随之加快,但是消费者往往会怀念历史文化的继承。因此,对于购买活动,消费者有时会表现出一种怀旧的习惯。尤其是老字号,企业需要沿用古色古香的包装,满足消费者的怀旧心理,不需要随着市场的步伐更换包装,也不需要具有新潮性。企业在设计包装时,需要针对自己的商品本质,不可一味的追求时尚。

(4) 名牌包装

所谓名牌包装,一般是指将品牌商标体现在商品包装上,从而强化消费者的视觉感受。此类包装所吸引的消费者一般是具有一定社会地位、经济能力水平较高的群体,他们一般注重商品本身的品牌、性能之外,对商品的包装也有一定的考究,如包装的材料档次、设计的艺术感等。企业需要注意的是,包装上的品牌名称和商标的画面占比较大,突出品牌形象,另一方面,名牌商品以此方式还可以满足消费者的求名心理,形成互惠互利。

5. 错觉包装策略

所谓错觉,是指个体对于事物的感知处于一种偏离或歪曲事物本来面目的状态。日常生活中较为常见的错觉包括:长短错觉、色彩错觉、空间错觉等。企业也可以运用消费者的视觉错觉,对线条、图案、颜色进行巧妙的组合,促使消费者产生错觉,从而满足其某种心理。

(1) 色彩错觉包装

商品的包装需要色彩的装扮,它是包装重要的组成元素。在日常生活中,消费者往往会因为不同的原因,对不同的色彩产生偏好或禁忌,如社会文化、习俗、习惯的制约,消费者性别、年龄、个性等因素的影响。除此之外,色彩能够使人产生联想和错觉,导致消费者产生不同的心理活动。因此,企业可以科学地利用色彩的错觉感对商品包装进行设计,有意识地掩盖商品的缺点或放大商品的特点,从而引起消费者的购买兴趣。节日消费商品通常采用红色包装给人以喜庆、热情的感觉,医药品采用白色包装给人以卫生的感觉。例如,潘婷洗发水采用杏色包装,带给人的感觉就是营养;海飞丝的蓝色包装,让人联想到大海,产生清爽的感觉。

(2) 图形错觉包装

包装上图形设计的得体的话可以让消费者产生数量多、容量大、体积大等错觉。例如,包装采用纯色背景搭配简单的图案包装,显得商品较大并且给人一种轻快明亮的感觉,而采用复杂图形、深色背景包装的商品会显得商品较重,给人以庄重、深沉的心理感受。

典型案例

野马车奔驰 50 年

1903年,亨利·福特创立了福特汽车公司,目前已经成为全世界最大的汽车公司之一。该公司坚持"以消费者作为工作的中心"的经营理念,始终致力于向消费者提供更好的产品和服务,贯彻以消费者为导向的主导思想。到2000年为止,该公司在世界各地共有员工数量达到35万多名,已经在30多个国家设立了福特汽车制造装配企业,汽车销售类型包括各种轿车、卡车和商用车。

福特汽车公司坚持多品牌销售的原则,其旗下拥有的汽车品牌包括:福特(Ford)、林肯(Lincoln)、陆虎(Land Rover)、美洲豹(Jaguar)、马自达(Mazda)和水星(Mercury)等,这些旗下品牌本身也具有无形价值。其实,该公司发布过许多经典车型,但"野马"是在营销上最为成功的案例之一。

1964年,福特汽车公司正式推出了新产品——"野马"汽车,在当时取得了轰动,不到一年,野马汽车风靡美国。野马汽车是如何取得成功的呢?

1962年,艾科卡就任福特公司的分部总经理,开始琢磨制造一款受欢迎的汽车。为了完成这一目标,艾科卡进行全面的市场调查,调查范围遍及美国和欧洲,为了找出市场上现有车型的缺点。当时的背景比较复杂,由于二战后的生育高峰时期出生的小孩已经长大,过半的人口年龄集中在20—24岁之间,而汽车消费的主要群体就是年轻人,因此,艾科卡认为新车的设计需要新颖并且性能好,同时汽车不能太重,价格公平。除此之外,在新车投放市场之前,艾柯卡随机邀请底特律地区的54对夫妇到汽车厂,对他们进行意见征询。意见收集结果显示,其中不少蓝领工人认为新车确实好,但唯一存在的问题可能就是价格高消费不起。于是,艾柯卡请他们对新车进行估价,大家估计至少要一万美元。当艾柯卡告诉他们其实野马的售价为2 500美元时,大家都很惊讶,这么好的车没想到会这么便宜。

在初期设计阶段,新车刚开始被命名为猎鹰特号,后来又有人想将它改为美洲豹、雷鸟Ⅱ型等,艾柯卡认为这些名称都不合适,于是委托广告公司代理人去底特律公共图书馆进行查阅,具体查阅的内容为从A到Z的上千种动物,最后挑选出"野马"。由于美国人对二战中野马式战斗机的名称印象深刻,用"野马"给新汽车命名比较适合美国人放荡不羁的个性,同时由汽车联想到战斗机,能够体现出新汽车的性能和速度。艾柯卡对消费者需求的精准理解和把握,使得野马汽车一上市就受到消费者的欢迎。艾科卡在野马汽车投放市场的整个过程中都进行周密的策划,具体包括:

福特汽车公司主动邀请知名度高的报社编辑到迪尔伯恩,并借给每位编辑一辆野马车,邀请他们参加从纽约到迪尔伯恩的野马车大赛。与此同时,公司还请了一百名新闻记者进行现场采访。该活动引起了许多知名新闻媒体的关注,并广泛报道野马车大赛情况。这样密集的报道,大大提高了野马车的知名度。

公司将野马车投入市场的第一天,在全美二千六百家报纸上,整版刊登了野马车广告图片。除此之外,还利用电台做广告,广告采用一幅朴素的白色"野马"在奔驰的画面,注上意想不到的价格——2 368美元。不仅如此,公司努力将新车照片同时刊登在影响力较大的《时代》和《新闻周刊》封面上,宣传效果惊人。

自从野马车投入市场开始,各大电视台每天都播放该车广告,并且公司在人流量最多的停车场旁树立路牌广告,引起消费者的注意。另外,公司还采用实物广告的形式,在美国挑选主要的15个大型机场和200家度假酒店展销野马车,从而激发人们的购买欲望。

公司直接向全国小汽车用户邮寄几百万封推销信。除此之外,伴随着野马车入市,公司还大量推广与野马车相关的一系列产品,如墨镜、钥匙链、帽子、玩具车,甚至在甜点店的橱窗里摆放广告:"我们的烤饼卖得像'野马'一样快。"

福特公司从产品的市场定位到产品的设计,从"野马"的命名决策,到推广促销阶段的用心,经过公司的努力,仅一周内,野马车便享誉全美,得到消费者的认可。

 讨论与思考

1. 购买新产品的消费者包括哪些类型?
2. 新产品推广的心理策略有哪些?
3. 商品命名的心理要求有哪些?
4. 商品包装的心理功能是什么?
5. 商品包装应该符合哪些心理要求?
6. 列举一个商标,分析其商标为该产品带来的影响有哪些?

第十一章 价格策略与消费心理

价格一直是消费者购买决策最重要的影响因素之一,是消费者最敏感的因素。企业将产品投入市场时,需要谨慎权衡,价格定位除了需要考虑产品本身,还需要重视消费者的观念。因此,企业需要充分研究消费者对于价格变动的心理知觉,掌握价格和消费心理的关系,从而帮助其准确制定价格策略。本章主要介绍商品价格的基本理论知识,分析消费者的价格心理、商品定价和价格调整的心理策略。

醉翁之意不在酒

不少观光客听说珠海九洲城里有3 000元港币的打火机都很惊奇,大家都在猜想什么样的打火机如此昂贵呢?因此,不少人慕名前来,为了一睹打火机的"风采"。但是,当人们见到这只名曰"星球大战"的打火机后,都觉得表面看上去十分普通,纷纷质疑它的价值。询问销售人员,其也只是一笑了之。因此,打火机一直被搁置在柜台里,无人购买。但该打火机旁边的售价为3元港币的打火机竟销量大增。原先游客们只是来看"星球大战"打火机,却买了很多其他商品。

日本东京都滨松町的一家咖啡屋,推出了售价为5 000日元一杯的咖啡。消息传开后,顾客都抱着好奇心理蜂拥而至,虽然极少有人会购买5 000日元的咖啡,但店内的其他果汁、汽水、普通咖啡等饮品都格外畅销。

请思考:这两个案例是如何使得商家销量大增的?

第一节 商品价格的一般心理功能

一、影响商品价格的主要因素

从经济学的角度看,商品的价格是其价值的货币表现。从营销心理学的角度看,商品价格是建立在消费者心理基础上的商品价值货币表现的一种形式。同样的价格,对于不同的消费者,往往会出现不同的心理反应。在市场经济条件下,影响商品定价的主要因素包括以下几个方面。

1. 商品本身价值

商品价值的外在表现形式为货币,其内在因素为该商品的社会必要劳动时间。然而,生产商品的社会必要劳动时间是在不断变化的,因此,商品的价值和价格都在随之不断改变。在市场活动中,商品的价格并不一定与其价值相符,通常围绕着价值上下浮动,较为活跃。企业在制定价格策略的时候,需要遵循等价交换的原则,以商品的价值为定价和调价基础,不能相差太大。

2. 产品成本

企业定价往往以产品为基础,通常要高于成本,从而获得一定的利润。也有极少数情况,企业的产品定价会低于其成本。企业在正常定价过程中,往往会将成本、利润和税金包含在产品价格中。其中,成本包括社会平均成本和企业个别成本。在竞争充分的情况下,企业的个别成本会高于或低于社会平均成本,对产品价格不会造成较大的影响。如果企业将产品价格制定过高,将会影响企业销售情况,如果价格过低,又会无法长久维持企业运营。因此,企业在进行定价时,需要结合其他因素相联系,如资金周转、产品销量等。

3. 市场供求关系

商品的价格除了受到其本身价值影响之外,还与市场供求关系有密切的联系。一般而言,当商品供小于求时,商品的价格可以高一些,反之,供大于求时,价格可以低一些。另一方面,价格的变动有时也会影响市场供求关系,从而影响企业产品的销量。因此,企业在制定产品价格时,需要了解价格的变动对于市场需求的影响程度,也就是商品需求价格弹性。

4. 企业定价目标

企业需要根据自身的目标市场和营销定位来进行制定价格,对于企业而言,其制定价格的目标主要包括利润目标和市场占有率最大化目标。

(1) 利润目标

利润是企业运营最主要的资金来源,是考核企业营销工作成功与否的一项重要指标。一般而言,以利润为定价目标的形式有三种,包括预期收益、最大利润和合理利润。

① 预期收益目标

所谓预期收益目标,一般是指企业以预期利润为定价基点,商品的价格包括成本和利润,以此来获取预期利润。企业在设定预期利润时,需要结合产品的质量、消费者价格心理、市场竞争情况以及同期银行利率等因素来考虑。如果企业盲目将利润定得较高,在市场中会处于不利的竞争地位;如果将价格定得过低,又会影响投资回收。因此,企业在设定预期利润时,需要根据现实状况,采取适当定价,从而获取长期稳定的收益。

② 最大利润目标

最大利润目标指的是企业预计在一段时间内获得最大利润总额。需要注意的是,最大利润目标并不意味着最高价格定位,价格越高并不一定能获得最大利润。对于具有此类目标的企业,往往是在市场中具有绝对有利的地位。

③ 合理利润目标

合理利润目标一般是指企业在补偿正常情况下的社会平均成本基础上,加上适当的利润,从而构成商品价格。对于自身能力不足、竞争优势不明显的企业,通常会采取此类定价目标,可以稳定市场,避免不必要的激烈竞争,以期获得长期利润。另外,消费者往往乐于接受稳定的商品价格,这样的定价方式容易赢得消费者的广泛认可。

(2) 市场占有率最大化目标

企业利润的高低并不能直接反映该企业的市场竞争力和地位,然而市场占有率的高低恰恰能反映企业的实力和竞争地位。因此,大多数企业在制定长期战略的时候,会以市场占有率最大化为目标。

5. 市场竞争

企业往往会根据市场竞争的程度,制定相对应的价格策略。一般来说,市场的竞争程度包括三种情况,即完全竞争、完全垄断和不完全竞争。

(1) 完全竞争

在完全竞争的市场条件下,产品的同质化现象严重,存在大量的买家和卖家,并且双方均不能对商品的价格进行改变。这个类型的市场竞争情况,往往要求买卖双方只能在既定价格下进行交易。

(2) 完全垄断

完全垄断和完全竞争相反,商品完全被一家垄断,形成独家供应的局面。在这种市场竞争情况下,商品的供应量完全由卖家决定。因此,商品的价格可以由垄断者单方面制定。

(3) 不完全竞争

不完全竞争处于完全竞争和完全垄断之间,通常具有两个或以上的卖家和买家。由于买卖双方所获得的市场信息不充分,因此,其活动受到一定程度的限制。商品之间不存在严重的同质化,却存在一定程度的竞争。在这种竞争情况下,企业的定价不仅需要考虑市场上其他竞争对手的价格策略,还需要考虑企业自身价格是否会对竞争态势造成影响。

6. 企业形象

企业在制定产品价格的同时往往会受到自身形象塑造的限制。部分企业形象定位高端,那么其产品定价随之较高。企业树立公益形象,将部分与公益事业有关的商品定价较低,从而维护企业的良好形象。

7. 消费者心理

企业在制定价格策略的时候需要考虑消费者的心理反应。消费者在购买活动中,往往会存在"便宜没好货""一分价钱一分货"这样的观念。对于没有事先认知和体验的商品,消费者通常会以商品价格作为衡量其好坏的标准,将价格和价值画等号。但消费者的心理活动较为复杂,同样是涨价,有时候会出现销量下降的现象,有时候却会出现销量上升的现象。因此,对于企业而言,在制定价额策越的时候,尤其是价格调整,需要对消费者的心理规律进行深入研究,从而对其行为进行准确预测。

8. 政府或行业组织影响

政府和行业组织对于商品价格也会有一定程度的影响,但两者的影响方式有一些区别。政府通常为了维护经济和市场秩序,通过立法或其他强制性的手段对价格进行限制或干预,常用的方式包括:限制价格的范围、价格的浮动范围、价格的变动频率、规定毛利率等。行业组织的干预,如行业协会、贸易协会对价格策略进行影响,但这种干预不是强制性的,没有法律和行政效应。

二、价格的心理功能

价格的心理功能主要包括以下几个方面:

1. 衡量商品价值的功能

在现实购买活动中,消费者往往对于商品的价格较为关注和敏感。在没有对商品进行认识和了解的情况下,消费者往往会利用其价格来作为衡量的标尺。消费者往往会具有"一分价钱一分货""好货不便宜,便宜没好货"这样的心态。因此,对于质量无明显差异的商品,由于包装和价格价差加大,大多数消费者会愿意购买价格高的商品,对于降价的处理品,消费者具有质疑的态度,因此,降幅越大,消费者越不愿意购买。例如,同样是一个厂家生产的月饼,塑料袋包装的和礼盒包装的价格就会有明显的差异。根据经济学理论,商品的价格往往体现其价值,但在实际市场中,诸多因素决定着商品的价格。消费者对于本身了解较少、不熟悉的商品,往往会习惯性地通过价格来判断商品的优劣,认为价格高的价值就越大。

2. 自我意识比拟功能

消费者往往将商品的价格和其身份地位联系在一起,反映了其社会心理价值。在现实购买活动中,消费者会习惯性的通过想象和联想心理活动,将商品的价格和个体兴趣、名誉、地位、个性等联系起来,常常通过商品价格来满足自己的自尊需求。例如,消费者在购买衣服时,不仅限于衣服的质量、款式,还会考虑其品牌知名度。消费者通过购买价格昂贵的商品,来显示其社会地位。价格的自我意识比拟主要包括以下几种功能:

(1) 社会地位比拟

部分消费者会倾向于进入高档场所,购买昂贵商品,从而现实自己的身份地位,即使是经济能力有限,也会省吃俭用,全力以赴在高档商品的消费上,维持自己的良好形象。还有些消费者习惯在平价商店购物,选择促销商品,追求物美价廉,根据自己的经济收入水平进行消费,购买的商品符合自己的经济地位。

(2) 文化修养比拟

部分消费者虽然对书画、古董等没有一定的鉴赏能力,却乐于购买放置在家中或作为装饰挂件,目的是以这些物件来显示自己具有较高的文化修养,满足自己的心理需求。例如,家中的装潢采用书籍装饰柜。

(3) 生活情操比拟

生活情操与文化修养的比拟具有密切的联系,有时候很难区分。例如,部分消费者即使不会弹钢琴,也会购买一架钢琴摆放在家中;即使不爱好音乐,也会购买高档的音响设备,从而希望能够给别人一个"生活情操高雅"的印象,得到心理上的满足感。

3. 调节需求功能

商品的价格和消费需求之间有着密切的联系,价格具有调节需求的功能,此功能通常受到需求价格弹性的影响。一般而言,在其他条件保持不变的情况下,当商品的价格下降时,其消费需求量会增加,当价格上涨,需求量则会减少。但这种关系并不适用于所有商品,有时也会有相反的变化规律。对于与消费者生活密切相关的日用品而言,其价格弹性较小;而对于非生活用品来说,价格弹性较大。经过研究表明,消费者本身对商品价格的知觉和情感也会影响其需求量,主要表现为:

(1) 心理欲望越强烈,对价格变动越敏感,消费者的购买欲望强烈,对商品的关注度越高,一旦商品降低价格,需求量会大大增加。

(2) 消费者的期待或紧张心理,会使得价格需求曲线向不同的方向发展。例如,当某种商品价格上涨时,消费者会认为价格还会继续上涨,出于紧张的心理,会刺激其消费需求;反之,当商品价格下跌时,人们会期待商品价格继续下降,反而会促使消费者进入观望期,抑制其购买行为。

第二节 消费者价格心理

一、消费者的价格心理特征

1. 习惯性心理

习惯性心理一般是指消费者在进行购买决策时,往往会结合自己的消费体验,对商品的价格反复感知。消费者的习惯性心理一旦形成,会对消费者的购买行为产生直接影响。由于商品价格的制定由多种因素所决定，消费者很难把握客观标准，因此，他们往往会通过购物体验来对价格进行认识，逐步形成价格判断的习惯，在心里形成价格的上下限范围。如果他们觉得价格超出上下限，则会拒绝购买，如果价格在消费者所认为的合理范围内，就会刺激其购买欲望。需要注意的是，消费者的价格习惯性心理一旦形成，在很长一段时间内都会保持稳定，当企业因为某些因素不得不调整价格，需要谨慎制定调整策略，让消费者接受和认可。

2. 敏感性心理

所谓敏感性心理，是指消费者对于商品价格变动的反应程度。商品的价格直接影响着消费者的日常支出，影响其生活水平，因此，消费者对于价格的变动会有不同的反应。消费者对价格变动，不仅会具有一定的客观标准，又会有由于长期购买行为形成的心理价格尺度，具有主观性。这一特征在与消费者日常生活密切相关的商品上体现得更为明显，其敏感度更高。例如，消费者对于食品、日用品价格的变动会特别敏感，而对于高档或价值较大的商品，如电脑、家具等，即使价格变动有相对较大的幅度，消费者也不会有过于激烈的反应，甚至不易察觉。

3. 倾向性心理

倾向性心理一般是指消费者在选择商品时往往会针对商品价格表现出一定的倾向。消费者的倾向心理分为两个方面：① 由于消费者年龄、个性、经济能力等不同，对于商品的追求也存在一定的差异。例如，有的消费者的求名、求利心理，促使其倾向于购买价格较昂贵的商品；有的消费者求实、求廉，喜欢购买物美价廉的商品。② 商品自身的特征。消费者在购买过程中，如果发现不同价格的商品在质量上没有明显的差异，往往会选择价格较低的商品。但这样的行为并不是针对所有的商品，研究表明，消费者在针对不同的商品进行比较时，其倾向性也有所区别。例如，对于日常生活用品、短时令商品，如水果，消费者往往会选择价格较低的商品。但对于耐用品、奢侈品，消费者倾向于价格较高的商品。

4. 感受性心理

感受性心理是指消费者对于商品价格高低的感知程度。一般而言，消费者对于价格的感知，不仅基于他们心理已经形成的价格尺度，还会将其与其他同类商品进行比较，甚至是与销售场所不同的商品进行比较。消费者会因为商品销售背景的不同，形成心理价格的差异，导致价格错觉。这种价格错觉会受到销售的环境氛围、消费者的个性、心境等影响，从而改变消费者的判断。例如，一罐啤酒在酒店的价格和在超市的价格存在差别，但消费场所优雅豪华的环境使得消费者乐于接受这样的价格差异。因此，企业在营销活动中，需要在注重商品质量的同时，运用销售环境、氛围来影响消费者对价格的感受性。

二、消费者的价格判断

1. 消费者价格判断途径

（1）商品款式、性能、质量、包装、品牌等，消费者往往通过商品本身具有的特点来进行判断。例如，消费者对于名牌商品的价格接受程度会高一些。

（2）与市场上的同类商品价格进行比较，这也是消费者使用最多的一种比较方式。对于大部分商品而言，消费者往往会选择同类商品中价格较低的一方。

（3）与同一商场中的不同商品价格进行比较，商品陈设是一门学问，消费者在选购商品时，往往会与周边其他商品进行价格比较，从而产生一种错觉。

2. 影响价格判断因素

（1）消费者的收入水平。其决定着消费者对于商品价格的接受程度高低。同一价格的商品对于具有不同经济能力的消费者来说，对价格的感知和判断也会有所差异。

（2）消费者的价格心理。消费者的价格心理主要包括习惯性心理、倾向性心理、敏感性心理和感受性心理。这些价格心理都会影响消费者的价格尺度和对商品价格的判断。例如，消费者在购买生活用品时，商品价格一旦高于消费者的价格认知，就会很难被接受。

（3）销售环境。由于消费者的感受性心理，其往往会因为购物环境的不同，对商品价格的判断标准也会有一定程度的差异。例如，同样的商品在高档商场和平价市场销售，消费者对于前者价格接受程度要远远高于后者。

（4）商品功能。部分商品存在多用途，有时可以划分到其他商品类别。这时消费者对于商品价格的判断标准往往会根据其用途发生改变，将价格标准调整为该商品其他用途所归属的商品类别。另外，商品具有的功能越多，消费者价格接受程度也越高。

（5）消费者对商品需求的紧迫程度。如果消费者对商品的需求程度较高，时间较为紧迫，并且没有其他的商品可以替代时，消费者往往会接受高价格。

三、消费心理中的价格阈限

人类的任何感觉都存在阈限，如听觉、视觉、嗅觉等，并且不同个体之间的感觉阈限也是不一样的，存在差别阈限。因此，消费者对于商品价格的感觉也存在阈限，具体可以分为绝对价格阈限和差别价格阈限。

1. 绝对价格阈限

所谓绝对价格阈限，是指能被消费者心理接受的价格界限，包括价格上限和下限。上限和下限是指消费者能够接受的最高价格和最低价格，其会对消费者的购买行为产生较大的影响。当商品价格高于上限时，消费者会认为企业定价过高，从而抑制消费者的购买行为；反之，当商品价格低于下限时，消费者会产生怀疑，认为产品是否过时，质量有问题等，也会导致消费者放弃购买。因此，企业需要了解消费者对于某类商品的绝对价格阈限,对商品进行合理的定价。当然,商品的绝对价格阈限并不是绝对不变的,在通货膨胀的情况下,商品价格上限会上浮,这也是一种普遍现象,因此,容易被消费者所接受。另外,成功的广告宣传会提升商品的品牌价值,从而使商品价值提升。对于季节性商品,在反季促销时,消费者的价格下限也会有所下降,认为降价销售是一种合理的现象,从而不会产生疑虑,如羽绒服夏季促销。

2. 差别价格阈限

只有当价格差别达到一定程度时,消费者才会有所感觉,这种刺激的差别水平叫作差别价格阈限,其与商品价格的本身也有密切的关系。例如,五角钱的差距在一瓶矿泉水上,消费者很容易察觉到,但若发生在一部手机上,就不会被感觉到。

第三节　价格制定的心理策略

消费者的价格心理反映了其对商品价格的知觉,不同消费者所具有的个性心理,对商品的判断也会有所区别。商品定价是企业营销的首要问题,直接影响着商品是否能够被消费者接受和认可。因此,企业在进行定价时,需要考虑消费者的价格心理,制定合理的价格。商品定价的心理策略主要包括以下几个方法:

1. 整数定价法

整数定价法又被称为方便定价法,主要针对的是价格特别高或特别低的商品,采取这种方法可以方便购销活动。对于高档商品、奢侈品,整数定价可以体现购买者的身份、社会地位、经济能力等,从而满足其求名、求利的心理。对于生活日用品等较为便宜的商品,这种方法可以带给人们价格准确、划算的感觉,还可以减少找零的麻烦,方便消费者购买。

2. 非整数定价法

非整数定价法又被称为尾数定价法或者零头定价法,这种方法是指对商品制定的价格带有零头,如9.97元。这样的定价方法可以使消费者感到价格便宜,易于接受。除此之外,这样的价格会使人感觉定价精确,从而使消费者产生信任感。虽然此方法应用较为普遍,但是由于不同国家和地区有着不一样的社会文化和风俗习惯,因此,对于尾数数字的选择有一定的讲究。例如,中国消费者大多接受末尾是6和8的价格。

3. 习惯定价法

根据消费者对价格的习惯性心理而对商品进行定价的方法。由于消费者经常购买某些商品,重复的购买使得消费者对价格有一定的感知。符合消费者价格尺度的容易被消费者认可,而偏离合理范围的价格,容易引起消费者的反感,从而抑制其购买行为。习惯定价法会给消费者带来价格稳定的印象,并且采用这种方式定价的商品会让消费者产生信任。尤其是与消费者生活密切关联的商品,如牙膏、洗发水、卫生纸等,消费者对这类商品价格变动的敏感性较高。因此,企业在进行调价的时候,需要采用渐进式的方法,在调价之前做好宣传,让消费者了解商品调价的原因,引导消费者逐步形成新的消费习惯。一旦商品调价幅度或频率超出消费者所能接受的合理范围,会让消费者产生不满情绪,从而寻找其他替代品来维持原有的消费习惯。

4. 声望定价法

声望定价法一般针对高档商品、奢侈品,将其价格定得极高,使得只有一小部分经济能力较高的消费者能够购买,从而满足这部分消费者的自尊需求。这部分消费者通过购买和使用此类商品,体现自己经济实力、社会地位等。因此,商品想要维持声望价格,必须要限制其供应量,并且保持稳定的高价。企业需要注意的是,此类商品并不能盲目追求高价,其价格需要与其品牌价值相符,否则会适得其反。例如,上万元的爱马仕包,价格高昂的宝马汽车都是高身份地位的象征。

5. 招徕定价法

招徕定价法一般是指零售商针对消费者求廉心理,将某几种商品的价格降得较低,从而吸引消费者进行购买。这样的方式可以通过少数商品的促销,吸引大量的消费者,其在采购廉价商品的同时,也购买了其他正价商品。例如,采用消费满200元的顾客可以参加商场1元拍卖活动的形式来吸引消费者,通过促销拍卖活动来增加其他商品的销量。

6. 折让定价法

折让定价法是给予消费者购买折扣或直接降价的方式来吸引消费者。这种方法向消费者展示目前的售价低于原定价格,这样的优惠满足消费者求廉心理,往往会刺激消费者产生强烈的购买欲望。折让定价的方式多种多样,主要包括以下四种:

(1)数量折让价格,这种方式一般是根据消费者一次性或多次累计购买的商品数量较多或消费金额较高而给予一定程度的折扣。

(2)季节折让价格,为了引导消费者在商品销售的淡季购买季节性商品而给予一定的价格折让。

(3)新产品推广折让价格,企业将新产品投入市场时,为了能够快速占领市场,打开销路,从而制定一定程度的优惠价。

(4)心理折扣,一般是指企业在产品入市时将价格定得很高,在实际销售活动中,宣传大减价,让消费者觉得讨便宜、划算。

7. 处理品定价法

商品由于各种原因会造成大量滞销或损坏,企业通常会采取低价抛售的方式,从而减少损失并且带动该品牌其他正常价格的商品销售。由于是处理价格,消费者往往会有截然不同的两种反应。消费者可能会因为价格便宜,不仅产生购买欲望,也有可能会因为价格过低产生疑虑,反而会放弃购买。因此,企业在运用处理定价法时,需要注意以下两个方面:

(1) 商品降价幅度要适宜,幅度既不可以太小,要达到引起消费者注意的程度,又不可以太大,避免让消费者产生怀疑。一般降价的幅度控制在10%—30%左右。

(2) 价格在处理期间需要保持相对稳定,避免连续大幅度降价,不但不会吸引消费者,还会产生反效果,使得消费者对商品品牌失去信心,损害企业形象。

8. 分档定价法

所谓分档定价是指将不同的品牌、规格、质量、型号的同类型商品简单地划分为几个档次,每档定不同的价格。这样的定价方法便于顾客通过价格进行认知,节省其购物时间,又可以让消费者感受到企业认真负责的态度,形成对企业的良好印象。

9. 最小单位定价法

最小单位定价法一般是指企业把同一种商品按照不同的数量或规格进行包装,通常以最小包装单位量制定其基数价格。这样的包装方法一是可以让消费者方便携带,满足其不同场合的需求,二是容易让消费者产生价格错觉,小包装的价格会让其认为便宜、划算。在实际的购买活动中,消费者往往嫌麻烦不愿意去换算实际重量与单位商品价格,从而无法与其他规格商品进行仔细比较。

10. 新产品定价法

新产品投入市场时的价格除了需要考虑成本因素之外,还需要从消费心理学的角度来制定价格策略,主要可以采取以下两种定价方式:

(1) 撇脂定价法

撇脂定价法是指新产品入市时,企业将其价格定得较高,为了能够在短期内获取高利润,以期尽快收回投资。这样的定价方法一般针对消费者求新、求奇的心理,一段时期的高价销售之后,根据市场的整体销售情况再逐渐将价格降低,一般适合需求弹性较小的市场。此方法的优点是新品上市利用高价销售可以提高其身价,从而塑造高档品牌形象。其次,产品销售进入成熟期后,其价格会逐渐调整降低,因此,高价入市给了产品后期价格调整的回旋余地,增强了产品价格的适应力。但这种定价方法也有一定的缺点,由于商品的利润较大,会在短期内吸引大量的竞争者,激励的竞争态势会最终使得价格下降。

(2) 渗透定价法

渗透定价法是在新产品进入市场初期,为了获得较高的销售量和市场占有率,将其价格定得低一些。这样的定价方式一般针对没有绝对优势、竞争力较大或需求弹性较大的新产品,通常可以吸引具有求实、求廉心理的消费者。该方法的优点就是新产品以低价入市,能够为其打开销路,占领市场,随后再逐渐提高价格。另外,随着产品生产量的上升,成本随之会有所下降。低价薄利的产品使得其他竞争者望而却步,避免激烈的竞争。但该方法也存在一些不足之处,产品投资回收期较长,价格定得较低促使其变动余地小,难以应付可能出现的激烈竞争。同时,定价较低会使得品牌形象定位档次较低。

 **阅读材料**

让利促销

七十年代初,美国市场竞争日趋激烈,斯里兰百货公司为了能够在这样的市场环境中生存,突发奇招,将公司热销的"雪山"牌毛毯让利8%。只要顾客购得雪山牌毛毯一条,即可得到一张折让15%的优惠券。再次购买后,继续发放给顾客一张折让20%的优惠券。如果顾客能连续购物满三次,那么顾客就会得到一张"忠实上帝"抽奖券,凭此券可以参加公司设立的根据购物价值级别的各种抽奖活动,奖品包括公司在售的冰箱、彩电、计算机、自行车等。如果顾客没有中奖,也可以获得一件价值3—5美元的小礼品。经过这样的营销活动,公司在激烈的竞争中站稳了脚跟。

请思考: 斯里兰百货运用了什么促销策略?反映了顾客什么消费心理?

第四节 商品调价的心理策略

商品的价格调整包括降价和提价,价格的变动往往会引起消费者相应的心理反应。调价的原因较为复杂,除了受到商品本身原因之外,还有可能受到市场供求状况、货币价值等影响。企业需要根据消费者的心理反应,采取相应的调价策略。

一、降价心理策略

随着市场的激烈竞争,商品更新速度较快,容易造成企业产品滞销、库存积压,产品进入衰退期会促使企业降价销售。企业若想达到预期的降价目的,就必须考虑商品是否与消费者心理要求相适应。商品是否具有良好的质量和性能,消费者是否对商品已经有所认知和熟悉,企业降价之前是否向消费者进行了充分的说明,并且被接受和认可,商品是否具有较高的品牌信誉度。只有降价的商品满足以上要求,才会产生良好的效果。

(1)降价的幅度适宜

企业在进行降价时需要注意其降价幅度要控制在能够吸引消费者为宜。如果降价的幅度太小,往往不能引起消费者的注意和兴趣,如果降价的幅度太大,不仅对企业的收益造成较大的影响,还会使得消费者对商品的款式和质量产生疑虑。因此,降价的幅度一般保持在10%—30%左右,超过50%会大大降低品牌的价值和声誉。但部分商品因为过季或过时,价格大幅度下降,也会起到一定的促销作用。

(2)准确把握降价时机

降价时机选择好,会刺激消费者的购买欲望,反之,会抑制消费者的购买行为。一一般而言,商品到了某个阶段就会进入降价期。例如,时尚、新潮的商品进入模仿阶段后,就应该进行降价;季节性的商品在换季时应该降价促销;一般商品进入成熟阶段的后期应该降价;店庆等纪念日活动可以进行合理促销;利用假日开展降价促销活动。

(3) 变相降价策略

企业为了避免直接降价造成消费者不满,甚至引发竞争者之间的价格战等不利情况发生,往往采用变相降价的方式。例如,向消费者发行优惠券、赠品、礼品、更换商品的包装等方式,让消费者觉得讨便宜,同时还维护了企业的形象。

二、提价的心理策略

一般情况下,消费者对商品提价会产生不良的心理反应。但是,企业在经营过程当中,会因为一些因素的影响不得不提高商品价格,如通货膨胀、生产和运输成本上升、市场供求失衡等。不论是何种原因造成企业提价,都需要考虑消费者的心理反应。企业提价的策略主要包括:

(1) 推迟报价定价策略,企业在产品完工之前不进行报价,待完工后或交货时规定最终报价。

(2) 取消商品原有增值服务或配件等,在企业不得不提价的时候,往往可以通过这样的方式使得商品价格维持原来水平,但是变相地提高实际价格。

(3) 在合同中规定调整条款,企业在签订的合同中规定在某个时间点之前可以按照约定的某种价格指数来进行价格调整。

(4) 降低价格折扣,企业削减现金或数量折扣,并限制销售人员通过低价格来提高销量从而增加其报酬。

(5) 企业增加价格较高的商品,通过这部分高利润商品来维持企业的利润。

(6) 取消低利润商品,企业在对各产品进行利润核算后,取消利润贡献较低产品的生产线。

(7) 使用价格较低的包装材料,通过这样的方式降低企业的成本,从而维持利润。

(8) 使用便宜的原材料替代,这种方式需要在不影响产品质量和性能的前提下进行,否则会引起消费者的反感。

(9) 减少产品分量,销售价格保持不变。

(10) 降低产品质量和服务,但是这样的方式会影响企业形象和名誉,失去顾客,一般不建议采用。

(11) 直接提高商品价格,不通过其他变相的方式。

企业在进行提价的时候,需要注意以下几点:

(1) 注意降价幅度

企业要在提价前做好充分的市场调查,为了能够让消费者接受,需要尽量控制好提价的幅度,避免一次性上涨过多引起消费者的不满。如果确实需要提价幅度较大才能维持企业正常运营,那么,需要采取分步提价的方式,给消费者逐步适应的过程。

(2) 准确把握提价时机

企业由于一些内外部因素,必须通过提价的方式来保持企业正常运营,或者企业品牌价值上升,需要随之提高价格来维护企业形象。但提价后的商品会增加消费者的开销,往往会感到不愉快。企业在提价时需要严格控制频率,不应过于频繁,也不要轻易提价,避免失去市场。

(3) 做好解释宣传

商品的提价不仅关系到企业的利润和形象,也关系到消费者的利益。企业在提价时需要向消费者做好充分的说明和解释工作,通过热情、耐心的服务,以诚恳的态度来取得消费者的理解和认可。

(4) 采取变相调价法

一般而言,消费者对于直接提价的方式接受程度并不高,因此,企业往往会采用变相提价的方式,一方面维持了商品原有的价格,另一方面保证了企业的利润。例如,企业通过对产品的包装、规格等方式稍作改变,选择消费者不容易察觉的方法来调价。

总而言之,企业在进行调价时,需要注意消费者的心理反应。为了减轻或者是避免消费者产生不满情绪,企业需要在提价之前向其解释原因,得到消费者的理解,并且帮助消费者寻找其他的节约办法,营销人员尤其要做好耐心解释、热情服务。

 **典型案例**

"嘉陵"与"太姆"的成功秘诀

国营重庆嘉陵机器厂在调整产品结构过程中,通过一系列的策略获得成功。其在开发新产品时,提前做了大量的市场调查,了解全国部分城市职工家庭收入状况。通过调查后嘉陵厂发现摩托车生产前景较为广阔,并且其根据目前城市职工家庭收入的情况,大胆推出"中小排量为主,技术进步上档,年年推陈出新,形成系列型谱"的新品开发策略,同时,选择上海、北京两大城市作为主要销售市场,利用其信息传播速度快、影响范围广的优势来提高产品的知名度和影响力。嘉陵厂通过在首都向国庆 30 周年献礼来展示嘉陵摩托车,也就是因为这样的一个举措,使得嘉陵机器厂成为该行业首个开展国际技术合作的企业。

除此之外,嘉陵厂通过研究本田公司 70 年代开发的新车型,用了一年多的时间,在全国率先推出嘉陵 CJ150 型轻便摩托车。当时该摩托车型的生产成本就已经高达 1 300 多元,但是当嘉陵厂参考国内外 5 款同类型车价后,决定将该新款摩托车定价为 600 元。这样的价格在市场中具有明显的优势,因此,吸引了大量消费者,起到了廉价促销的市场渗透作用,迅速占领市场,并且提高了品牌声誉。同时,率先占领市场有助于企业扩大生产规模,降低成本。

为了提高摩托车的销量,嘉陵厂打破了以往按照批发商的级别确定批发价格的做法,改为根据销量的多少给予不同的价格优惠,通过此举发挥价格杠杆作用,同时大大提高了商业部门进货的积极性。通过采取预付款、现款交易、优惠价格、优先供货等方式,杜绝了"三角债"拖欠的现象,从而嘉陵厂可以快速回笼资金。与此同时,嘉陵厂建立起嘉陵联合体,在全国建立营销网络,厂商双方建立"利益共享,风险共担"的经营机制,从而为其创造良好的市场环境。

美国太姆公司曾经是一家生产军用信管计时器的小公司。在第二次世界大战以后,公司仅仅依靠做军火生意的日子越来越难过。1950年,面对严峻的形势,太姆公司决定进入手表制造业。但是当时的手表制造市场的竞争同样十分激烈,这样一个没有任何手表制造经验的小公司要想进入这个市场并且立足,是一件很不容易的事情。太姆公司经过市场调查分析后,开始不断以低价推出自己的新产品。经过研究,公司认为手表这类商品的需求弹性较大,市场前景广泛,因此,市场竞争也会比较激烈,如果公司能以低价入市,那么就比较容易进入市场,从而迅速提高市场占有率。另外,低价伴随着较低的利润,也会使得竞争者望而却步。因此,太姆公司在接下来长达几十年的经营活动中,都一直坚持运用渗透定价策略。公司最初推出的男式手表定价比一般低档次手表价格还要低很多。1963年,公司首次将电动手表投入市场,售价为市场上同类产品价格的一半。1972年初,美国、瑞士和日本等国家的手表制造商生产的石英手表以至少400美元的价格进行销售,而同年四月份,太姆公司推出的石英手表售价才175美元,但这样的定价策略给企业带来了巨大成功。太姆公司从刚进入手表市场的默默无闻小公司,经过十多年的时间不仅在市场上站稳了脚跟,还开拓了国外市场。到了70年代,太姆公司已成为享誉闻名的手表制造公司,其工厂遍布世界各地,当时美国市场上每出售两块手表,就有一块是太姆手表,现改名为太麦克斯。

请思考:嘉陵与太姆公司运用了什么样的价格策略,从而取得了成功?

讨论与思考

1. 影响商品价格的主要因素包括哪些?
2. 消费者的价格心理特征包括哪些?
3. 何为绝对价格阈限和差别价格阈限?
4. 简述新产品定价法的具体策略。
5. 商品提价的策略主要包括哪些?

第十二章 营销沟通与消费心理

 **本章提要**

商品通过营销途径将商品流通到消费领域,一般而言,企业营销过程中需要进行新产品设计、价格策略、广告宣传、推广促销等一系列的策略制定,从而使得消费者付诸购买行为。本章主要分析了商品广告、购物环境、服务管理的消费心理。随着互联网技术的快速发展,网民数量不断增加,因此,电子商务成为企业营销战略的一部分,本章在销售环节中还具体分析了电子商务与消费者心理。

 **引入案例**

反面广告

商品广告大多数都会介绍自己的优势,不愿意暴露出自己的产品或服务的不足之处,往往通过宣传其优点以招徕顾客。

然而,某手表制造商却曾登出这样一则广告:"这种手表走的不太准确,24小时会慢24秒,请君购买时三思!"该广告一登出,不但没有使顾客因为该手表走时不准放弃购买,反而让该手表的销量扶摇直上。有一则关于香烟的宣传广告说:"禁止抽各种香烟,连555牌也不例外。"结果,该品牌牌香烟销量迅速提高。美国俄勒冈州的一家饭店门前竖起了一个广告牌,上面写着"俄勒冈最差的食物"!该饭店的厨师也大肆宣扬地说:"我是一个最差劲的厨师。"此广告并没有吓怕顾客,反而越来越多,甚至有其他国家的顾客前来一探究竟。

请思考:反面广告为何能够迅速提高销量?

第一节 广告与消费心理

一、广告的概念

"广告"来源于拉丁文"Adverture",意为注意、诱导。英文单词为"Advertising"也是从拉丁文逐渐演变过来。广告一般有广义和狭义之分。

1. 广义广告

广义的广告内容较为广泛,通常包括经济广告和非经济广告。应用较为广泛的解释是:广告是一种信息传播的方式,通过各种宣传工具,如报纸、杂志、电视、广播、邮寄等方式来推销商品和服务,向消费者传递有效信息。一般而言,经济广告属于盈利性广告,目的是为了推销商品和劳务,获取一定的利润;而非经济广告是非盈利性广告,只是为了达到宣传的目的。

2. 狭义广告

狭义广告一般是指商业广告,以付费的方式通过一些传播媒介对商品或服务进行推广。它是一种面向消费者和社会公众的传播行为,通常建立在付费的基础上。本章所讲述的内容属于商业广告的范畴。

二、广告的心理功能

所谓广告的心理功能是指广告对消费者产生的影响。在现代市场营销中,商业活动往往需要依靠广告进行。企业如果想在激烈的市场竞争中获得消费者的认可,需要发挥广告的媒介作用。广告的心理功能主要包括以下几个方面:

1. 传播功能

传播功能一般是指宣传广告可以向消费者公开传递有关于相片的商标、性能、价格、购买时间、方式和地点等信息,从而使消费者留下印象。广告的内容可以是图形、文字、语言等,从而刺激消费者的感觉器官,引起其注意,并且产生相应的联想,形成一定的记忆。

2. 诱导功能

广告不仅仅要向消费者传递信息,并且要使得广告内容能够诱导消费者进行购买。广告通过各种媒介来满足消费者显性和隐性的需求,唤起消费者产生美好的联想,从而改变其消极态度,刺激其产生购买欲望。另外,成功的广告内容可以吸引消费者的注意,通过产生兴趣和期待,从而形成消费需要,实现消费行为。

3. 便利功能

随着市场经济的发展,商品种类不计其数,商品之间的同质化严重,各品牌之间的竞争越来越激烈。在这种情况下,如果没有广告对产品的特点进行宣传,消费者将很难进行准确的选择适合自己的商品。因此,广告通过各种媒介传递信息,对消费者起到购买指导的作用,促使其能够广泛地收集信息,对同类型的商品进行充分的比较,节约调查和决策时间,为消费者购买活动提供便利。

4. 教育功能

广告可以有助于消费者树立正确的消费观念。良好的广告内容一般会运用科学、健康的表现形式,可以增加消费者的知识,开阔其视野,形成合理的消费观念。另外,广告可以带给消费者美的感受,通过制作精良的艺术表现形式,使得消费者在获得商品信息的同时,丰富精神文化生活。

5. 促销功能

在企业营销活动中,广告是促销策略中不可或缺的一个环节。企业通过广告对商品进行积极的宣传,将相关信息传递给目标消费群体,从而达到诱导的作用,在引起消费者注意的同时,使其产生兴趣和好感,从而实现商品促销的目的。

三、广告媒体的心理特征

商品广告媒体就是传递广告信息的媒介物,其种类较多,不同的媒体具有不同的特点、效果和传播手段。为了能够正确选择传播媒介,达到成功的宣传效果,广告发布人需要深入了解各媒体形式的特点,在尽可能减少支出的情况下最大限度地拥有较多的广告受众。现代媒体的主要广告媒体包括报纸、杂志、电视、广播、网络等。除此之外,户外广告、交通广告、POP广告(售点广告)目前也被运用较为频繁。

(一)传统媒体

1. 报纸广告

报纸是一种较为传统的媒体形式,但其普及程度和影响力与其他媒体相比,依然处于较高的位置。它一般是以文字和图片的形式刺激消费者的视觉感官。消费者在接触报纸时,往往是先被广告标题和图片吸引,然后才涉及文字的阅读。因此,报纸广告要求题目新颖、图片美观,具有良好的视觉效果,如果仅是单纯的文字往往会让消费者失去兴趣,甚至无法注意。报纸作为一种印刷式的视觉广告,具有的特点包括:

(1)传播范围广,内容全面。随着人们生活水平的提高,对精神生活的关注度越高,看报的人数也逐渐增加,影响力愈加广泛。报纸的内容分为综合性和专业性的,符合不同消费者的需求,信息的内容较为全面,涉及人们生活和工作各个方面。

(2)准确性强。报纸广告一般传播及时并且准确,往往能够快速地将广告内容传递给目标消费群,并且可以通过反复的传播,给消费者留下印象。

(3)信息传播方便。报纸广告对于企业的新产品上市,具有一定的促销作用。通过广告传播的时效性来看,报纸往往是企业营销的捷径。由于报纸内容涉及广泛,消费者在阅读新闻时,会增加广告的阅读频率。另外,报纸可以当日阅读,也可以在空闲时阅读,给人们提供了方便。

(4) 灵活性高,费用较低。一般而言,从报纸的文稿撰写到排版程序较少,并且其排版较为灵活,更改容易。另外,报纸的发行量大,并且制作成本较低,广告费用相比其他广告媒体来说较便宜、经济,因此,投资风险较小,大多数中小企业可以承受。

(5) 保存性相对较高。报纸具有保留价值,并且保存的时间较长。由于报纸的历史特殊性,导致人们对报纸内容的信任度较高,往往愿意保存,新闻的可信度带动消费者对广告的信赖,有助于树立企业品牌的良好形象。

但是,报纸的出版率较高,因此其有效时间短。报纸内容发挥的作用往往受到时间的限制。由于报纸是以新闻报道为主,虽然报纸保存时间长,但是重复阅读的可能性较低。报纸的广告色彩表现力不强,画面感较为生硬,没有其他视觉媒体丰富。

2. 杂志广告

杂志种类较多,大多数杂志具有一定的专业性、针对性,发行量一般较大。杂志是我国主要的广告媒体形式之一。

(1) 针对性强。杂志的针对性是指其具有明确的读者阶层和对象,这部分群体恰恰与某些企业产品目标群体相一致。因此,企业往往根据目标客户群的社会地位、兴趣爱好、生活习惯、受教育水平等特征来选择有效的宣传媒体。例如,医药品的广告可以刊登在健康类的杂志上,穿着类广告可以刊登在时尚杂志上。

(2) 读者稳定性高。由于杂志的专业性强,每种类型的杂志都有特定的读者。因此,一般而言,除了一些综合类型的杂志,对于专业性较高的杂志往往拥有一群明确的、稳定的购买对象。

(3) 表现力强。一般来说,杂志印刷精致、色彩丰富、富有创新,因此,其画面表现力较强,能够尽可能地还原商品形象,容易引起消费者的兴趣。尤其是杂志的封面,常常会给人留下深刻的印象,吸引消费者购买。除此之外,杂志的篇幅较多,可以将商品特征详细地表现出来,图文并茂、形象逼真。

(4) 保存期长。杂志内容丰富多彩,能够引起读者进行长期的保存和反复阅读。杂志的专业性强,往往具有保存的价值,尤其是一些优秀的杂志,甚至具有收藏价值。因此,杂志广告的稳定性较强,影响时间长,在重复阅读中能够强化读者的记忆。

但是,杂志广告相对报纸来说,受众有限,因此,广告的传播范围也受到限制,并且杂志的出版周期相对较长,缺少一定的灵活性。杂志的表现力强,其制作的成本相对较高,因此,价格一般高于报纸。

3. 广播广告

广播是通过无线电波进行宣传的大众媒体,经过广播进行传播的广告属于听觉广告。广播运用语言、音乐等来激发消费者的购买欲望。

(1) 传播速度快。广播一般是传播最快速、最广泛的广告媒体之一,并且听众进行收听广告节目时最方便。

(2) 针对性强。广播的各个波段在不同的时间播放不同的节目,一般具有稳定的听众。因此,企业可以针对目标消费群体的个性、兴趣、习惯等特征,有针对性地进行宣传,从而达到良好的宣传效果。

(3) 灵活性强。广播属于听觉媒体,利用语言、声音来进行传递广告信息,在时间和形式上都有一定的灵活性。另外,广播广告可以采用多样化的形式进行表达,如配乐、对答等,有助于增强广告效果。

(4) 权威性高。广播电台是直接由政府机关管控,长久以来,在广大消费者心中一直具有较高的声望,因此,广播广告具有较高的权威性。

但是,广播也具有一定的局限性。广播广告传播的方式仅限于声音,传递的信息通常转瞬即逝,不便于长久记忆。除此之外,广播是听觉媒体,缺少视觉直观感受,因此,消费者的印象较为模糊,需要依赖消费者的联想,往往难以留下具体的印象。

4. 电视广告

电视广告属于视听觉广告形式,通过图像、色彩、动作、声音来表现,具有较强的宣传魅力,容易引起消费者的注意和兴趣。电视是现代广告宣传的主要媒体形式,也是最受欢迎的广告宣传形式之一。

(1) 表现力强。电视广告通常色彩丰富、形象生动,表现力较强。大多数电视广告能够通过艺术的表现方法来传递商品的款式、造型、结构、性能、功效等,这样的视听广告能够给消费者留下深刻的印象,具有较强的吸引力。

(2) 传播范围广。随着电视的普及,它已经成为现代消费者的生活必需品之一。电视的更新换代使其对消费者的吸引力也越来越大,收视率逐年增高。另外,电视的信号传播较广泛,可以覆盖全球。

(3) 效果良好。电视广告可以不断地重复播放,给消费者留下深刻的印象,产生潜移默化的作用。通过反复播放,电视广告能够强化消费者的记忆,牢固产品形象。

但是,电视广告一般转瞬即逝,如果不能反复播放的话,难以给消费者留下深刻的印象。如果重复播放次数较多,消费者很有可能会产生反感心理。除此之外,电视的制作成本和播放成本都较昂贵。

5. 直邮广告

直邮广告又被称为邮寄广告或 DM,一般是通过邮寄的方式将印刷信件传递给目标客户群。这样的广告方式在发达国家使用频率较高。

(1) 针对性强。直邮广告一般是由广告主先选定特定的客户群体,有针对性的进行邮寄。在邮宣传过程中,避免对同一个消费者进行多次邮寄,以免造成反感。

(2) 选择性强。邮寄广告可以不受时间和地点的限制,可以根据商品的特征或服务,具体选择某一阶层、某一群体的消费者。

(3) 阅读性高。由于邮寄广告内容是相对独立的,并不像其他印刷广告有较多的干扰信息,可以减少其他的广告造成的冲突和干扰。另外,信件内容较详细,能够具体地介绍商品的特征,并且制作灵活,成本相对较低。

但是,直邮广告有个巨大的缺陷就是广泛性较差,回收率低,并且由于采用的是邮寄方式,反馈时间较长。

(二) 网络媒体

随着计算机信息技术的发展,网络已经成为最受欢迎的媒体之一,得到消费者的普遍认可。网络媒体本身在潜移默化消费者的生活,并且其对传统广告媒体形式具有一定的冲击和影响。因此,广告主利用网络进行广告宣传已经成为一种流行趋势。

1. 网络广告的优势

(1) 传播范围广。广告主通过网络进行宣传的信息内容往往不受限制,并且可以传播到全球各地。另外,网络可以全天进行传播,不受时间和地点影响。

(2) 形式多样化。随着信息技术的发展,网络广告往往可以采取多种形式进行传播,如声音、文字、动画、虚拟现实等,可以真实反映广告内容。

(3) 受众准确性。网络广告一般按需播放,不具有强制性,由消费者自由浏览和查询,为消费者节省了时间和精力。另外,不同的消费者会浏览不同的网站,因此,网络广告也具有一定的针对性,这样的特点使得广告主能够准确将广告内容传递给目标客户群。

(4) 浏览数量的可统计性。其他的广告媒体形式难以统计有多少人接收到了广告信息。虽然报纸和杂志能够统计购买量,但是无法精确获知究竟多少人阅读过特定的广告。然而,互联网可以通过访客流量收集广告的点击量,包括浏览的时间和地区,企业可以通过数据统计来评估广告投放的效果如何。

(5) 灵活性和长期性。网络媒体可以及时地根据广告主的需要进行调整,随时修改广告内容,或者投放的时间和页面位置。另外,网络媒体可以长期投放广告,方便消费者查询,多次的浏览可以增加印象。

2. 网络广告的劣势

(1) 网络广告投放的效果不容易评价,并不是所有的网站都能形成统一的访问量、点击量的分析系统,也并没有公认的评估标准。

(2) 网络媒体需要广告制作人员在计算机、网络、设计、创意等专业技术方面具有较高的素质。而在中国网络广告的从业者一般是网络技术人员和销售人员,两种角色没有形成统一的客户导向,最终会影响网络广告的制作水平和表现力。

(3) 网络媒体大多数确实可以统计访问量,但是对于单纯的数字结果,无法获知广告接收者的性别、年龄等具体信息,因此,往往影响资料分析的准确性。

(三) 其他媒体广告

1. 户外广告

户外广告的目标受众一般包括行人、骑车和驾车的消费者。其通常固定在街道旁，通过路牌广告、招贴广告、霓虹灯广告等形式来进行广告宣传，往来的消费者能够进行反复接触。

(1) 消费者能够经常接触户外广告，从而产生消费者的无意识记忆，给消费者留下印象。

(2) 在一些重要的、具有标志性的建筑上，或者黄金地段做霓虹灯广告，能够提高企业品牌形象，从而提高其在消费者心中的层次和地位。

(3) 广告的持续时间长，能够通过文字、色彩、图片甚至动画感染消费者，增强记忆。

2. 交通广告

交通广告一般是指通过汽车、火车、地铁等交通工具的车厢内外或者车站处张贴广告，其运用也较为广泛。

(1) 交通工具的可移动性，增加了消费者与广告的接触范围。

(2) 一般而言，交通广告的持续时间较长，可以对部分乘客产生长期影响。

(3) 消费者对于动态广告较为关注，由于车厢外的广告处于移动状态，更加吸引消费者的注意力。

(4) 相对于其他广告形式来说，交通广告的成本较低。

交通广告虽然具有广泛性，但是缺乏针对性，没有向特定的消费阶层进行传递。另外，交通广告无法引起高阶层消费者的注意。

3. 包装物广告

包装物一般是指商品的包装袋或者购物袋，其功能不仅可以保护商品，方便顾客，还可以成为重要的广告宣传途径。一方面，企业可以通过包装袋的造型、色彩、材料等展示商品的特征和质量。如果包装袋材料高档、款式精致，就会给消费者一种高档商品的感觉。

另一方面，包装袋具有流动性的特点，质量好、精美的包装袋往往会被消费者反复使用，从而扩大了广告宣传的范围。

4. POP 广告

POP 全称 Point of Purchase，是店面广告或者售点广告的简称，它是指通过零售商、超市或者百货商店等购物场所设置广告的一种形式。通常广告展示在购物场所的橱窗、走道、柜台、天花板等，利用彩旗、海报、陈列品等方式。POP 广告能够无意识地影响消费者，尤其是在无人引导的销售现场，如超市，其可以直接诱导消费者。

(1) 良好视觉性效果。POP 广告可以直接让消费者看到商品实物形象，更加直观。

通过购物场所灯光、音乐背景等影响,能够突出商品形象,产生良好的视觉效果,直接提高消费者的购买欲望。

(2) 直接宣传作用。由于POP广告出现在消费者购物时,能够对消费者的最终决策产生影响。其通过广告宣传的内容帮助消费者全面了解商品的性能、价格等信息。

(3) 具有诱导性。POP广告能够对消费者的购买行为产生强烈的诱导作用,由于产品陈列直接对消费者产生视觉冲击,能够使其产生冲动性购买的欲望。

但是,POP广告的成本较高,商品的陈列需要具有创新性、艺术性的设计。另外,宣传地点客流量大,需要保持清洁来维护商品广告形象,从而达到宣传小关,因此,需要及时保洁,耗费人力和物力。

四、增强广告宣传效果的心理策略

广告宣传的心理策略一般是指为了能够取得更好宣传效果而采取的对策和方案。随着市场经济的快速发展,各类商品都处于激烈的竞争环境中,商品广告宣传的方式多种多样。为了使得广告能够达到良好的宣传效果,需要在其设计、制作和投放的各个环节中,重视对消费者心理活动的深入研究,通过分析和掌握目标消费群体的心理活动规律,有针对性地采取一系列的手段,从而达到增强广告感染力和影响力的作用。广告通过作用于消费者的视觉、听觉等感觉器官,引起其注意,从而产生兴趣和购买欲望,实现购买行动。一般而言,广告引起消费者的心理活动反应具有以下四个环节。

(一) 引起消费者注意

引起消费者注意是增强广告效果的首要目的,是消费者产生心理活动过程的起点,是实现购买行为的先决条件。消费者只有对某件商品产生注意,才可能形成购买欲望。根据引起注意的因素不同,人的注意反应时间也不一样,从而形成有意注意和无意注意。广告应该采取多种策略来引起消费者的注意。

1. 增加刺激强度

消费者每天都会通过各种渠道接触到各种各样的广告信息,大部分的广告会被忽略,只有很小的一部分比例会引起人们的注意。这些信息通常具有一个共同点,就是其内容对消费者的感官产生较强的刺激,从而引起人们产生有意注意或无意注意。广告中的刺激物对比程度越大,人们对其注意力也就越集中。例如,颜色丰富、画面优美、文字清晰、音乐悦耳、设计独特等广告,能够成功引起消费者兴趣。

2. 增加刺激物对比

如果广告中的刺激元素具有显著的对比,容易引起人们注意。在现实广告设计中,通常会有意识地处理刺激物的对比程度,如画面采用黑白对比、动静对比,色彩与光线的明暗对比,图案的大小对比等。除了广告本身内容的对比之外,还可以利用周围环境进行对比,从而突出商品形象。

3. 运用动态变化

人们通常会对动态事物更加关注,在广告设计中,往往可以利用闪烁的霓虹灯、忽明忽暗的光线等方式来刺激消费者的感官。

4. 内容新颖

消费者接触的广告较多,往往对于新奇的广告会产生较强的注意。对于企业而言,需要不断地推陈出新,根据市场的需求,随时改变和更换广告形式和内容,维持内容的独特性。

5. 广告的趣味性

广告的趣味性也会加深消费者的注意,企业应该在广告中加入一些艺术手段,增加其感染力,激发消费者的兴趣,使其保持注意。

(二)启发消费者联想

联想是一种由当前事物回忆过去或想起其他相关事物的神经联系和心理反应。一般而言,在广告宣传中,需要充分利用相关事物之间的联系,激发人们的联想,使得消费者能加深记忆、诱发情感和刺激消费需求。启发消费者联想的方法一般包括:

1. 形象法

利用消费者所熟知的一些事物形象来代表商品,从而提高消费者对品牌的良好印象。例如,邀请明星做广告,通过明星的良好形象来提高商品的声誉。

2. 暗喻法

通过一些画面或语言营造一种意境,给消费者留下一定的联想空间。暗喻一般不是直接地表明宣传目的,而是采用间接的方式来达到目的。从心理学角度来说,人们有时候会抵制与自己的兴趣、欲望相悖的显性事物,但暗喻可以使得人们不知不觉接收到产品的信息,从而影响消费者的行为。

3. 对比法

广告的宣传内容不直接针对传播对象,而是利用其他的方式来表现商品,从而对消费群体产生影响。另外,通过对比可以促进消费者的联系,在大多数情况下,商品的特性很难用简短的广告语叙述完整,通过与劣质商品对比,或者使用商品前后效果进行比较,更容易对商品的特征和功效一目了然。

4. 陈述法

一般来说,陈述法是指利用文字和语言来陈述一个故事或传说,从而展现商品的历史悠久,给消费者一种名贵的感觉。此宣传方法一般适合老字号、名贵酒等。

(三)诱发消费者情感

消费者的情感因素往往决定其是否会产生消费行为。积极的情感会增加消费者的购买欲望,如愉快、兴奋、满意;反之,消极的情感往往抑制消费者的购买行为,如郁闷、厌恶、冷漠等。成功的广告有助于消费者形成下列积极的情感:

1. 美感

消费者对美的追求是一种较为普遍的现象,美可以丰富人们的精神生活。广告的设计可以通过色彩、图案、动画等方式来展现其艺术性,使得消费者满足对美的追求。

2. 好奇感

人们通常具有认识和探索新事物的内在驱动力,这是一种大众心理。广告主可以通过满足消费者的好奇心理,引起其注意,增强商品的宣传效果。

3. 安全感

消费者往往会对一些不熟悉的商品抱有怀疑的心理,企业需要通过广告宣传消除消费者的顾虑,增加其安全感。尤其是日常生活用品、饮食类、医药商品需要强调其安全、无害、无副作用的特点。

4. 信赖感

广告需要遵循实事求是、客观公正的原则,提高消费者的信任感。如果广告存在不值得信任的内容,那么往往会失去消费者的信任,从而产生消极的心理。另外,广告的设计要从消费者的角度出发,表现出对消费者的关心,营造一种温馨的气氛,从而使消费者产生亲切感,增加信任。

(四)增强消费者记忆

消费者对广告形成记忆是认知、分析和评价商品的重要条件。一个成功的广告不仅需要引起消费者的注意,还需要使其在短时间内产生记忆。消费者通常在接触到广告后,一般不会选择立即购买,只有在形成消费需要时,才会回忆起广告中商品的信息,进行判断后,做出正确的购买决策。因此,企业需要有意识地强化消费者的记忆,主要可以通过以下几种方式来达到理想效果。

1. 适当加以重复

一般而言,人的记忆时间较为短暂,因此,记忆通常不是一次性完成的,需要经历多次,加以重复刺激才能形成。在广告中,可以针对一些关键内容进行重复,在同一个或者不同的广告媒体上反复播放,从而达到强化消费者记忆的目的。

2. 减少记忆数量

广告材料的数量对记忆效果产生一定程度的影响,通常材料越少,记忆水平则越高。因此,广告文案的策划需要讲究简明扼要、通俗易懂,尤其是广告的标题,要有一定的吸引力。

3. 运用艺术手段

广告中利用一些艺术表现形式可以加深消费者的印象。例如,广告中可以运用诗歌、漫画、卡通等形式，或使用幽默诙谐的表达方式，从而使得消费者对广告内容记忆深刻。另外，直观的、具体的事物一般更容易使消费者进行形象化的记忆。

第二节 商店购物环境与消费心理

消费者的购买行为通常是在一定的购物环境中实现的。购物环境直接影响消费者购买过程的心理感受。在营销活动中，一个好的购物环境往往会给消费者带来良好的印象和体验，从而激发其购买欲望，加速购买决策。因此，企业需要注重购物环境对消费心理的影响，它是企业提高市场占有率的必要条件。

一、商店类型的心理影响

随着市场经济发展，商品销售形势呈现多元化的趋势，直销、电话销售、网络销售等无店铺式的销售方式越来越普遍。但是，由于店铺式销售可以现场试用、亲身体验，能够带给消费者直观感受，因此，其一直占据重要地位，也是消费者购物的主要渠道。

根据店铺环境对消费者影响方式的不同，可以将其分为内部环境和外部环境。一般而言，其内部环境是指商店内部建筑、设施、柜台、陈设、色彩、照明等。而其外部环境通常是指商店外观。商店的内外部环境往往是消费者首先感知的对象，给消费者留下第一印象。因此，企业需要对购物环境进行精心设计。

现代零售商的类型较多，如果根据其经营规模大小，可以将其划分为大型、中型、小型商店；根据其经营商品的种类多少，可以划分为综合商店、专营商店和便利商店。由于消费者的心理特征不同，其对商店类型的要求也表现出一定的差异性。

1. 百货商场

百货商场一般坐落在繁华城市中心地段，通常规模较大，装修富丽堂皇，设施一流，并且经营商品种类繁多，给消费者提供方便。其管理规范，商品实行明码标价，增加消费者的信任感。由于综合功能较强，满足消费者的安全心理、方便心理和享受心理等，这样的商场符合大多数不同社会阶层、职业、收入水平的消费者的心理特征，因此，其目标消费群体较为广泛。除此之外，商场销售人员训练有素，彬彬有礼，能够满足消费者的自尊需求。成功的百货商场不仅可以成为当地消费者的购物目标，甚至可以吸引旅游者。

2. 超级市场

超级市场一般采用的是自选销售方式，消费者可以通过自助选择来完成购买行为。其采用的是开架方式，已经成为现代零售业的一种主要形式。其主要优点是购物方便、节约时间。超级市场的经营商品种类广泛，较为齐全，以日用品和食品为主，也是消费者购买频率最高的商品,方便其日常购物,节约了消费者耗费在交通上的时间。其次,超级市场能够给消费者提供较为舒适的购物环境,其采用自选商品的方式,让消费者感觉更加轻松和自由,避免在购物过程中与销售人员产生摩擦,让购物成为一种享受。另外,其销售的商品一般价格较低,由于场地利用率高,并且服务人员较少,因此,其经营成本较低,所以价格公平、实在。

3. 连锁商店

连锁商店是零售业扩张的形式,其一般经营同类商品,连锁店通常同属于同一企业,具有相同的品牌、标志、装修风格、陈设、规范以及服务等。由于连锁商店一般采用规模经营,品牌意识较强,具有统一的店面风格、标准化的服务,因此,其可以增加消费者的信任感和安全感,往往受到消费者的青睐。尤其一些饮食类的快餐连锁店和便利店,能够满足消费者求便的心理。

4. 专卖店

专卖店一般经营特定品牌或者类型的商店,其销售和售后人员通常具有丰富的专业知识。其将经营品类集中在一个相对狭窄的范围内,以"专"取胜。近年来,由于专卖店的品牌感较强,具有完善的售后服务,因此,越来越多的消费者对品牌专卖店表示认同。其经营的产品正宗,质量有保障,满足消费者的安全需求。另外,高档的品牌专卖店显示了消费者的身份、地位,满足其求名心理。

二、商店内部环境与消费心理

商店内部环境包括内部建筑、设施设备、柜台、陈设、色彩、音乐和照明等。良好的购物环境不仅能够给消费者提供方便,还能给消费者带来美的享受,从而增加消费者的购买欲望。

(一)商品陈设的心理艺术

商品陈设是商场内部环境设计的核心部分,可以直接激发消费者的购买欲望。陈设的内容一般包括柜台或者货架上的商品摆放的设计、搭配等,需要遵循整洁美观、层次清楚、便利选购的原则。不同的商品类型由于其特点、目标客户群的差异性,导致商品陈设的方法也有一定的区别。总而言之,商品陈设可以采用以下方法:

1. 摆放醒目

商品陈设应该以引起消费者注意为目的,在摆放时需要注意高度、陈设数量以及如何突出商品的优势。商品陈设位置高度会根据消费者的视觉范围产生相应的影响。一般而言,能够促使消费者产生无意注意的高度是 0.7—1.7 米。摆放的高度需要根据商品大小、消费者视线以及视角来决定。商品摆放的数量要充足,给消费者留下丰富的印象,增加商品的存在感。另外,消费者在注意到商品之后,往往开始关注商品的一系列特征,如款式、性能、质量、包装等。企业需要根据产品特性以及消费者的兴趣,将其摆放在合适的位置。例如,名贵的商品可以将其摆放在显眼的位置,突出其高档、独特的特点,从而吸引消费者的注意,满足其消费心理。

2. 善于突出重点

商品的种类多种多样,能够引起消费者注意的只是其中一小部分。如果企业将大量的商品一起作为重点陈列,反而适得其反,不能达到理想效果。因此,企业需要选择其中一部分被频繁购买和使用的商品作为重点,同时附带一些次要的商品,从而能够促使消费者产生注意。在陈设重点商品时,需要理性挑选一些优越的位置,通过一系列的布局和引导,使得消费者在对重点商品产生注意的同时,能够不自觉的逛遍整个商场,从而促使消费者产生随机或冲动购买行为。

3. 相联商品陈设法

部分商品在使用的功能上具有一定的关联性,如洗发水和护发素,牙膏和牙刷,打印机和墨,笔和笔芯等。为了激发消费者的潜在消费意识,并且为其提供方便,通常会采用相联商品陈列法,将有一定联系的商品摆放得较近。另外,企业可以有意识地将有关商品的货架摆放在相邻的位置,向消费者按时引起其无意注意,如儿童用品与玩具货架摆放邻近。

4. 可接触陈设法

商品的摆放除了可被观察之外,还可以供接触、试穿,从而给消费者更加直观的感受,通过接触后能够减少消费者的疑虑,增加信任感,避免购买风险,从而加速消费者的购买决策,如企业采用试穿、试吃等方式来吸引消费者。

5. 艺术陈设法

商品的摆放需要遵循美感,使其具有艺术造型,满足消费者的求美心理。通过商品陈设环境的布置,将商品之间的大小、色彩、明暗巧妙地组合在一起,达到整体美的效果,将购物变成一种享受。

(二)商店内部装饰的心理影响

商店内部装饰一般包括内部的设施、装修风格、照明、色彩、音响和气味等。与商品陈设一样,都会对消费者心理造成一定程度的影响。良好的内部装饰能够使消费者心情舒畅、轻松愉快;反之,很有可能会产生厌烦、失望的情绪,抑制其购买行为。

1. 设施

商店的内部装饰需要考虑其使用功能,既要有设计感,又需要实用,能为消费者提供方便,具体包括空间结构、楼梯和一些辅助设施等。一般而言,商店室内高度需要与其整体面积相吻合,需要保持基本的采光和通风。在多层的商场中,一层的空间高度不能过低,避免产生压抑感。内部结构的设计需要留有一定的空间,有助于消费者能够直观看到每一层的全貌。合理的楼梯和电梯设计能够方便消费者,并且可以在同一时间增加商场的客流量。辅助设施一般是为消费者提供一系列服务性设施,如儿童游乐场、临时休息室、问询处等。这些非销售设施能够最大程度地给消费者在购物过程中提供方便,从而形成良好的印象。

2. 色彩

商店内部的色彩一般包括墙壁、地面和天花板的颜色搭配。色彩可以有助于营造良好的环境,渲染特定的气氛。消费者可以通过商店的内部色彩认识其形象,产生视觉震撼,同时可以引发消费者的联系,激发其潜在的购买欲望。一般而言,不同的色彩会带给人们不同的心理感受,如红色给人以热情、喜庆的感觉,黑色给人以庄重、严肃的感觉,白色给人以纯洁、干净的感觉等。装饰配色需要与商品相匹配,不宜过分的浓重,反而会喧宾夺主。色彩的搭配注重整体效果,能够突出商品的特点。

除此之外,不同的季节,消费者对颜色的感知会有一定程度的差异。例如,红色虽然喜庆,但是夏天会让人产生燥热感,可以用淡蓝色、象牙白色给人清爽的感觉。冬天可以适当地选择橘红色,给人温暖舒适的感觉。

3. 照明

照明的效果可以直接作用于消费者的视觉感官。对于商店来说,通常会利用照明来充分展示其店貌,从而引起消费者的注意。正确的利用照明可以渲染商店气氛,营造良好的购物环境,从而调节消费者的情绪。另外,商店还可以利用照明来衬托商品,突出其特点,增加刺激强度。根据照明的光源一般可以分为自然照明、装饰照明。

(1) 自然照明

自然照明一般是指自然采光,可以通过窗户来接收光线,其光线柔和、明亮,往往是最理想的光源。在照明设计中,商场应该优先考虑大面积使用自然光,尤其是增加天窗和侧窗的面积,提高亮度。

(2) 装饰照明

装饰照明一般是指以在商店安装吊灯、霓虹灯、壁灯、落地灯等为主的一种照明方式。由于气候、时间因素的影响,自然照明往往有时不能发挥出良好的效果,通常需要这种类型的照明予以辅助。灯光照明可以设计得较为艺术化,从而渲染整体气氛,给消费者带来舒心的感受。对于不同的消费群体,灯光的强度也会有所区别,如穿着类、珠宝首饰类商品光照强度可以高一些,以老年人为目标客户群的商品光线可以适当强一些。然而,针对日用品等低价值易耗品,光线可以适当弱一些。在餐饮店,灯光可以适当暗些,方便人们能平静地、无约束地进行交流。

4. 音乐

音乐是构成商场气氛的关键因素之一,中国早已出现利用音乐的方式进行销售的现象,如通过敲打金属、唱卖、吹号的方式来招徕生意。心理学研究表明,人的听觉器官一旦接收到某些适宜的音乐,就会调动听众的情绪,营造一种与音乐相符的意境,从而产生或增加购买欲望。一般而言,商场中播放一些适宜的背景音乐可以活跃购买气氛,缓解消费者紧张的情绪,使其购买行为建立在轻松、愉快的基础上,形成良好的购买体验。例如,商场销售商品的目标消费群是青年,那么可以播放一些流行音乐,餐饮店适合播放舒缓、柔和的音乐,有助于消费者享受美食。需要注意的是,背景音乐的声音不需要过大,否则会适得其反。

5. 气味

商场一般人流量较大,企业需要解决如何在有限的空间内减少空气污染,提高空气质量。空气质量的下降往往会造成消费者烦闷、焦虑,影响其购买行为。因此,商场需要安装必要的设施来保证良好的通风环境。除此之外,商场可以通过清新、宜人的气味使消费者心情舒畅,舒缓疲劳。对于餐饮类商店,可以利用诱人的香味激发消费者的食欲。商场还可以利用清新淡雅的画像,营造一种温馨、优雅的气氛,满足消费者对美的享受。

第三节 销售服务与消费心理

企业的营销策略是否有效,体现在销售过程,销售环节也是市场运行过程的最关键环节之一。企业需要针对不同的商品、不同的目标消费群,制定差别化的销售方式和服务,使得销售人员充分运用销售技巧,与消费者保持良好的关系。销售服务从理论上来说,属于商品销售的软包装,销售人员需要掌握消费者在购买活动中的心理特征,有针对性地提供让消费者满意的服务。

一、与消费者沟通的心理与方法

销售人员对消费者的接待从进店开始,到消费者对某件商品产生购买欲望,决策购买并且付诸购买行为的一个完整过程。在这个过程中,销售人员需要了解消费者的购买心理和发展变化,制定相应的策略,从而顺利销售。

1. 分析消费者购买动机

消费者在购买商品之前往往会经过注意、认知、产生兴趣等多个阶段,销售人员需要通过仔细观察,判断消费者的购买目的,寻找合适的接触时机。如果接触过早,消费者会产生烦躁、戒备的心理;反之,接触太晚,会有失望、被轻视的感觉。

除此之外,消费者的购买目的会有一定的差异,有的已经具有明确的购买目标,做好决策;有的还未有购买目标,只是进店观察;有的只是为了消遣,随意浏览,事先并无购买打算。销售人员对消费者的购买目的要进行观察和了解,从而寻找接触时机。对于已经有购买目标的消费者,通常表现为步伐轻快、目光集中,有时会主动向销售人员询问某种商品的情况。此时,销售人员不需要过多介绍商品的特征,只需要及时接待并且热情、耐心地回答其所提出的问题,满足其要求即可。对于尚未有明确购买目标,进店选购的消费者,通常表现为步伐缓慢、东张西望,在商品前浏览、观察,不急于购买。销售人员需要懂得寻找时机主动介绍商品的特征,尤其是优势,但是,需要注意的是在接待过程中不要喋喋不休,不宜过早报价。对于将逛商场只是作为消遣,满足精神需求的消费者,一般表现为步伐悠闲、享受与同伴的聊天,此时,销售人员不宜过早热情接待,等待其靠近柜台时再打招呼。

2. 适时提示介绍商品

销售人员在确定了消费者的购买指向后,应该及时和详细的介绍商品的特征,如性能、质量、使用效果、价格等,从而激发其购买欲望。销售人员在介绍商品时,需要针对不同顾客的需求,采用具有不同倾向性的解说。提示的内容一般包括如实介绍商品的特征和优势,满足消费者求实的心理;可以将商品的使用功能和效果演示给消费者;提供试穿、试吃等服务,给消费者亲身体验的机会。需要注意的是,销售人员可以提供多种商品让消费者选择,需要从低档向高档出示,尊重顾客。

3. 诱导购买欲望

当销售人员对商品进行介绍后,消费者与可能会产生购买欲望,会对商品信息进行分析、判断,与其他商品进行比较之后,从而坚定购买信心,做出购买决策。但在这个过程中,消费者的购买欲望并不能都顺利转化为购买行动,部分顾客也会产生一些疑虑,此时销售人员需要通过观察,进行积极地诱导劝说,给出具有建设性的、真诚的建议,同时可以将目标商品与其他商品做比较,阐述优缺点,帮助其做决定。最好的消除疑虑的办法,就是提供使用体验的机会,通过实际操作体验,更深层次的了解商品特征,消除其疑虑。在劝说过程中,销售人员需要将自己的建议建立在消费者的角度上,处处以消费者的利益为先,只有这样才能让其对销售人员产生信任,接受劝说的建议。

4. 促使购买

消费者在做出购买决策后,接下来就进入消费活动的最后一个阶段,即付诸购买行为。此时,由于还没有成交,销售人员仍然需要注意观察,把握成交时机。在这个阶段,消费者通常表现为反复询问某一商品时,开始关注该商品的售后服务时,消费者开始讨价还价时,征询他人意见时、沉默思考时或直接向销售人员表示自己要购买时。销售人员通过以上的表现,可以判断消费者心理活动,是否已接受该商品,同时辅以适当的语言和动作,可以加速成交。当交易完成后,销售人员需要帮助包装好商品,表达感谢,并且做好相应的售后服务,给消费者带来良好的购物体验。

二、完善售前和售后服务

1. 售前服务

消费者通常会在购买某件商品之前,积极主动地收集该商品的相关信息,从而了解商品的特征,从而开始了其对商品的认知过程。在这个阶段,企业应该通过一些方式帮助消费者尽快地对商品进行正确的认知,提供全面、周到的售前服务。

2. 售后服务

商品的售后服务一般是指商品销售之后,企业为了实现其使用价值,向消费者提供与商品相关的一系列服务,从而保证消费者的利益。售后服务对商品的价值起到一定保护作用,能够延续其使用时间,形成良好的品牌形象。商品良好的使用体验,使得消费者对其购买选择和行为的肯定,获得心理上的满足感,从而产生重复性购买行为,同时还会形成口碑,影响他人的购买行为。因此,企业做好售后服务,能够赢得消费者的信赖,提高其声誉。

三、销售人员与消费者关系的协调

(一)销售中人际关系基本类型

一般而言,在销售活动过程中,销售人员与消费者往往会表现出某种人际关系倾向,形成不同的人际关系类型,常见的基本类型包括以下四种。

1. 包容型

包容型的人际关系主要是指消费者和销售人员其中至少有一方宽容大方,表现出愿意主动与他人接近,在沟通中尊重他人,从而避免发生冲突,营造和谐的气氛,属于协调的人际关系。

2. 情感型

情感型人际关系一般是指其中至少有一方善于关心他人,热情、温和,往往表现出愿意向他人主动表示体贴,建立良好、和谐的关系,通常属于协调的人际关系。

3. 支配型

支配型人际关系表现为消费者和销售人员双方至少有一人希望能够支配他人,具有一定程度的支配欲,要求对方服从自己,如果双方都具有支配他人的需求,那么会产生紧张关系,属于不协调的人际关系。

4. 期待型

期待型人际关系一般是指销售人员与消费者其中至少一方在人际交往中表现出惰性,处于被动地位,总是期待对方主动接近和关心。如果双方都属于期待型,那么就会出现不协调的人际关系,只要有一方积极主动,则会表现出协调的人际关系。

(二)购买冲突的心理分析与策略

在购买活动中,销售人员与消费者如果发生不协调的人际关系,往往会产生矛盾和冲突,从而对双方的心理造成不良影响。因此,企业需要了解和分析冲突形成的原因以及解决的策略。

1. 冲突形成的原因

(1) 情绪影响

不论是销售人员还是消费者,其不良的情绪都会影响双方沟通,从而引起矛盾和冲突。个体的情绪波动通常会通过其表情、动作、语言等表现出来,在销售过程中,厌恶、失望等消极情绪往往影响其交际。

(2) 消极处理客户意见

当销售人员消极对待客户提出的意见,就有可能会引发冲突。在现实购买活动中,消费者因为某些原因没有达到其满意度,会给出自己的意见,有可能是善意的批评,也有可能会出现偏见,甚至表现出恶意的态度。对于消费者的反馈,销售人员需要妥善处理,切不可产生正面冲突。

(3) 消费者退换货

消费者经常会发生退换货的现象,企业对退换货的行为一般表示理解,只要具有购买凭证,保证商品完好,大部分会积极处理,尽量满足消费者的要求。但是,退换货往往会受到一些制度的限制,如时间。即使商品保存完好,具有购买凭证,也无法进行退换。此时,由于双方对退换货认定的标准不同,一般很容易会产生冲突。

2. 避免和消除冲突的策略

冲突往往会影响消费行为的完成,消费者会产生不良的情绪,这样的体验感通常会保持很长一段时间,影响其下次购买行为,最终影响企业信誉和销售量。因此,销售人员需要妥善处理消费者的意见,当发现其有不良情绪时,应该尽量缓和气氛,避免发生冲突。

(1) 提高销售人员思想修养和自控能力

个体的修养是对其道德水平的体现,自制力是个体自我控制和支配自己行动的能力。这两个方面对于销售人员来说是必备的素养,缺一不可。销售人员需要在任何情况下保持冷静的头脑,能够端正服务态度,在服务过程中要热情、耐心。面对消费者提出的意见和不满时,需要从容应对,控制自己的情绪,抑制感情冲动,善于找方法缓解紧张的气氛,调节消费者不良情绪,避免产生冲突。

(2) 关心消费者,维护其利益

企业应该将"顾客至上"的理念传递给销售人员,树立这样的思想。销售人员应该站在消费者的立场上,全心全意为其着想,理解其处境,热情接待,耐心讲解,避免双方产生不愉快。

(3) 正确处理消费者的意见

在购买活动中,消费者往往会因为各种原因对某些商品或者服务产生意见,部分意见可能是由于偏见而形成。因此,销售人员需要分清楚消费者持反对意见的本质原因。有些意见是因为消费者对商品过于关心而提出的疑问;有些是因为消费者对品牌产生误解和偏见而产生的意见;而有些则是消费者拒绝购买的说辞。因此,销售人员需要通过观察,消费者是在什么情况下产生的意见,分析消费者的反对心理,有针对性地、慎重地进行解决。销售人员在处理消费者意见时,要能够积极主动接待,耐心解答疑问,赢得其信任。在消费者产生偏见和误解的情况下提出的意见,销售人员不能因为怕得罪消费者,而一味地顺从、迎合,而是找适当的时机进行解释,尽量消除其偏见。另外,对于不清楚的问题,销售人员不要勉强回答,反而会失去消费者信任。

阅读材料

"一、二、三"服务

抽油烟机市场可谓是品牌繁多,竞争激烈。1991年9月份,北京中南机电设备公司才正式成立,当时该市场已经形成了激烈的竞争,产品琳琅满目。公司想到在这种情况下分一杯羹,谈何容易。但是,该公司凭借着优质的服务赢得了消费者的信任,开辟了市场。

中南公司的优质服务具体包括哪些内容呢?总的体现在"一、二、三"售前售后服务方面,它是指"一个热线电话""两个跟踪"和"三个免费"。其中,"一个热线电话"指的是考虑到年老体弱和双职工家庭用户的不方便,企业为其提供24小时热线服务,保证一周内送货上门。"两个跟踪"包括质量和服务跟踪,如及时建立客户信息档案,随时更新并且进行质量跟踪;而服务跟踪是通过用户在上门服务卡中填写的意见来监督安装、维修和清洗人员,保证工作人员提供的服务质量,提高客户满意度。如果用户并不满意工作人员上门服务质量,公司将扣除服务人员10倍计件工时。"三个免费"是指免费送货上门、免费安装和免费终身维修。没过多久,公司增加了抽油烟机免费清洗服务,凡是安装一年的机器可以提供上门免费清洗和保养的服务。

请思考:中南公司如何通过服务使得顾客满意?

第四节 电子商务与消费心理

随着互联网技术的发展以及网络的普及程度的不断提高,互联网已经对消费者的工作和生活产生了深远的影响。人们通过互联网进行网上招聘和应聘、网上预订、看视频、听音乐等。互联网已经成为一种全新方式,影响着各行各业。同时,随之兴起的电子商务给企业发展带来了新的机会与挑战,因此,企业需要深入研究电子商务中的消费心理特征,对传统的营销思维进行创新和改革。

一、电子商务概述

(一) 电子商务的概念

电子商务是指以互联网技术为基础,进行商品交易的活动。电子商务运用了电子化、数字化的手段,实现企业总体经营目标,通过互联网的形式营造网上销售的环境。

电子商务是企业整体战略的一个重要的组成部分,不可以完全脱离一般营销环境,其往往建立在传统营销理论之上。企业通过网上销售可以提升其品牌价值,缩短与消费者之间的距离,及时传递商品信息,增加销售渠道以及改善售前和售后服务等。其营销方式往往不仅限于网上,通常是线上和线下的结合,两者相辅相成,从而形成完整的营销体系。

(二) 电子商务的特点

1. 跨时空

电子商务的目的是为了提高企业市场占有率,提升品牌形象。互联网能够突破时间和空间的限制,能够随时随地的传递信息,同时提供全球化的服务,达到在最短的时间内迅速占领市场的目的。

2. 人性化

网上销售往往是以消费者为主导,具有非强迫性的特点,属于一种人性化的销售方式,往往可以避免消费者在传统销售活动中被干扰的现象。这样的方式有利于与消费者建立长期的友好关系。

3. 互动性

企业可以通过互联网向消费者传递商品的相关信息,消费者也可以自助查询商品资料,形成互动式的沟通方式。同时,企业可以通过互联网对产品进行测试,收集消费者的反馈等。

4. 发展性

互联网的网民数量在不断地攀升,普及率越来越高,上网的大部分群体为青年人、中高收入以及高教育水平的消费者。这部分消费群体的购买能力强,并且具有较强的市场影响力。

二、电子商务中消费者特点

1. 个性化消费突出

上网人群大多数以高学历和年轻人为主,通常具有独立的思考能力,较为自信,追求创新。这部分群体对商品的要求不局限于实用性,而是要求独特性,倾向于具有个性化特征的商品,从而体现出自身价值。

2. 追求方便和快捷

由于现代消费者的生活节奏加快,工作压力大,其往往倾向于能够节省时间和精力的购买方式,尤其是易耗品。电子商务模式恰恰可以给消费者提供方便,商品选择的范围较大,消费者通过网络搜索即可购买到自己满意的商品,不需要耗费大量的时间在搜寻商品和路途上。

3. 理性化消费

由于网络消费群体大多数具有较高的文化水平,通常具有理性思维,不会随意受外界事物的干扰,有较强的判断和分析能力,其思想不易被他人左右。这部分消费群体在选购商品时,往往也是信息高涉入度者,在搜寻商品信息后,进行反复的对比分析。

4. 追求自由和享受

现代消费者对精神追求愈加明显,希望能够在购物中保持轻松、愉快的情绪,满足自尊需求。但是,在传统购物过程中,企业销售人员的服务态度往往会造成消费者的失望或困扰,过于热情或冷漠都会给消费者带来不良情绪。另一方面,部分消费者可自由支配的时间充足,希望通过购物来享受生活乐趣。

5. 追求物美价廉

对于消费者而言,通常会认为网上经营成本费用要低于传统商店,因此,价格也会制定的低一些。另外,网上商品价格更加直观,消费者往往希望可以自行比较后再做出购买决策,满足其物美价廉的心理追求。

三、影响电子商务中消费心理的因素

1. 商品特征

一般而言,并不是所有商品都适合在互联网上开展销售活动,企业需要分析商品特征以及目标消费群体的心理因素,找出适合的销售方式。通常倾向于在网上查询和购买的消费者具有求新、求奇心理。因此,一些设计独特、时尚的商品比较吸引这部分群体。但是,对于某些类型的商品,消费者希望能够参与体验,一般不适合通过互联网销售,购买这类商品的消费者一般参与度较高,喜欢现场尝试、体验。这类商品可以在线下销售,线上营销推广,使得消费者可以在网上获知商品信息后,到商场进行体验和选购。

2. 商品价格

价格往往是消费者在选购商品过程中会首先考虑的一个关键因素。而互联网为消费者营造了一个公开自由的空间,让商品价格变得透明化,可比较化。另外,消费者对网络的认知和了解,会认为传统营销渠道的成本较高,网上购物价格会比传统渠道价格要低,更倾向于在网络上进行购买。

3. 购买方便

购买是否方便也是消费者在购物过程中较为在意的一个重要因素,网络购物往往能够满足其对购物便捷性的追求。首先,互联网的虚拟市场不受时间、地点的限制,全年无休,一些实物商品的购买通过邮寄便可轻松快递到家。其次,消费者可以在网上购买到本地商场没有的商品,选择范围较大,还可以货比三家,节省时间和金钱。

4. 安全性

消费者尤其在意网络购物的安全性和可靠性问题,这也是影响消费者是否会选择网上购物的一个重要因素。网上购物有可能会因为一些不完善导致消费者的个人资料泄露、银行卡盗取等,使得不少消费者望而却步。因此,企业需要加强网络购物的安全措施,保护消费者的隐私,增强消费者的信心。

四、电子商务营销策略

1. 产品策略

由于产品本身和消费者心理的差异性,导致一部分商品不能够通过互联网进行销售。一般情况下,企业在进行营销策略的制定时,需要考虑产品自身的性能、产品营销和物流配送范围以及其市场生命周期等因素。对于高科技产品、市场需求范围较大商品、网上销售费用比传统销售渠道低很多的商品、消费者从互联网获知其信息即可直接购买的商品、物流配送方便的商品等,企业可以选择网上销售的方式。这几类商品在网络营销时,也需要采取一定的策略来吸引消费者。例如,利用一些虚拟的展厅使得消费者能够身临其境,通过互联网就可以对商品全面了解。企业需要建立信息的发布和沟通系统,可以随时对消费者的反馈和建议进行收集、统计和分析,对商品的性能改进和更新有一定的帮助。另外,消费者个性化消费行为日趋突出,企业可以适当提供定制化的服务,根据不同消费者的个性特征,推出定制模式。

2. 价格策略

价格一直是企业之间竞争的最直接手段,企业需要重视价格策略的影响。一般而言,价格的构成较为复杂,受到商品本身特征和市场环境的影响和制约。企业在确定价格之前会制定定价目标,其往往是一个多元结合体。对于企业来说,定价目标通常包括获取利润目标,提高市场占有率目标,维持和稳定价格目标,避免竞争目标以及维护企业形象目标等。企业在制定价格策略之前,需要首先分析市场需求、计算产品成本、了解市场竞争环境、确定定价目标、选择定价方法、观察市场反应、确定价格。企业的定价需要建立在充分的市场研究基础上,经过谨慎调查分析,最终根据消费者的反应来确定价格。

针对网络定价,企业需要根据产品本身特点以及消费者的心理特征来制定能够被大多数消费者接受的价格。网上购物的消费群体一般具有求新、求奇的心理需求，追求个性化的商品和服务，因此，企业应该针对性的采取个性化的定价策略，根据消费者的实际需求或者特殊需求来确定商品的价格。一些消费者在网络购买活动中会担心安全性的问题，比如商品质量、快递服务、支付安全等。因此，大部分消费者会选择声誉较好的品牌，从而降低购买风险，然而这部分商品对应的价格也相对较高，消费者的价格接受程度也会有所提高。在电子商务模式中，部分企业可以根据情况采取折扣定价策略，如数量折扣，根据消费数量的多少来确定各级折扣程度；提前付款或者一次性付款给予一定的折让。企业利用这些方法可以加速其资金周转速度，减少坏账的发生。

3. 渠道策略

企业在选择营销渠道的时候，需要考虑其所在市场环境、商品特征、自身条件、竞争环境等因素。企业确定目标市场之后，就可以有针对性的进行营销渠道的选择。

(1) 直接渠道和间接渠道

直接营销渠道一般是指企业产品直接从生产线流通到消费者，通常适合大宗商品以及生产材料。间接渠道指的是企业产品通过中间销售商流通到消费者，往往适合小量商品以及生活日用品等。

(2) 长渠道和短渠道

长渠道一般有批发商的介入，通过其分销网络，将商品流通给零售商，最终销售给消费者。其节省了生产商的营销成本，也节省零售商的时间和金钱。但是，由于经营的环节较多，涉及到的单位多，因此，利润分配较多，而且在流通方面耗时较长。短渠道策略的开展需要一定的市场条件，如市场集中在客流量较大地方，其潜力较大。另外，商品本身具有一定的特殊性，如时尚流行商品、高档商品、不易保存或运输商品、超高科技商品。该渠道策略对企业自身也有一定的要求，如企业拥有营销经验丰富的团队，雄厚的财务和人力资源。

(3) 宽渠道和窄渠道

宽窄渠道一般是根据中间商的数量来决定的，如该企业通过两个或两个以上的批发商来流通商品，那么可以被称作为宽渠道，如果只有一个中间商，则被称为窄渠道。企业需要根据产品特征和实际需求来确定其渠道的选择。

4. 促销策略

网上促销是营销策略中较为重要的内容，其可以促使消费者对商品产生强烈的购买欲望。企业常用的网上促销策略包括以下几种：

(1) 价格折扣

价格折扣是网络销售中较为常用的一种促销方式，这种方式较直接。由于商品通过互联网销售，消费者不可触摸和体验，往往会产生不安全感。企业通过打折的方式给消费者带来刺激，使得消费者能够有欲望进行尝试。

(2) 附加价值

企业在采用直接打折的方式来进行促销时,会考虑到消费者是否会对商品质量产生怀疑,从而效果往往适得其反。因此,企业会考虑不直接进行折让,而是在不增加价格的基础上,通过提高商品和服务的质量,从而增加其附加价值,赢得消费者的信任。

(3) 赠品礼品

一般而言,企业为了将新产品投入市场获得良好的反响,会通过新产品试用、赠品附送的方式来达到理想的促销效果。但赠品和礼品促销方式在网络销售中运用的不太多,大多数应用在传统零售业。

(4) 积分促销

企业往往热衷于培养忠诚顾客,通过消费积分的方式给老客户一些回馈,有助于维持与其良好关系。消费者通过加入企业品牌的会员,通过购买和参加活动进行积分,从而可以兑换礼品、优惠券等。这样的方式操作简便,设置好数据库,通过编程可以自动运行,可信度也较高,有利于培养忠诚客户。

(5) 抽奖促销

抽奖促销是较为常见的一种促销方式之一,一般用于网上市场调查、申请品牌会员、参加某项活动、购买某些商品等。企业在选择抽奖促销方式时,需要注意奖品的设置具有一定诱惑力,抽奖的程序方便简单,抽奖过程的公平公正性,奖品发放的及时性等。

典型案例

立顿公司网络营销策略

1890年,立顿红茶在英国创立,到目前为止,公司销售网已经覆盖全球120多个国家,在袋泡红茶的市场上已经占有80%的市场份额。

1992年,立顿进入了中国。当时的茶叶市场,袋泡茶仅用于饭店宾馆,而大多数家庭会选择散装茶进行冲泡。虽然中国是饮茶大国,但当时的国内产茶企业普通具有规模小,生产水平低并且缺少品牌意识的问题。大多数消费者购买茶叶也只关注茶的品种,并不是其品牌。随着立顿在中国市场的出现,逐步注入了品牌意识。经过5年销售,立顿已经在中国销量位居第一、市场占有率第一。

立顿进入中国市场后,第一步就是将高档消费场所作为营销突破口,运用多样化的宣传方式,如通过出现在电影、电视、时尚杂志、网络小说等,迅速树立了立顿品牌形象。立顿的包装采用了两种设计,即三角立体空间和双包茶袋。前者可以使原片茶叶在茶包里完全伸展,充分冲泡;后者经过沸水渗入,可以浸透每一片茶叶,两种不同的包装满足消费者的不同需求。

除此之外,立顿公司的网络营销也具有独特之处。立顿的网站背景是被大众所熟悉的超市食品货架,其定位为求实的普通民众,并且通过不断创新,展现便捷、自信,吸引了年轻一代消费群体,渗入其工作和生活中。立顿是以家制销茶叶为主的公司,但茶叶制品在其网站中并没有出现在首栏首位。他将美食经等作为先导栏目,充分展现"以食论茶"的创意,通过利用人们对饮食健康的关注,扩展了网站的受众范围,吸引了大量消费者对立顿的关注和喜爱,有助于树立其品牌形象。

针对营销时序,立顿网站也是煞费苦心。例如,网站先导入"妈妈的小屋"栏目,主角为一位拥有较高厨艺的意大利老太太。"浪漫生活"栏目主角为年轻女士在网上评论各类浓汤大菜,让观众们饱览美食之后,推出立顿清茶、红茶、黑茶等,有助于引导消费者养成在美食之后饮用立顿茶的习惯。立顿网站并不是冷冰冰的营销网站,而是通过体现其文化和品位,将饮茶赋予诗意和享受,在网络中树立自己的品牌和形象。

请思考:分析立顿公司的营销策略,指出其成功的关键之处。

讨论与思考

1. 列举两个传统媒体广告形式的优缺点。
2. 增强广告效果的心理策略有哪些?
3. 商品陈设的心理艺术有哪些?
4. 简述商场内部装饰对消费者的影响。
5. 销售人员与消费者沟通的心理与方法有哪些?
6. 针对购买冲突的策略包括哪些?
7. 什么是网络营销?具有哪些特点?
8. 影响网络消费心理的因素包括哪些?

参考文献

[1] 刘军,邵晓明.消费心理学[M].第2版.北京:机械工业出版社,2016.
[2] 肖涧松.消费心理学[M].第2版.北京:高等教育出版社,2014.
[3] 刘剑,等.现代消费心理与行为学[M].北京:清华大学出版社,2016.
[4] 周斌.消费心理学[M].北京:清华大学出版社,2017.
[5] 臧良运.消费心理学[M].第2版.北京:北京大学出版社,2017.
[6] 吴建安,聂元昆.市场营销学[M].第6版.北京:高等教育出版社,2017.
[7] 菲利普·科特勒,等.市场营销原理[M].李季,等译.第3版.北京:机械工业出版社,2013.
[8] 焦利军,邱萍.消费心理学[M].北京:北京大学出版社,2006.
[9] 柯红霞,曲振国.消费心理学[M].北京:对外经济贸易大学出版社,2005.
[10] 曹旭平,唐娟.消费者行为学.第2版.北京:清华大学出版社,2017.
[11] 玉曼,白玉苓.消费者行为学[M].第3版.北京:机械工业出版社,2016.
[12] 陆剑清,丁芯南.营销心理学[M].北京:清华大学出版社,2016.
[13] 吴柏林.广告心理学[M].第2版.北京:清华大学出版社,2014.
[14] 王玮.网络营销[M].北京:中国人民大学出版社,2018.